◎京师刑事法学博士文库（18）
本书获外交学院李嘉诚学术基金资助

国际刑事条约在中国的适用

高秀东　著

中国人民公安大学出版社
·北　京·

图书在版编目（CIP）数据

国际刑事条约在中国的适用/高秀东著．—北京：中国人民公安大学出版社，2012.8

（京师刑事法学博士文库）

ISBN 978－7－5653－0982－3

Ⅰ．①国…　Ⅱ．①高…　Ⅲ．①国际刑法—国际条约—法律适用—研究—中国　Ⅳ．①D997.9

中国版本图书馆 CIP 数据核字（2012）第 208144 号

京师刑事法学博士文库

国际刑事条约在中国的适用

高秀东　著

出版发行：中国人民公安大学出版社

地　　址：北京市西城区木樨地南里

邮政编码：100038

经　　销：新华书店

印　　刷：北京泰锐印刷有限责任公司

版　　次：2012 年 8 月第 1 版

印　　次：2012 年 8 月第 1 次

印　　张：10.25

开　　本：880 毫米×1230 毫米　1/32

字　　数：284 千字

书　　号：ISBN 978－7－5653－0982－3

定　　价：35.00 元

网　　址：www.cppsup.com.cn　www.porclub.com.cn

电子邮箱：zbs@cppsup.com　zbs@cppsu.edu.cn

营销中心电话：010－83903254

读者服务部电话（门市）：010－83903257

警官读者俱乐部电话（网购、邮购）：010－83903253

法律分社电话：010－83905745

京师刑事法学博士文库

编　辑　部

京师刑事法学博士文库
序　　言

经过精心筹划，“京师刑事法学博士文库”在北京师范大学这所拥有百年历史的著名高等学府面世。该文库在今日之北师大创办，可谓生逢其时，躬逢其势，恰逢其地。

所谓生逢其时，乃指文库诞生于中国刑事法学理论研究进入精耕细作阶段。这是一个需要并且能够产生精深的刑事法学理论专著的时代，文库的内容恰好迎合了这种时代的需要。

所谓躬逢其势，乃指文库诞生之时，恰逢中国法律改革和法治现代化运动如火如荼地展开，方兴未艾，文库有幸见证并参与这一国家与民族法治振兴的大业之中。

所谓恰逢其地，乃指北京师范大学为文库的茁壮成长提供了良好的环境和肥沃的土壤。众所周知，北京师范大学是我国极少数目前即拥有百余年历史的著名高校之一。它发端于1902年的京师大学堂师范馆。经过百余年的历史积淀，它不仅有着深厚的文化底蕴与优良的人文环境，而且在诸多人文社会学科领域达到了世界或者国内一流水平，培养了大批国家栋梁之才。长期办学实践形成的厚重稳健的办学风格和“学为人师、行为世范”的办学理念，为法学这一逻辑严谨、内容深邃、价值超凡的社会科学在北师大的发展提供了得天独厚的条件。古人云：“源不深而望流之远，根不固而求木之长，德不厚而思国之安”，犹如“伐根以求木茂，塞源而欲流长”。没有深厚的人文底蕴与长期的学术积淀作为基础，要想在法学领域有所建树，即便费尽一时之心力，亦难免流于肤浅，不成大器。在北师大创办刑事法学博士文库，自始避免了先天不足。

毋庸讳言，与众多成熟并稳步前进的学科相比较，北京师范大学的法学还是非常年轻的学科。由于种种原因，不管是学术人才的培养和引进，还是学术理论的创新和发展，法学学科都要比其他社会学科逊色。这不仅使得京师法学在20世纪90年代错失发展的良机，而且与北京师范大学闻名遐迩的国际与国内地位极不相称。令人欣慰的是，这种情况自2005年起有了重大改观。在北京师范大学校领导的大力支持下，以著名中年法学家赵秉志教授为院长的北京师范大学刑事法律科学研究院于2005年8月18日在北京隆重成立，成为中国国内刑事法学领域中首家且目前唯一的、专门从事刑事法学研究与人才培养的独立性、综合性学术研究机构。2006年4月26日，在北京师范大学法律系的基础上，北京师范大学又正式成立法学院。两院相继成立并得以迅速良性发展，标志着北京师范大学法学学科全面繁荣的新时代的到来。“人事有代谢，往来成古今。江山留胜迹，我辈复登临。”随着法学科学建设在北师大的全面展开，我们完全有信心经过若干年的努力，让北师大法学跻身于中国乃至世界法学强者之林。

“桃李不言，下自成蹊”。北京师范大学以其深厚的学术底蕴与宽松、自由的教育环境，吸引着国内外的青年学人慕名而来，追求精神的提升与文化的发展。“千里之行，始于足下”，任何宏大的事业都必须从一点一滴做起。北京师范大学刑事法律科学研究院深知，“百年之计，莫如树人”，十分重视刑事法学学科的人才建设，在建院不长的时间里，不仅引进了多位学术功底深厚、科研能力突出、在国内外有一定学术影响的中青年法学学者，而且招聘了一批毕业于国内外著名法学院、综合素质优秀、学术功底扎实的青年才俊。为了培育新人，使其在学术上不断推陈出新，北京师范大学刑事法律科学研究院凭借学校坚实宽广的学术综合实力与浓郁深厚的人文氛围，决定建立“京师刑事法学博士文库”，支持年轻的法学博士和博士后将其博士学位论文、博士后出站报告以学术专著的形式付梓出版，以此作为促进京师刑事法学发展的重大举措之一。北京师范大学刑事法律科学研究院的资深学者组成的编委会负责“京师刑事法学博士文库”的运作。

“京师刑事法学博士文库”主要面向北京师范大学刑事法律科学研究院所培养的法学博士、博士后以及引进的具有法学博士学位的教学科研人员。鉴于目前刑事法律科学研究院已经初步形成学历层次高、年龄结构年轻化、专业知识结构合理、团结和谐、奋发向上的学术研究梯队，本文库将同时兼顾实体法学与程序法学，以多学科、多维度的精神兼容并蓄，以开放的态度欢迎跨学科方面的研究成果，使其具有视野宽广、包容性强的时代特征。简言之，“京师刑事法学博士文库”将以质取文，唯质取材，但凡有所创新、质量上乘的著作，均可入选。

京师刑事法学博士文库编委会将主动联系新加盟北京师范大学刑事法律科学研究院的法学博士和研究院毕业的博士生，了解其博士学位论文的选题、内容及结构等，以宁缺毋滥、铸造精品的原则及严谨、踏实、创新的学术态度从中谨慎选择优秀之作，并认真审读，提供切实的修改补充建议，供作者修正参考，并负责联系出版，虚心接受国内外刑事法学同行和社会读者的批评指正。我们希望“京师刑事法学博士文库”的作品虽属阳春白雪之作，却能洞明世事，传递俗理；虽属曲高之作，却不至于和者甚寡。同时特别申明：文库的范围不仅限于博士学位论文，只要是加盟刑事法律科学研究院的法学博士同仁创作出的学术精品，均可列入此文库见诸世间。愿同仁闻弦歌而知雅意，愿我等奏流水而遇知音。

“泰山不拒细壤，故能成其高；江海不拒细流，故能成其大。”学术事业的发展与壮大依赖于理论的点滴积累。“京师刑事法学博士文库”在目前也许只是我国刑事法学学术事业中刚刚吐青的新芽，但是，我们相信，它会在京师刑事法学博士文库编委会、加盟刑事法律科学研究院的诸位博士以及国内外方家学者和同行的精心培育之下，逐步成长为国内外瞩目的参天大树，从而为繁荣、深化我国刑事法学学术研究，推动国内外刑事法学思想交流与学术合作，促进社会主义法治建设，作出有益的贡献。

北京师范大学刑事法律科学研究院
京师刑事法学博士文库编委会
二〇〇七年三月三日

Doctorial Series of Criminal Law Science of BNU

Preface

After a careful plan and preparations, "Doctorial Series of Criminal Law Science of BNU" has been established in this distinguished University with over a century history. We can well say that the establishment of "the Series" is on a proper occasion, in a proper situation and at a proper place.

Being on a proper occasion means "the Series" was established in the exquisite stage of China's criminal law scientific theory. This is a stage which needs and may produce profound masterpieces of criminal law scientific theory. The content of "the Series" is just catering for the requirements of this era.

Being in a proper situation means that at the time of the establishment of "the Series" China's law reform and modernization are experiencing her development in the ascendant, just like a raging fire. "The Series" is lucky to witness and participate in the development of this great cause.

Being at a proper place means Beijing Normal University has facilitated "the Series" with healthy environment and fertile soil. It's well known that Beijing Normal University is one of the few distinguished Universities with over one century's history. She grew out of the Faculty of Education of Imperial University of Peking founded in 1902. After a century of development, through a century of accumulation, she has built up a deep seated cultural foundation and good environment of the humanities; what's more, her disciplines of the humanities and social science have reached to the world standard or at the level of First Class in China. She has nurtured and brought up large numbers of National Talents. Firm and steady style and the conception of "studying to teach and acting to set an example" for running a school has provided the unique condition for the development of law science which requires rigorous logic, deep content and high value. Our ancestors said: "Fountainhead being not deep enough but hoping the water can flow farther, the root being not solid but hoping the trees can grow big, morality being not high but thinking about the safe of our State" just like "cutting the wood in order for the exuberant trees, blocking up the fountainhead in order for the water flowing far". Without deep seated cultural foundation and long term academic accumulation as its base, it seems a bit superficial and ne'er-do-well to get major attainments in the field of law science, even though momentary mental and physical efforts have been used. The establishment of "Doctorial Series of Criminal Law Science of BNU" avoided the congenital deficiency from the very beginning.

No need for reticence, compared with many ripe and steadily developed disciplines, the Law Science in Beijing Normal University is still very young. For varieties of reasons, the discipline of law science seems inferior to other social sciences, either in the cultivation and introduction of talents or in the innovation and development of academic theories. It made the Law Science of Beijing Normal University not only lose the chance of development in 1990s, but also not match with her famous international and national status as well. Now we are glad that things have changed dramatically since 2005. With the support of the leaders of Beijing Normal University, College for Criminal Law Science of Beijing Normal University was solemnly founded in Beijing on August 18, with the noted jurist Professor Zhao Bingzhi as the Dean. She has become the only independent and comprehensive academic unit in criminal law scientific field specializing in criminal research and the talents cultivation.

Based on the Faculty of Beijing Normal University, Law School of Beijing Normal University was founded on July 26, 2006. Successive founding and rapid development of these two schools signifies the prosperous new era is coming. "Human and nature have their own metabolization, old events have passed by. The world left wonders and interests, our generations step up". With the construction of Law Science of Beijing Normal University opening comprehensively, we believe absolutely we can enable Law Science of Beijing Normal University to rank among the most advanced influential universities nationally or even globally.

"If we are strict with ourselves, others will surely respect us". With deep seated cultural foundation and free educational environment, Beijing Normal University has attracted young learners out of admiration home and abroad to pursue spiritual promotion and cultural development. "A thousand li journey is started by taking the first step". Any great cause should be done bit by bit. College for Criminal Law Science of Beijing Normal University knows deeply "as to a project of vital and lasting importance, human should be cultivated first". So she strongly emphasizes the construction of talents. Not long before the establishment of the college, she absorbed not only many middle and young law experts who hold deep seated academic foundation, good scientific research ability and academic influence home and abroad, but also a number of young talents who graduated from the famous universities home and abroad and hold good comprehensive qualities and solid academic foundations. In order to cultivate new talents and gradually make them weed through the old to bring forth the new and depend on her solid and wide comprehensive academic ability and strong and deep environment of the humanities, College for Criminal Law Science of Beijing Normal University decides to establish "Doctorial Series of Criminal Law Science of BNU" to support young law doctors and postal doctors to publish their fruits in the form of academic books, as one of the great measures of promoting law science of College for Criminal Law Science of Beijing Normal University. Noted Editorial Board organized by College for Criminal Law Science of Beijing Normal University is responsible for the management of "Doctorial Series of Criminal Law Science of BNU".

"Doctorial Series of Criminal Law Science of BNU" is designed for the young law doctors and postal doctors cultivated by College for Criminal Law Science of Beijing Normal University and the teaching and researching staff who have doctor degrees in law introduced by the College. Because College for Criminal Law Science of Beijing Normal University has preliminarily formed her united and harmonious academic research group with high record of formal schooling and reasonable specialized knowledge of structure, "the Series" will give considerations to both substantial and procedural law science and welcome multiple disciplines' academic fruits with her open minded attitude and her spirit of multiple disciplines and sides. Thus she will hold her strongly magnanimous character of era with her wide vision. In brief, "Doctorial Series of Criminal Law Science of BNU" will choose the fruits merely according to its high quality. The works that are creative and of high quality can be chosen. Editorial Board of Doctorial Series of Criminal Law Science of BNU will positively contact the new doctors who graduated from College for Criminal Law Science of Beijing Normal University, getting to know the topic, content and structure of their essays. We will abide by the principle of putting quality before quantity and producing fine works and strict and steady and innovative academic attitude, to choose the excellent works from them and carefully read and check, provide practical supplementary suggestions of amendments for the authors to amend as a reference. We will be responsible for contacting publishing houses, listening to criticisms with an open mind from our fellow scholars and social readers. We hope the works of Editorial Board of Doctorial Series of Criminal Law Science of BNU can find and know affairs of human lives, communicate common saying, even though they belong to the works of the elite; They are welcomed by many, even though they belong to the elegant works. Meantime we declare particularly the scope of "the Series" is not restricted in the field of doctorial degree essays; all the fine works or articles from the fellow law doctors in law are welcome . These articles and works can be listed in "the Series" and can be published throughout the world. May our fellow researchers know the real meaning while listening to the music; May we meet our bosom friends while playing the music of flowing water.

"Mount Tai accepts small soils, so it can become high; Rivers and seas accept small streams, so they can become large". The development and expanding of academic causes depends on theoretical accumulation bit by bit. Editorial Board of Doctorial Series of Criminal Law Science of BNU may be the heading sprouts in the process of academic causes of our State's Criminal Law Science. But we believe that she can gradually become towering tree, attracting the attention home and abroad. It can make beneficial contributions to our state's academic research of Criminal Law Science, promoting exchange and cooperation of Criminal Law Scientific thinking home and abroad, and accelerating rule of law's construction of our Socialism.

College for Criminal Law Science of Beijing Normal University
Editorial Board of Doctorial Series of Criminal Law Science of BNU
March 3rd, 2007

序

国际条约规范与国内法规范的关系，是诸多部门法学所关注的一个研究议题。我个人认为，此议题的复杂性似乎并不主要来自各国采纳国际条约规范的方式及制度，而主要是由国际条约规范特有的多样性、原则性和指引性所造成的。国际条约，尤其是多边国际公约，往往是缔约各方相互博弈和妥协的产物，许多条款都表述得比较原则或者说比较圆滑，为各缔约国创建、修改或者调整本国法律制度留有一定的余地；或者满足于为各缔约国的立法提供相关的指引或方针，而本身缺乏或者并不要求具有实际的可操作性。

国际条约尤其是多边公约规范所具有的多样性、原则性和指引性在民商事领域一般不会造成特别复杂的问题，因为，在民商法领域，法律基本原则以及大家共同认可的惯例从来都是可以直接适用的，法官们很乐意援引包含在国际条约中的基本原则和惯例来断案裁决，这不会给任何国家的法制原则造成麻烦或疑问。但进入刑事领域，问题就大了，刑事法制所要求的法定性、明确性和保守性会使大量缺乏精准性和可操作性的国际条约规范被排除在可直接适用的法律规范范围之外。当年《引渡法》制定时，我国立法机关之所以最终把仿照《民事诉讼法》等民商事法律关于“国际条约规范优先适用”条款拟定的相关表述加以删除，在相当程度上正是出于刑事立法者特有的慎重。

随着我国缔结或者参加的含有国际刑事司法合作条款的国际条约的不断增加，条约规范与国内法规范之间的关系及冲突问题表现得越来越突出。实际上，在相当长的一段时间内，我国在对外开展国际刑事司法合作方面没有具体的国内法规范可循，只是在1997年修订《刑事诉讼法》时引进一条关于刑事司法协助的原则性规定，并在2000年12月颁布了《引渡法》，因而，国际条约规范在我国构成调整国际刑事司法合作事务的主要法律渊源。国际条约中的大量条款不仅补充了我国国内法的相关缺欠，而且还变通了某些国内法的规则甚至原则，特别明显的一个例子是：一些双边移管被判刑人条约对“一事不再理”原则作出明确规定，不允许我国司法机关援引刑法第10条对被移管人员因判刑国已审理的同一事实重新进行审判。

由此看来，在刑事领域，我们不仅需要根据国际条约的要求对我国现行法律进行补充、修改和调整，使国际条约所确立或者倡导的指针和规则得以具体落实，同时，我们还应当注意甚至更需要注意直接适用那些明确、具体并具有可操作性的国际条约规范，并且依照“国际条约规范优先适用”原则解决条约规范与国内法规范之间的冲突问题。将国际条约规范转换为国内法规范，或者直接适用国际条约规范，这是履行国际条约义务的两种不同方式，它们可以并存于同一个国家的法律制度之中，对这两种不同方式的选择主要取决于国际条约规范的表述形式。

高秀东教授的这部专著正是从刑事法律的角度对国际条约规范的效力进行研究的作品。它根据国际刑事条约规范的特点将其在我国的适用方式区分为“直接适用”和“间接适用”。值得注意的是，作者没有停留在对“直接适用”和“间接适用”模式的学理诠释上，而是采用实证研究的方法分析并列举了哪类条款能够由我国司法机关直接适用，哪类条款只能间接适用，即需要通过进一步的国内立法使之具有可操作性。例如，作者在第四章中制作了一份一览表，将1988年《联合国禁止非法贩运麻醉药品和精神药物公约》的刑事条款加以分解，逐条分析各项条款的适用方式，直观地将“直接适用”和“间接适用”的区分标准和实例呈现在读者眼前。

虽然这本书在某些具体条约规范适用方式的划分问题上还存在着进一步研究和商榷的余地，但作者的考察思路和研究方法则提示人们，研究国际刑法的学者应当特别注意相关国际条约规范的表述特点，应当有能力从浩瀚的国际法律文件中发现和辨别那些能够在我国刑事司法和审判中无须任何转换而直接适用的条款，应当像熟悉国内刑事法律条款一样谙熟这些可直接适用的国际条约规范，努力促成这些国际条约规范效力的充分实现，并且据以弥补和修正国内法规范的欠缺或者褊狭。对于国际刑法学者来说，这种能力也许算得上一项真本事。

秀东曾经是我指导的2007级博士研究生，艰辛的三年博士学业完成后很快晋升为外交学院教授。这部专著是在她的博士论文的基础上修改形成的。欣闻即将出书，点评之兴油然而生。以此为序，表我期望。

黄风
2012年3月5日
于太仆寺街

目　录

Contents

导 论

第一节 国内外研究现状述评

国际刑事条约在中国的适用，是国际法与国内法关系下的一个子课题。条约在国内的适用问题，是国际法学家和国内法学家共同关注的一个永恒话题，也是处理国际法与国内法关系的焦点所在。早在19世纪现代国际法兴起之初，西方学者就对条约在国内的适用问题有过激烈的论争，并形成了诸如“一元论”和“二元论”的一些至今仍深具影响的流派与观点。我国国际法学者在对西方理论反思与修正的基础上，形成了以修正的“二元论”为主导学说的较为独特的思想体系。但是，有关这一问题的研究，国际法学界长期停留在宏观范畴，原则性分析较多，而较少结合我国缔结或参加的国际条约及国内立法和司法现状提出有针对性的适用理论与原则。

近年来，随着我国改革开放的深入发展和受全球化趋势的影响，条约在国内的适用不再局限于抽象的、宏观的研究，针对我国缔结或参加的国际条约的具体研究日渐增多，比如，WTO规则、知识产权条约、海事条约、人权公约和国际刑事条约在我国的适用问题逐渐成为学界研究的热点。例如，我国著名学者郑成思教授关于知识产权国际条约在我国的适用研究，曾令良教授关于WTO规则在我国的适用研究，陈光中教授关于国际人权公约对我国刑事诉讼的影响，等等，都是在国内深具影响的研究成果。

条约在国内的适用问题专题研究成果有：华东政法大学王勇博

士的毕业论文《条约在中国适用之基本理论问题研究》(北京大学出版社2007年版),吉林大学贾少学博士的毕业论文《全球化时代的国际法与国内法关系研究》,王西安的《国际条约在中国特别行政区的适用》(广东人民出版社2006年版),朱晓青、黄列主编的《国际条约与国内法的关系》(世界知识出版社2000年版)和吴嘉生的《国际法与国内法关系之研析》(台湾五南图书出版公司1998年版)。另外,国际法与国内法的关系也一直是科研立项的热点和重点,已经立项的课题有:万鄂湘大法官主持的国家社科基金项目"国际法与国内法的关系"、卢建平教授主持的中国法学会科研项目"国际人权公约与中国刑法的协调与发展"、陈光中教授主持的教育部重点研究基地重大项目"加入联合国公民权利与政治权利公约对我国刑事诉讼的影响及对策研究"、李鸣教授主持的国家社科基金项目"条约在我国国内的效力与宪法的修改"、邵沙平教授主持的国家社科基金项目"国际刑法公约实施问题研究"等。

国外有关条约在国内适用的理论比较成熟,已很少单纯地从抽象的宏观层面研究,主要结合具体的国际条约,运用比较研究的方法,[①] 结合具体的国家实践展开研究,例如,国家图书馆藏的Ward N. Ferdinandusse, *Direct Application of International Criminal Law in National Courts*, T·M·C·Asser Press(2006),主要是具体分析国

---

① 传统上,大多数学者和法律工作者都是从国际法角度研究条约的,即研究作为国际法渊源的条约及其义务,分析条约的缔结、条约的生效、条约的保留、条约的解释、条约义务的履行,等等,李浩培先生的《条约法概论》(法律出版社2003年版)和安东尼·奥斯特的《现代条约法与实践》(江国青译,中国人民大学出版社2005年版)即为适例。但同时也有一些学者是从国内法的角度,考察在国家法律体系下,对条约义务的贯彻和执行。近30年来,现代研究表明,研究条约与国内法的关系又出现了第三种研究方法,即从比较的角度来研究各个国家关于条约的立法和实践:各个国家对条约的定义,谁有权代表一个国家谈判缔约,在国家承认条约之前,谁有权批准条约,如何接受条约为国内法,条约在国内的适用方式是什么,等等。比较研究法有助于我们比较全面地从国际法和国内法视角理解条约。参见 Duncan B. Hollis, Merritt R. Blakeslee & L. Benjamin Ederington eds., *National Treaty Law and Practice*, Martinus Nijhoff Publishers (2005), pp. 2-3.

际刑事条约规定的国际犯罪在各国立法和司法实践中的贯彻和执行；Rodrigo Yepes－Enriquez and Lisa Tabassi（eds.），*Treaty Enforcement and International Cooperation in Criminal Matters*，T·M·C·Asser Press(2002)，主要结合《禁止化学武器公约》研究条约在各缔约国的适用问题。

国内关于 WTO 规则、民商事条约和知识产权等条约适用的研究比较成熟，但对国际刑事条约的研究投入较少，分歧意见也比较大。国内关于国际刑事条约适用的研究成果主要有三类：第一类研究成果主要来自国际法学界，这类研究成果注重从宏观层面研究条约在我国的适用，而只用很小的篇幅兼谈国际刑事条约在我国的适用，例如，李鸣《应从立法上考虑条约在我国的效力问题》（载《中外法学》2006 年第 3 期）和左海聪《直接适用条约问题研究》（载《法学研究》2008 年第 3 期）。第二类研究成果来自刑事法学界，这类成果立足于从国际刑事条约规定的原则、罪名和程序来审视国内法与国际法的衔接和完善，而不从国际刑事条约与国内法的关系来研究其适用，例如，陈光中教授主编的《联合国打击跨国有组织犯罪公约和反腐败公约程序问题研究》（中国政法大学出版社 2007 年版），赵秉志教授主编的《联合国公约在刑事法治领域的贯彻实施》（中国人民公安大学出版社 2009 年版），苏彩霞教授的《中国刑法国际化研究》（北京大学出版社 2006 年版）。第三类研究成果，专门研究国际刑事条约的国际实施，如武汉大学刘远山博士的论文《多边刑事条约的国际实施研究》（2004 年）。而本书是单纯从国际刑事条约与国内法关系的角度，专门研究我国缔结或者参加的国际刑事条约在我国的适用问题，在我国尚属首次。

第二节 研究的意义

国际条约一直是国际法的重要渊源之一，并且已发展成为国际法的主要渊源。近百年来，条约数量激增，从 1946 年到 2003 年，在联合国登记的条约已经超过5万个，其中，美国和日本的条约数量相近，大约有1万多个，法国6730个，中国已经签订了6000多个多边协定和273个双边协定，对南非生效的条约有近1800个，哥伦比亚签订了860个国际条约。[①] 随着国际法调整领域从传统的国家间关系延伸到人类社会的各个方面，条约规定已成为处理国际事务时必然要谈及的问题。因此，对条约的研究，越来越重要。

截至2010年4月底，中国共对外缔结刑事司法协助条约46项，引渡条约32项，移管被判刑人条约6项，打击“三股势力”协定6项，其中绝大部分已经生效。此外，中国还缔结或参加了50多项专门规定刑事事项或与刑事事项有关的多边国际条约。这些条约是我国法律制度的重要组成部分，在我国的刑事司法实践中发挥着非常重要的作用。

这些条约与我国国内法的关系如何，当行政机关与司法机关办理刑事案件时，能否直接援引国际条约，当有关条约规范与我国国内法发生抵触时，谁优先适用，都是在适用条约时不得不面对的问题。但是，由于我国宪法和宪法性文件并未对条约的适用问题作出任何规定，导致了我国法学界对这些问题至今尚未形成统一认识。因此，作为国际法与国内法关系部分的条约适用问题，虽然是旧话重提，但绝非老调重弹。

研究国际刑事条约在中国的适用问题，有着重要的理论和实践意义。

第一，条约在国内的适用问题，是一国法制建设的重大理论问题。大多数国家都在宪法上明确规定条约在国内的适用问题，而我国宪法没有对国际条约在我国的法律地位及其在国内如何适用的问题予以明确规定，立法法在列举我国法律的渊源时也没有把条约包括在内。这一重大立法疏漏，使得我国在适用国际条约时，由于缺

---

① Duncan B. Hollis, Merritt R. Blakeslee & L. Benjamin Ederington eds., *National Treaty Law and Practice*, Martinus Nijhoff Publishers (2005), p. 1.

乏统一的条约适用规则和标准而导致现行立法与执法的混乱，在过去以及现在都已经严重地影响到我国正常的法制秩序。研究国际刑事条约在我国的适用问题，可以弥补我国宪法的空白，为建立和完善我国的条约适用制度提供实际论证。

第二，国际刑事条约主要依靠间接执行模式执行，即使在直接执行模式下也离不开各个国家的司法合作，研究国际刑事条约在我国的适用，可以了解我国适用国际刑事条约的真实现状，并发现现实中亟须解决的问题，对我国贯彻条约规定、履行国际义务，有着非常重要的意义。

第三，在我国国际刑事司法合作领域，开展国际合作的主要依据是国际条约，许多重要的规则和程序都是由国际条约确立的。但是，许多观点却认为，在刑事司法领域，条约不能直接适用，也不能优先适用。这与我国在开展国际刑事司法合作时大量直接并优先适用条约的事实并不相符。通过本书的研究，可以澄清误解，明确条约在我国国际刑事司法合作领域的直接适用和优先适用原则，并为正在起草的《中华人民共和国刑事司法协助法》确立这两项原则提供理论论证。

第四，研究条约在我国刑事领域的适用问题，可以丰富我国条约适用的理论。我国有关条约适用的研究主要集中于民商事领域和WTO规则，涉及刑事领域的研究并不多见，专门从国际刑事条约与国内法关系角度展开研究的基本没有。本书的重点放在国际刑事条约在中国的接受方式、适用方式及其与国内法的冲突解决上，将国际公法的条约与国内法的关系这一永恒话题具体化、深入化，可以丰富我国条约适用的理论。

第三节 研究的主要问题、研究思路及研究方法

一、研究的主要问题

本书主要研究以下问题：

1. 国际刑事条约的概念、种类、范围和特征。

2. 国际刑事条约在我国适用的前提条件，也即我国接受国际刑事条约的方式。

3. 国际刑事条约在我国的适用方式。具体包括两种方式：直接适用和间接适用。

4. 国际刑事条约与我国国内法的冲突及条约优先适用原则的确立。

二、研究思路

条约在国内的适用是国内法上的问题，所以本书主要从国内法角度来研究国际刑事条约在我国的适用问题，主要依据我国有关条约在刑事司法领域适用的具体规定，根据条约在国内适用的主要问题和具体步骤展开研究。条约在国际层面生效后，要想在国内得到适用，必须首先在国内层面解决以下三个最基本的问题：（1）条约如何被接受为国内法，是采用“纳入式”还是“转化式”?（2）如果条约是被直接纳入国内法的，那么条约在国内的适用方式是什么？是直接就能够适用呢？还是得通过国内立法间接得以适用？（3）当条约通过“纳入式”直接成为国内法渊源时，其在国内法上的法律等级如何？与宪法和其他国内法的关系如何？当其与国内法发生冲突时，谁优先适用？本书就是围绕这三个基本问题展开研究，逐层对这些问题进行分析并加以解决的。

三、研究方法

主要运用规范分析法和实证研究法，紧紧围绕两大类规范展开实证研究：一类是我国关于条约适用的国内规定，包括宪法、立法法、缔结条约程序法、刑法、刑事诉讼法、引渡法等法律法规，以及司法解释、司法性文件和行政规范性文件的各种规定。据笔者统计，这类规定共有18项计59个条款。另一类是我国缔结或者参加的国际刑事条约，包括多边国际条约和双边刑事条约。通过对第一类规范的分析，可以探明我国在条约适用上的一贯立场和态度以及条约在我国适用的具体依据；通过对第二类规范的分析，可以探明哪些条款本身是要求立法执行的，哪些条款要求缔约国直接适用并根据我国规定能够直接适用，哪些条款因缺乏国内法的相关规定而导致实际上的不能适用。

第四节　重点和难点

1. 能够在我国适用的国际刑事条约的范围。

2. 国际刑事条约在我国适用的前提条件，即条约在我国的接受方式。

3. 整理我国关于条约在刑事司法领域适用的具体规定。

4. 界定国际刑事条约的哪些条款只能在我国间接适用，哪些条款能够直接适用。

5. 分析我国是否可以直接依据公约确立我国对国际罪行的刑事管辖权。

6. 总结和整理国际刑事条约与国内法冲突的具体表现。

7. 在国际刑事司法合作领域和涉外刑事案件中，确立条约优先适用原则。

第五节 创新之处

一、选题新

无论是在我国国际法领域还是在刑事法领域，本书都是第一个从条约与国内法关系的角度就国际刑事条约在我国适用的基础理论问题进行专门研究的，具有较高的学术价值和实用价值。

国际法学者大多从宏观角度研究条约在国内的适用，而从来没有人专门从刑事条约这个小角度来研究，所得结论难免有以偏赅全之嫌；刑事法学者大都从如何将国际条约中的刑事条款纳入国内刑事法的角度研究条约在国内的适用，而从未有人从国际法与国内法的关系的角度来研究，探讨的都是非常具体的个罪问题和具体程序，而没有从根本上解决刑事条约在国内适用的基本原则性问题。而本书是从国际法的宏观角度，具体结合了我国参加的条约和国内法上的规定来研究国际刑事条约的接受、适用和冲突问题，既解决宏观的基本理论问题，又有具体的切入角度和研究对象，无论是在国际法领域还是在刑事法领域，都具有创新性，具有较高的学术价值。

本书的研究成果还可以为我国司法部门直接适用国际条约提供理论支持。多年来，由于条约与国内法关系认识上的混乱，一方面造成司法实践部门有条约而不敢适用；另一方面造成了司法部门实际上在大量地适用条约而学术界却不顾现实一味否认条约的直接适用和优先适用，总是以宪法没有规定国际法的地位而断言我国适用条约的情况不确定或无法探知。本书通过大量事实说明，刑事条约在我国的适用不仅大量存在而且规则明确。《中华人民共和国刑事司法协助法》早已纳入我国的立法规划，本书的论证为将“在国际刑事司法协助的过程中，条约应当在我国直接适用和优先适用”的相关内容纳入该法提供了理论支撑。

二、研究方法新

本书从条约与国内法关系的角度研究刑事条约在我国的适用，这在国内尚属首次。具体来说，本书主要运用规范分析法和实证研究法，紧密结合我国缔结或参加的国际刑事条约和我国关于条约适用的具体规定，进行研究。避免只停留在宏观层面和不结合我国条约实践和条约具体规定的抽象讨论。

三、观点新

本研究的创新观点主要有：（1）把本书研究的对象限定在国际刑事条约和非国际刑事条约中规定的附属国际刑事规范，前者是指专门或主要规定刑事事项的国际公约，后者是指规定在国际人道法、国际人权法、国际劳动法、国际环境保护法、国际海洋法、国际知识产权法等国际条约中的国际刑事条款。（2）明确国际刑事条约在我国的接受方式和适用方式是两个不同的概念和步骤。条约接受是条约在国内得以适用的前提，主要有“纳入”和“转化”两种方式；条约适用方式主要有直接适用和间接适用两种方式。（3）首次明确界定国际刑事条约在我国直接适用的范围主要存在于国际刑事司法合作领域和涉外刑事案件。（4）明确提出我国可以直接依据我国刑法第9条对国际公约规定的罪行确立我国的刑事管辖权，并对其适用条件加以限制。（5）首次明确界定在我国间接适用的条约条款主要包括需要立法执行的情形和因内容抽象而不具有直接适用性的条款。（6）对我国国际刑事司法合作领域普遍存在的条约与国内法冲突的现象进行整理，并分析形成原因，为我国国际刑事司法合作法确立“条约优先适用”的原则提供理论论证。

第一章 国际刑事条约概述

第一节 国际刑事条约的概念

一、条约的概念、特征和种类

“条约”是至少两个国际法主体在原则上按照国际法产生、改变或废止相互权利义务的意思表示的一致。[①] 在外交和国际法实践中，“条约”一词有广义和狭义两种概念。狭义的条约，仅指冠名为“条约”的那种国际协议。[②] 而广义的条约包括了冠名为“公约”、“协定”、“文件”、“总文件”、“最后文件”、“议定书”“换文”、“宣言”、“联合声明”、“联合公报”、“谅解备忘录”、“行动计划”等名称的国际协议。

条约（treaty）一般适用于有关比较重大的政治、经济、法律等问题而且有效期较长的协议，如同盟条约、和平友好条约、互不侵犯条约、中立条约、边界条约、通商航海条约、领事条约等。条约多数是双边的。多边条约很少用“条约”这个名称。

公约（convention，pact）通常是若干国家举行国际会议缔结的多边条约，内容多系造法性的，规定一些行为规则和制度，如1949年日内瓦四公约、1982年《联合国海洋法公约》、2003年

① 李浩培：《条约法概论》，法律出版社2003年版，第3页。

② 也有学者认为，狭义的条约特指在缔约中有国家元首参加的那种条约，而不论其实际上所用的名称是条约、专约、公约或其他名称。参见李浩培：《条约法概论》，法律出版社2003年版，第31页。

《联合国反腐败公约》等。

专约（convention）是关于某些专门问题的协议，如领事专约、渔业专约。专约有时是多边的，有时是双边的。

宪章、盟约、规约（charter，covenant，statute）多是重要国际组织的章程，如《联合国宪章》、《国际刑事法院规约》、《国际法院规约》等。

以上条约的形式比较正式，手续比较齐全，通常用于比较重要的协议。

协定（agreement）多是解决行政性、事务性的具体问题的协议，如贸易协定、邮电协定、航空协定等。国际组织间缔结的协议多称“协定”。但也有重大政治性协议称为“协定”的，如1945年美、英、苏三国的《雅尔塔协定》。美国实践中有所谓“行政协定”，指由美国总统缔结、未经宪法规定的参议院2/3多数同意的协定。这种行政协定在国内法上不具备“条约”的效力，但在国际法上它构成一个有效的国际协定。

议定书（protocol）多是辅助性的法律文件，内容一般比协定还要具体，如两国缔结贸易协定后签署的支付议定书。但有的议定书却是独立的文件，而且意义重大，本身就是一个条约，如1925年《关于禁用毒气或类似毒品及细菌方法作战议定书》、2001年《联合国打击跨国有组织犯罪公约》所附的《关于打击非法制造和贩运枪支及其零部件和弹药的补充议定书》、2000年《联合国打击跨国有组织犯罪公约关于预防、禁止和惩治贩运人口特别是妇女和儿童行为的补充议定书》等。有的议定书虽是附加性文件，但意义也很重大，如1977年6月8日关于1949年8月12日日内瓦四公约的两项附加议定书。

换文（exchange of notes）是指两国交换内容完全相同的照会，就某事项达成的协议。换文程序简易，常被采用。在国际联盟和联合国秘书处登记的条约中，换文约占1/4。

宣言（declaration）有三种情况：两国或数国政府发表的不规

定具体权利义务的政策声明。此等宣言不属于严格意义上的条约；两国或数国在发表政策声明的同时还在文件中规定了某些相互的权利和义务，如1943年中、美、英三国签署的《开罗宣言》，其中规定相互权利和义务的部分，构成有关国家间的条约，具有法律上的拘束力；宣言本身就是一个条约，规定国家的相互权利和义务或行为规则，如1856年的《巴黎海战宣言》、1909年的伦敦《海战法规宣言》，两者都是关于海战规则的国际协议。

除上述条约名称外，国际实践中还有联合公报（joint communiqué）、联合声明（joint statement）、宗教条约（concordat）、最后决议书（final act）、总决议书（general act）、停战协定（armistice agreement）、附加条款（additional article）、初步和约（preliminary treaty of peace）、临时协定（modus vivendi）等。

根据国际实践，不论以何种名称或形式缔结的条约，其法律性质和效力都是一样的。

条约必须具备六个特征：（1）条约的主体，即条约的当事者，必须是国际法主体；（2）这些当事者必须至少有两个；（3）这些当事者必须有一致的意思表示；（4）条约必须在原则上以国际法为准；（5）条约的内容是旨在产生、改变或废止相互之间的权利义务。（6）条约一般以书面形式缔结。

条约可以依据不同的标准进行不同的分类，常见的与本书有关的分类方法有以下几种：

（1）按条约的内容是旨在解决具体问题还是创设行为规则分类，可将条约分为契约性条约和造法性条约。契约性条约，是指只解决当前某个具体问题，而不为将来制定共同行为规则的条约。立法性条约，是指创立此后相互间必须遵守的行为规则的条约。

（2）按缔约方的数目分类，可将条约分为双边条约与多边条约。双边条约，是指只限两方参加的条约。多边条约，是指旨在规定一般国际法规则或处理对条约当事各方和其他国家有公共利害关系的事项，因而按其条款或按一个有关文书的规定对任何国家或对很多国家都开放的条约。

(3) 按条约的性质分类，可将条约分为政治类条约、军事类条约、经济类条约、国际人权条约、民商事条约、科技和文化类条约、刑事条约等。

(4) 按条约的主要内容分类，可将条约分为实体性条约、程序性条约和综合性条约。

(5) 按条约是否建立常设机构分类，可将条约分为建立国际组织的条约和不建立国际组织的条约。

二、国际刑事条约的概念

作为国际刑法主要渊源的国际刑事条约，其概念在国际法律文件中并无定义，国际刑法学界也很少对此专门予以界定。在我国国际刑法学界，与国际刑事条约相近的名词有“国际刑法公约”和“国际刑法条约”。

(一) 国际刑法条约、国际刑法公约、国际刑事协约和国际刑事条约辨析

1. “国际刑事协约”的误译

在国内翻译的巴西奥尼教授的文中经常使用“国际刑法公约”这个概念，其对应的英文名词为 International Criminal Law Conventions。[①] 比如，“国际刑法公约所含的刑法规定并无标准形式。”[②]，又比如，“理想地说，每个国际刑法公约均应包含全部 10 个刑法特征”。[③] 我国也有学者使用了这个概念，比如，“国际社会逐渐形成了一些专门规定预防、禁止和惩治国际犯罪的原则、规则和制度

① 巴西奥尼教授有本著作名为 *International Criminal Law Conventions and their Penal Provisions*, Edited by M. Cherif Bassiouni. (Transnational Publishers, Inc., 1997)

② [美] 谢里夫·巴西奥尼著：《国际刑法导论》，赵秉志、王文华等译，法律出版社 2006 年版，第 139 页。

③ [美] 谢里夫·巴西奥尼著：《国际刑法的渊源与内涵—理论体系》，王秀梅译，法律出版社 2003 年版，第 63 页。

的‘国际刑法公约’”;[1] “关于国际刑法的公约，一般是指规范国际犯罪和对国际犯罪的制裁和处罚的公约。”[2]

众所周知，公约是广义条约概念下的一个子概念，公约是一种特指，特指某一类多边条约，它通常指在国际组织主持下或在国际会议上谈判成立的专门规定特定事项的多边条约。在国际实践中，公约这个名称通常使用于参加国数目众多的多边条约。[3] 广义的条约，包括了名称为“公约”的多边条约，而公约却不能把狭义的条约和其他名称的广义条约包括在内。那么，这里就产生了一个问题：有着“现代国际刑法学之父”尊称的巴西奥尼教授笔下的 International Criminal Law Conventions 是否仅指名称为“公约”的国际条约呢?

笔者查阅了巴西奥尼教授专门论述国际刑法渊源的专著——《国际刑法的渊源与内涵——理论体系》，发现答案是否定的。他在论述国际刑法的渊源时，首先提到了说明国际法渊源的权威解释——《国际法院规约》第 38 条中所说的“International Conventions”。关于这个名词，规约的中文作准文本翻译为“国际协约”，而不译作“国际公约”。其后，他在述及国际刑法的渊源时，实际上继续沿用了《国际法院规约》第 38 条中的“International Conventions”这个概念，只是加上了“Criminal Law”来限制这类国际协约。所以，巴西奥尼教授一直是在《国际法院规约》第 38 条中“International Conventions”的含义上来使用这个概念的，并不是专指名称为“公约”的那类多边条约。另外，由于他在该书中专门对具有刑事特征的各种国际条约进行了分析，笔者经过仔细核对发现，他所分析的具有刑事特征的国际条约范围非常广泛，并不都是名为“公约”的国际条约，也包括“协议”、“协定”、“议定书”

① 邵沙平、余敏友:《国际法问题专论》，武汉大学出版社 2002 年版，第 194 页。
② 赵永琛:《国际刑法与司法协助》，法律出版社 1994 年版，第 18 页。
③ 参见李浩培:《条约法概论》，法律出版社 2003 年版，第 22 ~ 23 页。

等名称的国际文件。这种情况，在他的其他著述中也可以得到佐证。所以，巴西奥尼教授笔下作为国际刑法渊源的条约，实际上应译为“国际协约”，而非“国际公约”。当然，如果是特指某一个或某一些名称为“公约”的国际刑事公约，那么，使用“国际刑事公约”无疑是正确的，但是，如果泛指作为国际刑法渊源的国际条约，那么，正确的称谓应为“国际刑事协约”。而在权威的国际法著述中，无一例外地都把《国际法院规约》第38条中的“国际协约”等同于广义的“国际条约”，[①] 所以巴西奥尼教授笔下的“国际刑事协约”等同于“国际刑事条约”。

2.“刑事条约”还是“刑法条约”？

“Criminal Law”翻译成刑法或刑事法，都符合英文的原意。但正如我国学者指出的，“刑法”这个名词在我国有特定含义，一般是专指实体法，而不包括程序法在内。[②] 在我国，广义的刑法，一般仅指刑事实体法，而刑事法，则既包含实体法，也包含程序法。所以，International Criminal Law Conventions 应翻译成“国际刑事条约”，本书即采用这个名词来展开以下论述。[③]

（二）国际刑事条约的概念

要想准确界定国际刑事条约的概念，必须从形式和内容两方面予以认定。首先，从形式上看，它必须是国际条约，具有条约的特征。其次，从内容上看，它必须是规定刑事事项的国际条约。刑事性是国际刑事条约的本质属性。这一属性使其与民商事类的具有私法性质的国际条约区别开来，同时也使其与政治、军事、经济和行

---

① 参见李浩培：《条约法概论》，法律出版社2003年版，第40页；王铁崖：《国际法引论》，法律出版社1998年版，第57页。

② 参见刘远山：《略论多边刑事条约的概念、特征和种类》，载《河北法学》第22卷第7期（2004年7月）。

③ 由于“国际刑法”这个名词已被国内学者广泛接受，其没被翻译成“国际刑事法”的事实，丝毫也不影响其实体和程序兼容并包的实质内涵。所以，把“国际刑法条约”这个概念看做是约定俗成的、内容有所特指的一个概念也并无不妥。

政这类同样具有公法性质的国际条约区别开来。

“刑事”，是指治理犯罪的相关事项，外延宽泛，涵盖犯罪、刑法（实体和程序）、刑罚制度与执行等。[①] 对犯罪的定义及其构成、刑罚制度与执行、刑事诉讼程序与证据规则、国际刑事司法协助与合作形式的规定，等等，都是具有刑事性质的内容。

巴西奥尼教授曾经说过，必须依靠归纳分析的方法，才能确定一个具体协约是否应被视为国际刑事条约。[②] 他在考察了 281 个国际条约后，总结出国际刑事协约的 10 个刑事特征，认为，任何国际协约，只要具有这 10 个刑事特征的至少一个特征，就可以归入国际刑事条约的范畴。这 10 个刑事特征是：（1）明确承认被禁止的行为构成国际罪行，或者国际法上的罪行，或者罪行；（2）通过创设禁止、防止、起诉、惩罚或类似的义务，默示承认有关行为的刑事犯罪性质；（3）使被禁止的行为犯罪化；（4）规定起诉的权利和义务；（5）规定惩罚被禁止行为的权利和义务；（6）规定引渡的权利和义务；（7）规定在起诉、惩罚（包括刑事诉讼中的司法协助）方面进行合作的权利和义务；（8）创设刑事管辖的根据（或提出刑事管辖的理论，或确定刑事管辖的优先权）；（9）涉及建立国际刑事法院或者具有刑事性质的国际法庭；（10）排除以上级命令作为辩护的理由。理想的情况是，每一个国际刑事协约都具有这 10 个特征，但很明显，实际情况并非如此。由于以上特征具有确定的刑事性质，因此，只要任何国际协约存在上述任何一个特征，即可将其作为国际刑法的一部分。[③]

---

① 储槐植：《刑事一体化论要》，北京大学出版社 2007 年版，第 21 页。

② 参见［美］谢里夫·巴西奥尼著：《国际刑法的渊源与内涵—理论体系》，王秀梅译，法律出版社 2003 年版，第 46 页。

③ M. C. Bassiouni, 'The Sources and Content of International Law: A Theoretical Framework', in M. C. Bassiouni (ed.), *International Criminal Law*, Vol. Ⅰ, 2nd Edition, Transnational Publishers, Inc., pp. 47－48, (1999), 转引自马呈元：《国际刑法论》，中国政法大学出版社 2008 年版，第 36～37 页。

实际上，随着近20年来国际刑法的迅猛发展，国际条约的刑事特征已远不止这些，国际条约中与治理犯罪相关的事项已扩展到更为广阔的领域，其刑事特征也因此呈现出更为丰富的多面性。据笔者初步总结，近年来在国际条约中新出现的刑事特征主要有：（1）规定刑事程序的基本原则和刑事证据规则；（2）规定对犯罪所得、犯罪收益的冻结、扣押、追缴和没收；（3）规定对国际犯罪的追诉时效；（4）制定适当的程序或规则保护证人、鉴定人、被害人和举报人；（5）确保对腐败行为造成的损害能够获得赔偿；（6）确立法人在买卖儿童等犯罪中的刑事责任，等等。

巴西奥尼对国际刑事条约的范围界定得非常宽泛，只要条约内容有一项涉及刑事事项，就可以归入国际刑事条约的范畴。他不仅把专门或主要规定刑事事项的国际条约，如1948年《防止及惩治灭绝种族罪公约》和1970年《关于制止非法劫持航空器的公约》等划入国际刑事条约的范畴，而且也把主要内容为非刑事事项但其中部分甚至极少部分内容与刑事事项有关的条约，如1949年日内瓦四公约和1982年《联合国海洋法公约》等，也划入国际刑事条约的范畴。

我国有的学者也对国际刑事条约作了比较宽泛的界定，例如，有的学者把1979年《消除对妇女一切形式歧视公约》、1966年《消除一切形式种族歧视国际公约》、1951年《关于难民地位的公约》和1979年《万国邮政公约》等都列入国际刑法公约的范畴。[①]

对于作为本书研究对象的国际刑事条约，笔者采取了不同于以上学者的界定方法。

笔者认为，国际刑事条约是指专门或主要就刑事事项的某个或某些问题作出规定的国际刑事条约。有的条约专门规定与刑事有关的事项，固然属于国际刑事条约，如专门规范劫机行为的三个反劫

① 参见马呈元著：《国际刑法论》，中国政法大学出版社2008年版，第515~516页。

机公约，就跨国有组织犯罪予以规制的《联合国打击跨国有组织犯罪公约》；有的条约虽然不是专门规定与刑事有关的事项的，但其主要内容是规定与刑事有关的事项的，也属于国际刑事条约，如1979年的《核材料实物保护公约》，其内容虽然有对用于和平用途的核材料在使用、储存、运输中确保安全的管理要求和国际合作，但其主要内容是对核材料犯罪的禁止性规定、对这类犯罪的刑事管辖权的确立以及国际刑事司法合作。

只有少数甚至极少数内容涉及刑事事项的国际条约，例如，日内瓦四公约和《联合国海洋法公约》等均不属于国际刑事条约的范畴。在这些非国际刑事条约中涉及刑事事项的条款，属于附属国际刑事条款，也可以称作附属国际刑事规范，它们附属在非刑事条约中而其内容又关乎刑事事项，也属于本书研究的对象。

规定附属国际刑事条款的国际条约，是指主要规定非刑事事项的国际条约，但是其内容也包含了与刑事有关的事项，比如，国际人权法条约的主要内容是规定人权的，但有些权利同时也是公民在刑事司法程序中应享有的最低人权标准和最基本的诉讼原则，如无罪推定原则、不得自证其罪原则、一罪不二罚原则、有权获得辩护原则、有权获得公平、公开审判原则、有权获得复审原则、儿童在刑事诉讼中的特别保护程序，等等。日内瓦四公约的主要内容是规定国际人道法的，但其中也有个别条款将严重破坏该公约的行为规定为严重的国际犯罪，并要求予以刑事制裁。而日内瓦四公约关于国际人道法的各项规定，又是认定一项行为是否构成战争罪的重要衡量标准。规定附属国际刑事规范的国际条约主要有以下几种：

1. 国际人权公约

有的国际人权公约同时也是国际刑事公约，如1948年《防止及惩治灭绝种族罪公约》、1984年《禁止酷刑和其他残忍、不人道或有辱人格的待遇或处罚公约》（以下简称《禁止酷刑公约》）及其2002年任择议定书、2006年《保护所有人免遭强迫失踪国际公约》。但绝大多数的国际人权公约并不属于国际刑事条约。①

1966 年《公民权利和政治权利国际公约》就公民在刑事司法中应该享有的权利予以详尽规定。比如，其第 6 条规定，不得任意剥夺任何人的生命。在未废除死刑的国家，判处死刑只能是作为对最严重的罪行的惩罚，判处应按照犯罪时有效并且不违反本公约规定和防止及惩治灭绝种族罪公约的法律。这种刑罚，非经合格法庭最后判决，不得执行。第 7 条规定，任何人不得加以酷刑或施以残忍的、不人道的或侮辱性的待遇或刑罚。此外，该公约还规定了无罪推定原则、不得自证其罪原则、所有人在法庭和裁判所前一律平等原则和有权受法律的平等保护和无歧视原则，等等。

1989 年《旨在废除死刑的〈公民权利和政治权利国际公约〉第二任择议定书》要求缔约国在其管辖范围内，除在战争时期可对在战时犯下的最严重的军事罪行被判罪的人适用死刑外，任何人不得被处以死刑，每一缔约国应采取一切必要措施在其管辖范围内废除死刑。

1965 年《消除一切形式种族歧视国际公约》第 4 条规定，凡传播基于种族优越或种族仇恨的思想，煽动种族仇恨及歧视，对任何种族或属于另一肤色或人种的人群实施暴力行为或煽动此种行为，以及对种族主义者的活动给予任何协助者，包括筹措经费在内，均为犯罪行为，应依法惩处。应宣告凡组织及有组织的宣传活动与所有其他宣传活动的提倡与煽动种族歧视者，概为非法，加以禁止，并确认参加此等组织或活动为犯罪行为，依法惩处。

1979 年《消除对妇女一切形式歧视公约》第 6 条规定，缔约国同意采取一切适当措施，包括制定法律，以打击一切形式贩卖妇

---

① 需要注意的是，也有的国际人权公约既不是国际刑事条约，也没有规定附属国际刑事规范，因为在这类公约中，没有与刑事事项有关的内容，比如，1951 年《关于难民地位的公约》及其 1967 年议定书、《反对体育领域种族隔离国际公约》、《联合国宪章》、《经济、社会和文化权利国际公约》中就没有与刑事事项有关的内容，不存在附属国际刑事条款。

女和迫使妇女卖淫以进行剥削的行为。

1989 年《儿童权利公约》既保护儿童不受任何形式的虐待和暴力，不被强迫参加劳动，不被利用于色情和营利行业，不受淫秽书刊的侵蚀等，同时该法第 37 条和第 40 条专门就涉嫌触犯刑法的儿童规定了刑事司法的特殊程序保护，如儿童负刑事责任的最低年龄，未满 18 周岁的人不得被判死刑，无罪推定，不得自证有罪，专门适用于儿童的特别程序，等等。

1990 年《保护所有移徙工人及其家庭成员权利国际公约》第 18 条规定，移徙工人及其家庭成员在法庭或法院，有权获得如下权利：与有关国家国民平等的待遇，有权获得一个依法设立的公正法庭的公开且公平的审判；未经证实有罪之前，应假定其无罪；在面对指控时，有权获得最低限度的保证；不得自证有罪或强迫认罪；一罪不二审；错案赔偿；有权要求复审，等等。

2006 年《残疾人权利公约》第 13 条规定了对残疾人的司法保护。第 14 条规定了不被非法或任意剥夺自由，而且在任何情况下均不得以残疾作为剥夺自由的理由。第 15 条规定，缔约国应当采取一切有效的立法、行政、司法或其他措施，在与其他人平等的基础上，防止残疾人遭受酷刑或残忍、不人道或有辱人格的待遇或处罚。第 16 条规定，缔约国得采取一切措施使残疾人免于剥削、暴力和凌虐。缔约国应当确保，在任何程序中被剥夺自由的残疾人，在与其他人平等的基础上，有权获得国际人权法规定的保障，并应当享有符合本公约宗旨和原则的待遇，包括提供合理便利的待遇。

区域性人权公约中也有附属国际刑事规范的规定，在此不一一列举。

2. 国际人道法条约

国际人道法是指出于人道原因，而设法将武装冲突所带来的影响限制在一定范围内的一系列规则的总称。它的作用主要是保护没有参与或不再参与敌对行动的人，并对作战手段和方法加以限制。国际人道法的主体包含于 1949 年日内瓦四公约及其保护武装冲突受难者的 1977 年两个附加议定书。还有若干其他协议禁止使用某些武器和军事战术，并保护某些类别的人员与财产。这些协议包括：1925 年《禁止使用窒息性、毒性或其他气体和细菌作战方法的议定书》、1954 年《关于发生武装冲突情况下保护文化财产的公约》及其 2 个议定书、1972 年《生物武器公约》、1980 年《特定常规武器公约》及其 5 个议定书、1993 年《禁止化学武器公约》、1997 年关于禁止杀伤人员地雷的《渥太华公约》、2000 年《〈儿童权利公约〉关于儿童卷入武装冲突问题的任择议定书》。这些条约的主要内容虽然是判别是否构成战争罪的主要依据，但只有少量条款直接涉及有关战争罪的规定，不属于国际刑事条约，而只规定有附属国际刑事条款。①

3. 1982 年《联合国海洋法公约》

该公约主要规定各种海域的法律地位和各国在各海域的活动中应该遵守的原则、规则和制度，但其中也包括了一些有关犯罪与刑事管辖权的规定。该条约第 27 条对外国船舶上的刑事管辖权予以了规定，第 97 条是关于碰撞事项或任何其他航行事故的刑事管辖的规定，第 99 条是禁止贩运奴隶的规定，第 100 条是有关合作制止海盗行为的义务，第 101 条、第 102 条、第 103 条、第 104 条、第 105 条是对海盗行为的定义及相关规定，第 107 条至第 111 条规定了对发生在公海上的海盗、贩运奴隶、贩运毒品以及从事未经许可的广播的罪行和违反国际法的行为，各国都有权制止、扣押、登临或视情形紧追。第 113 条规定了每个国家均应将破坏或损害海底电缆或管道的行为规定为应予处罚的犯罪。

---

① 笔者认为，有关武器和军控的国际公约并不都属于国际人道法范畴，只有对作战手段和作战方法加以限制、避免有些武器造成不必要的痛苦的武器类公约才属于国际人道法的范畴。因此认为，《不扩散核武器条约》、《全面禁止核试验条约》、《核安全公约》不属于国际人道法。

4. 1972 年《经〈修正 1961 年麻醉品单一公约的议定书〉修正的 1961 年麻醉品单一公约》与 1971 年《精神药物公约》

这两个公约主要是规定麻醉药品和精神药品的定义及其生产、制造、输出、输入、分配、交易、使用和持有必须以专供医药和科学用途为限，并必须受联合国和缔约国主管当局的严格监管，但同时也要求缔约国将违反公约规定种植、生产、制造、提炼、调制、持有、供给、交易、运输等犯罪行为予以惩罚，并对情节重大者科以适当刑罚，尤其是判处徒刑和剥夺自由的刑罚。以上行为，如在不同国家，应分别论罪。任何对上述罪行的故意参与、共谋实施、实施未遂以及与上述犯罪有关的预备及财务活动均为应予惩罚的罪行。

5. 1994 年《与贸易有关的知识产权协议》(简称 TRIPS 协议)

在有关知识产权保护的国际公约中，TRIPS 协议是第一个引入“刑事程序”以解决知识产权侵权的国际协定。TRIPS 协议第 61 条就是有名的知识产权刑事保护条款，它规定：“各成员国应规定至少将适用于具有商业规模的蓄意假冒商标或盗版案件的刑事程序和处罚。可使用的救济应包括足以起到威慑作用的监禁和/或罚金，并应与适用于同等严重性的犯罪所受到的处罚水平一致。在适当的情况下，可使用的救济还包括扣押、没收和销毁侵权货物和主要用于侵权活动的任何材料和工具。各成员可规定适用于其他知识产权侵权案件的刑事程序和处罚，特别是蓄意并具有商业规模的侵权案件。”

6. 1989 年《控制危险废料越境转移及其处置巴塞尔公约》

该公约的性质属于国际环境法公约。其第 3 条规定：“各缔约国认为危险废物或其他废物的非法运输为犯罪行为。”第 4 条规定：“各缔约国应采取适当的法律、行政和其他措施，以期实施本公约的各项规定。包括采取措施以防止和惩办违反本公约的行为。”

7. 1979 年 10 月 26 日《万国邮政公约》

该公约的性质属于国际邮政法。其第 13 条“关于刑事上应采取的措施”规定：“各会员国政府应采取或向各该国立法机关建议下列必要的措施：（1）处罚邮票（包括已停止使用的）、国际回信券和用邮身份证的伪造者；（2）处罚下列各物的使用者，或使之流通者：甲、伪造的邮票（包括已停止使用的）或已用过的邮票，以及伪造的或已用过的邮资机或印刷机所印的付费印志；乙、伪造的国际回信券；丙、伪造的用邮身份证；（3）处罚用邮身份证的冒用者；（4）禁止并取缔伪造邮政业务上使用的各种戳记、印志，其伪造或摹仿形式足以使人误认为是某一个会员国邮政所发行的，并不准这些戳记和印志的流通；（5）除公约和各项协定所特许的以外，禁止在邮件内装入麻醉物品、作用于精神的药物，爆炸品、易燃品或其他危险物品。如违反这项规定，则予以处罚。”

8. 1999年6月17日《禁止和立即行动消除最恶劣形式的童工劳动公约》

该公约的性质属于国际劳动法。其第1条规定：“凡批准本公约的会员国应立即采取有效的措施，以保证将禁止和消除最恶劣形式的童工劳动作为一项紧迫事务。”其第3条将“最恶劣形式的童工劳动”定义为：（a）所有形式的奴隶制或类似奴隶制的做法，如出售和贩卖儿童、债务劳役和奴役，以及强迫或强制劳动，包括强迫或强制招募儿童用于武装冲突；（b）使用、招收或提供儿童卖淫、生产色情制品或进行色情表演；（c）使用、招收或提供儿童从事非法活动，特别是生产和贩卖有关国际条约中界定的毒品；（d）在可能对儿童健康、安全或道德有伤害性的环境中工作。其第7条规定：“1. 凡批准本公约的会员国应采取一切必要措施，包括规定和执行刑事制裁或其他必要制裁，以保证有效实施和强制执行使本公约发生效力的各项条款。2. 考虑到教育对消除童工劳动的重要性，凡批准本公约的会员国应采取有效的和有时限的措施，以便：（a）防止雇用儿童从事最恶劣形式的童工劳动……”

主要国际刑事条约及规定有附属国际刑事条款的国际条约见表一、表二。

表一　国际刑事条约

序号	条约名称	条约通过 / 生效时间（年/月/日）
1	防止及惩治灭绝种族罪公约	1948. 12. 09/ 1951. 01. 12
2	禁止并惩治种族隔离罪行国际公约	1973. 11. 30/ 1976. 07. 18
3	禁止酷刑和其他残忍、不人道或有辱人格的待遇或处罚公约	1984. 12. 10/ 1987. 06. 26
4	关于在航空器内的犯罪和犯有某些其他行为公约	1963. 09. 14/ 1969. 12. 04
5	关于制止非法劫持航空器的公约	1970. 12. 16/ 1971. 10. 14
6	关于制止危害民用航空安全的非法行为的公约	1971. 09. 23/ 1973. 01. 26
7	制止在为国际民用航空服务的机场上的非法暴力行为的议定书	1988. 02. 24/ 1989. 08. 06
8	关于防止和惩处侵害应受国际保护人员包括外交代表的罪行的公约	1973. 12. 14/ 1977. 02. 20
9	反对劫持人质国际公约	1979. 12. 17/ 1983. 06. 03
10	制止危及大陆架固定平台安全非法行为议定书	1988. 03. 10/ 1992. 03. 01
11	制止危及海上航行安全非法行为公约	1988. 03. 10/ 1992. 03. 01
12	联合国禁止非法贩运麻醉品和精神药物公约	1988. 12. 19/ 1990. 11. 11

（续表）

序号	条约名称	条约通过/生效时间（年/月/日）
13	制止恐怖主义爆炸事件的国际公约	1997.12.15/2001.05.23
14	制止向恐怖主义提供资助的国际公约	1999.12.09/2002.04.10
15	核材料实物保护公约	1979.10.26/1987.02.08
16	《核材料实物保护公约》修订案	2005.07.08/未生效
17	联合国人员和有关人员安全公约	1994.12.09/1999.01.15
18	联合国打击跨国有组织犯罪公约	2000.11.15/2003.09.29
19	《联合国打击跨国有组织犯罪公约》关于打击非法制造和贩运枪支及其零部件和弹药的补充议定书	2001.05.31/2005.07.03
20	《联合国打击跨国有组织犯罪公约》关于预防、禁止和惩治贩运人口特别是妇女和儿童行为的补充议定书	2000.11.15/2003.12.25
21	打击恐怖主义、分裂主义和极端主义上海公约	2001.06.15/2003.03.29
22	《儿童权利公约》关于买卖儿童、儿童卖淫和儿童色情制品问题的任择议定书	2000.05.25/2002.01.18
23	联合国反腐败公约	2003.10.31/2005.12.14

（续表）

序号	条约名称	条约通过／生效时间（年/月/日）
24	制止核恐怖主义行为国际公约	2005. 04. 13/ 2007. 07. 07
25	保护所有人免遭强迫失踪国际公约	2006. 12. 20/ 2010. 12. 22

表二　规定有附属国际刑事条款的国际条约

序号	条约名称	条约性质	条约通过／生效时间（年/月/日）
1	公民权利和政治权利国际公约	国际人权法	1966. 12. 16/ 1976. 03. 23
2	消除一切形式种族岐视国际公约	国际人权法	1966. 03. 07/ 1969. 01. 04
3	消除对妇女一切形式岐视公约	国际人权法	1979. 12. 17/ 1981. 09. 03
4	儿童权利公约	国际人权法	1989. 11. 20/ 1990. 09. 02
5	残疾人权利公约	国际人权法	2006. 12. 13/ 2008. 05. 03
6	改善战地武装部队伤者病者境遇之日内瓦公约	国际人道法	1949. 08. 12/ 1950. 10. 21
7	改善海上武装部队伤者病者及遇船难者境遇之日内瓦公约	国际人道法	1949. 08. 12/ 1950. 10. 21
8	关于战俘待遇之日内瓦公约	国际人道法	1949. 08. 12/ 1950. 10. 21

（续表）

序号	条约名称	条约性质	条约通过／生效时间（年/月/日）
9	关于战时保护平民之日内瓦公约	国际人道法	1949. 08. 12/ 1950. 10. 21
10	1949 年 8 月 12 日日内瓦四公约关于保护国际性武装冲突受难者的附加议定书（第一议定书）	国际人道法	1977. 06. 08/ 1978. 12. 07
11	1949 年 8 月 12 日日内瓦四公约关于保护非国际性武装冲突受难者的附加议定书（第二议定书）	国际人道法	1977. 06. 08/ 1978. 12. 07
12	《关于发生武装冲突时保护文化财产的公约》及其议定书	国际人道法	1954. 05. 14/ 1956. 08. 07
13	关于禁用毒气或类似毒品及细菌方法作战议定书	国际人道法	1925. 06. 17/ 1928. 02. 08
14	禁止或限制使用地雷（水雷）、诱杀装置和其他装置的议定书	国际人道法	1983. 12. 02/
15	禁止细菌及毒素武器的发展、生产及储存以及销毁这类武器的公约	国际人道法	1972. 04. 19/ 1975. 03. 26
16	禁止或限制使用某些可被认为具有过分伤害或滥伤作用常规武器公约	国际人道法	1980. 10. 10/ 1983. 12. 02
17	《禁止或限制使用某些可被认为具有过分伤害力或滥杀滥伤作用的常规武器公约》第一条修正案	国际人道法	2001. 12. 21/ 2004. 05. 18

（续表）

序号	条约名称	条约性质	条约通过 / 生效时间（年/月/日）
18	禁止或限制使用燃烧武器议定书	国际人道法	1980. 10. 10/ 1983. 12. 02
19	关于禁止发展、生产、储存和使用化学武器及销毁此种武器的公约	国际人道法	1993. 08/ 1997. 04. 29
20	《禁止或限制使用某些可被认为具有过分伤害力或滥杀滥伤作用的常规武器公约》关于激光致盲武器的议定书（第四号议定书）	国际人道法	1995. 10. 13/ 1998. 07. 30
21	《禁止或限制使用某些可被认为具有过分伤害力或滥杀滥伤作用的常规武器公约》所附的《禁止或限制使用地雷、诱杀装置和其他装置的修正议定书》（修正的第二号议定书）	国际人道法	1996. 05. 03/ 1998. 12. 03
22	《儿童权利公约》关于儿童卷入武装冲突问题的任择议定书	国际人道法	2000. 05. 25/ 2002. 02. 12
23	1971 年精神药物公约	药物管理法	1971. 02. 21/ 1976. 08. 16
24	经 1972 年《修正 1961 年麻醉品单一公约议定书》修正的 1961 年麻醉品单一公约	药物管理法	1972. 03. 25/ 1975. 08. 08
25	联合国海洋法公约	国际海洋法	1982. 12. 10/ 1994. 11. 16

（续表）

序号	条约名称	条约性质	条约通过/生效时间（年/月/日）
26	控制危险废料越境转移及其处置巴塞尔公约	国际环境法	1989.03.22/1992.05.05
27	《巴塞尔公约》缔约方会议第三次会议通过的第III/1号决定对《巴塞尔公约》的修正	国际环境法	1995.09.22/尚未生效
28	禁止和立即行动消除最恶劣形式的童工劳动公约	国际劳动法	1999.06.17/2000.11.19
29	万国邮政公约	国际邮政法	1979.10.26/1981.07.01

第二节 国际刑事条约的特征

国际刑事条约的特征，可以从不同的角度总结出不同的特点，但其最本质的特征是它兼具条约性和刑事性的双重属性。

一、国际刑事条约的条约性特征

（一）内容比较原则且具有不明确性

国际性规则一般都具有不完整性和不明确性的特点，这种情况是由于在国际规则的起草和达成中存在着国家利益的竞争且面临着许多政治性困难造成的。国际条约很难达到国内法的明确程度和水平。长期以来，国际刑事条约不仅没有对国际犯罪的构成要素作出清楚的规定，而且没有规定对犯罪进行惩罚的标准。条约仅仅局限于禁止特定的行为，而在对这种行为的刑事惩罚方面一直缺乏明确和具体的规定。在国际刑事条约中，强制性和明确性的“应当”义务规定较少，大多使用灵活性的缔约国可自主选择的“可以”

条款。这是因为，国际条约的形成，是各国代表谈判、妥协以及调和、平衡各国利益的结果，正像巴西奥尼先生指出的，参与起草国际刑法条约的人，大多是各国政府的外交官或者政治代表，比较刑法学专家或国际刑法专家很少能参与其中，因此，国际刑事条约起草中的政治因素比法律因素更具有普遍性。[①] 他们考虑最多的是国家的利益和本国的政治立场，以及如何能让各国都接受该条约，另外，还要给各国在适用条约时留有余地，所以条约的规定总是原则性居多。

国际刑事条约原则性和不明确性的特点决定了这类条约往往需要通过缔约国进一步采取具体的实施措施，才能使条款的明确性达到可以应用的程度。

（二）大多依赖间接执行模式得以执行

国际刑事条约的执行不存在像国家刑事司法制度那样的由调查、起诉、审判、制裁和执行组成的一整套的直接执行模式。纽伦堡国际军事法庭和远东国际军事法庭是特殊时期的一个例外，它们纵向一体的综合直接执行制度，至今尚后无来者。由于国家在刑事司法领域拒绝出让自己的主权，后来建立的国际性刑事审判机构，都没有拥有完整有效的直接执行系统，它们逮捕和移交犯罪嫌疑人、提供司法协助以及执行刑事判决，都依赖各国的刑事司法合作。

国际刑事条约在规定国际犯罪的同时，把刑罚权的行使留给国家法院。国家法院在处罚这些犯罪时，适用的主要是各国的国内法。各国法院适用的不仅是本国法律的程序规则和辩护规则，而且还有本国实体刑法的总则部分的规则和分则部分的犯罪构成要件，包括犯罪的主观要件和客观要件的要求。

① 参见［美］谢里夫·巴西奥尼著：《国际刑法导论》，赵秉志等译，法律出版社2006年版，第139页。

二、国际刑事条约的刑事性特征

（一）具有强制性

国际刑事条约与其他国际法规范相比，具有强制性。其强制性主要体现在以下四个方面：

第一，规定了个人责任和国家责任。一方面，国际刑事条约明确要求缔约国对实施条约所述罪行的行为人予以刑事处罚；另一方面，规定缔约国需在立法、司法和行政方面采取适当或必要措施，执行条约规定。

第二，国际刑事条约越来越多地通过设立履约监督机构来督促缔约国切实履行条约义务。如根据《禁止酷刑公约》设立的禁止酷刑委员会和根据《联合国禁止非法贩运麻醉药品和精神药物公约》设立的联合国麻醉品管理委员会以及根据许多公约召开的缔约国大会。

第三，联合国安理会通过决议，对违约国家进行政治、经济等方面的制裁。

第四，国际刑事规范所具有的“强行法”性质，使主要以“任意法”规范为主从而具有“软法”之称的国际法越来越多地具有了“硬法”的因素。如果缺乏适当的强行法规范维护国际法治，如果国际法规范都可以任意违反而不受惩罚，国际法治就会成为空谈。

国际刑事条约的强制性特征，使履约义务越来越具有普遍性，成为一种普遍性的国际义务。

（二）具有明确性要求

国际刑事条约的刑事性要求罪刑法定，符合法律主义的要求。犯罪与刑罚必须由国家法律而非行政法规加以明确规定。它的禁止性规定应当尽可能明确、详尽和具体。任何人都不能因为事后法而受到惩罚。任何被怀疑或被指控犯罪的人都享有一系列的重要权利，以保护他免受起诉机构的权力滥用。这一点对保护处于危险之中的犯罪嫌疑人和被告人的基本权利至关重要。

国际刑事条约的条约性与刑事性特征，既互为补充，又矛盾冲突、不可调和。

其互补性体现为：国际刑事条约，因其具有刑事性，而长出了“牙齿”和“手脚”，使国际法这个巨人具有了强制性和执行力，从而突破了纯粹的“软法”性质。国际刑事条约，因其具有了国际性，而使刑事法突破了主权国家的传统适用范围，穿越了国家主权的坚硬屏障，从而具有了超越主权的普遍约束力。国际法的刑事性，是基于维护世界和平应运而生，刑事法的国际化，是全球化趋势的必然发展。

其冲突性体现为：其刑事性质的明确性要求与国际法的原则性规定形成与生俱来的矛盾冲突。从国际性方面来说，国际刑法的价值目标在于保护国际社会免受个人实施的侵害行为的侵犯，对实施侵犯行为的人予以惩罚，同时，也保护犯罪嫌疑人或被指控者的权利免受任意的起诉和惩罚。国际刑法的刑事性，要求它的禁止性规定应当满足尽可能的清晰、详尽和具体这个很苛刻的要求。但其国际法的属性，又决定了它在本质上追求尽可能调和主权国家之间相互冲突的利益和利害关系，同时不忽视个人和非国家实体的利益和要求。一般性国际法的运用，在法律上是规范、便利了国家之间进行最低限度的和平交流，而不是要求国家承担违反法律的责任。换句话说，国际法的规范作用比它的压制功能更重要和更有效。国际法通常是通过习惯或者所谓的“软法”，逐渐发展出一般的和松散的规则来的。甚至在条约中，也经常不包括明确的和具体的条款。只要存在调和相互冲突的国家利益的需要，就可能存在这种模糊规则的情况。在国际公法的一般领域，对详细、清楚、明确规则的需求，比在刑事领域要弱得多。①

---

① 参见王世洲主编：《现代国际刑法学原理》，中国人民公安大学出版社 2009 年版，第 229～230 页。

刑事性的明确性的内在需求与条约的本质属性决定了这种矛盾是不可调和的，永远存在的。

第三节 国际刑事条约的种类

一、一般性多边刑事条约、区域性多边刑事条约和双边刑事条约

以签署或加入条约的缔约国范围为标准，国际刑事条约可划分为一般性多边刑事条约、区域性多边刑事条约和双边刑事条约。一般性多边刑事条约是指旨在规定一般国际法规则或处理对条约当事各方和其他国家有公共利害关系的事项，因而按其条款或按一个有关文书的规定对任何国家或对很多国家都开放的刑事条约。[①] 如1948年《防止并惩治灭绝种族罪行的公约》、1998年《国际刑事法院规约》和1999年《制止向恐怖主义提供资助的国际公约》等。区域性多边刑事条约是指有限的缔约方全部或主要为某一特定地区的国家参加的、其规定旨在处理只与这些缔约方有利害关系的事项的刑事条约，如1983年《被判刑移管欧洲公约》、2003年《欧洲逮捕令框架决定》和上海合作组织成员国于2001年缔结的《打击恐怖主义、极端主义和分裂主义上海公约》等。双边刑事条约是指只限两方参加的刑事条约。

巴西奥尼教授早期曾经认为，构成国际刑事协约必须是对所有国家开放签字的多边条约，[②] 双边条约不属于国际刑事条约的范畴。我国学者也有赞同这种观点的，认为作为国际刑法渊源的国际条约，必须是多数国家共同签订的、具有普遍约束力的条约。如果

---

① 参见李浩培：《条约法概论》，法律出版社2003年版，第31页。

② See M. C. Bassiouni, International Criminal Law—A Draft of International Criminal Law, Sijthoff & Noordhoff International Publishers 1980, p. 147，转引自张智辉：《国际刑法通论（增补本）》，中国政法大学出版社1999年版，第36页。

是个别国家或少数国家签订的双边条约或区域性条约，因其不具有普遍约束力，就不能成为国际刑法条约。①

笔者认为，那种认为双边条约和区域性国际条约不具有普遍约束力、属于契约性条约，从而将它们排除在国际刑事条约范围之外的观点是不对的。在国际刑法的发展过程中，许多重要的国际刑法原则和规则主要是通过多边性的造法性条约确立的。这些多边性的造法性条约固然是国际刑事条约，但是，双边性或契约性条约也可以成为国际刑法的渊源，因为它们也可以规定国际刑法规则。例如，在国际刑事司法协助和合作方面，许多国家就是主要通过缔结双边条约来确立国家间的合作规则的。双边条约是在较小范围的国际社会适用的国际条约，多边条约是在较大范围的国际社会内适用的国际条约，但都属于国际条约。② 另外，不承认双边条约和区域性多边条约为国际刑法的渊源，也不符合当前国际刑法的实际发展情况。当前，在引渡和刑事司法协助等国际刑事司法合作领域，双边条约对国与国之间的合作起着举足轻重的作用，有些国家甚至奉行"条约前置主义"，没有双边条约，就不能开展引渡等司法协助事项。在欧盟、阿盟、美洲和其他一些地区，区域性国际刑事条约在统一刑事规范、开展区域性刑事司法合作方面发挥着越来越重要的作用。把国际刑事条约仅局限于多数国家签订的多边条约，无疑人为地限缩了国际刑法的范围。

二、综合性刑事条约和程序性刑事条约

以条约内容是既包括实体性规定又包含程序性规定，还是仅包含程序性规定为标准，国际刑事条约可划分为综合性刑事条约和程序性刑事条约。

---

① 参见张智辉：《国际刑法通论（增补本）》，中国政法大学出版社 1999 年版，第 33 页。

② 参见邵沙平：《国际刑法学——经济全球化与国际犯罪的法律控制》（修订版），武汉大学出版社 2005 年修订版，第 12 页。

在一般性多边刑事条约中，只有1968年的《战争罪及危害人类罪不适用法定时效的公约》属于程序性条约，其余的都属于综合性刑事条约，其内容既包含了有关犯罪与惩罚的实体性规定，又包含了起诉、审判、刑事司法合作等刑事程序性规定。区域性刑事条约中冠名为引渡、刑事司法协助、被判刑人移管等国际刑事司法合作的条约都属于程序性条约。冠名为引渡、刑事司法协助、被判刑人移管等国际刑事司法合作的双边刑事条约也都是程序性条约。

三、创建国际组织的国际刑事条约和不创建国际组织的国际刑事条约

以是否建立常设机构为标准，国际刑事条约可划分为创建常设机构的国际刑事条约和不创建常设机构的国际刑事条约。前者如《国际刑事法院规约》（根据该公约建立了国际刑事法院）、《禁止酷刑公约》（根据该公约建立了禁止酷刑委员会）、上海合作组织的《打击恐怖主义、极端主义和分裂主义上海公约》（根据该公约建立了区际反恐委员会）、《公民权利和政治权利国际公约》（根据该公约建立了人权事务委员会）、《消除一切形式种族歧视国际公约》（根据该公约建立了消除种族歧视委员会）、《消除对妇女一切形式歧视公约》（根据该公约建立了消除对妇女歧视委员会）、《所有迁徙工人及其家庭成员权利国际公约》（根据该公约建立了保护所有移徙工人及其家庭成员权利委员会）等。后者如《防止及惩治灭绝种族罪公约》、《反对劫持人质国际公约》、《关于制止非法劫持航空器的公约》等。

四、国际刑事公约和其他名称的国际刑事条约

以条约的名称分类，国际刑事条约可划分为国际刑事公约和其他名称的国际刑事条约。

根据广义条约的定义，广义国际刑事条约的名称，也可以有公约、规约、条约、协定、协定书、宪章和安排等。但从国际实践来

看，绝大多数一般性多边国际刑事条约都是以公约冠名的，所以公约可以单列为一类。在有的国家的引渡法中，就把公约和条约相并列，条约专指双边条约，公约特指一般性的全球性多边公约，如1988年《尼泊尔引渡法》。在国际法上，公约的重要性仅次于狭义的条约，它是在国际组织主持下或在国际会议上谈判成立的专门规定特定事项的多边条约，[①] 是一般性多边条约常用的名称。也有些国际刑事性质的条约是以其他名称冠名的，比如，《国际刑事法院罗马规约》（以下简称《罗马规约》）、《起诉应对1991年以来前南斯拉夫境内所犯的严重违反国际人道主义法行为负责的人的国际法庭规约》（以下简称《前南国际刑庭规约》）、《欧洲国际军事法庭宪章》、《1949年8月12日日内瓦公约关于保护国际性武装冲突受难者附加议定书》、《阿拉伯引渡协定》、《英联邦内关于遣返逃犯的安排》，但很少有以条约冠名的。因为条约的缔结需要特别烦琐的程序，所以现在很少使用这种形式。绝大多数条约为双边条约。

五、反恐条约、禁毒条约、反洗钱条约和反腐败条约等

以条约的内容分类，国际刑事条约可划分为反恐条约、禁毒条约、反洗钱条约和反腐败条约等。

现有的国际反恐公约主要是由联合国及其三个专门机构——国际民用航空组织、国际海事组织和国际原子能机构所制定和通过的一系列针对特定恐怖行为的多边公约。这些公约有13个，它们是：1963年《关于在航空器内的犯罪和某些其他行为的公约》、1970年《关于制止非法劫持航空器的公约》、1971年《关于制止危害民用航空安全的非法行为的公约》、1973年《关于防止和惩处侵害应受国际保护人员包括外交代表的罪行的公约》、1979年《反对劫持人质国际公约》、1979年《核材料实物保护公约》、1988年《制止危及海上航行安全非法行为公约》、1988年《制止危及大陆架固定

① 李浩培：《条约法概论》，法律出版社2003年版，第22页。

平台安全非法行为议定书》、1988年《制止在为国际民用航空服务的机场上的非法暴力行为的议定书》、1991年《关于在可塑性炸药中添加识别剂以便侦测的公约》、1997年《制止恐怖主义爆炸事件的国际公约》、1999年《制止向恐怖主义者提供资助的国际公约》和2005年《制止核恐怖主义行为国际公约》。

1936年6月26日在日内瓦签订的《禁止非法买卖麻醉品公约》第一次把非法制造、变造、提制、调制、持有、供给、兜售、分配、购买麻醉品等行为规定为国际犯罪，这是国际禁毒立法上的一项重大突破。后来又签订了一系列的禁毒公约，主要有：《1961年麻醉品单一公约》、1972年《经〈修正1961年麻醉品单一公约议定书〉修正的1961年麻醉品单一公约》、《1971年精神药物公约》、1988年《联合国禁止非法贩运麻醉药品和精神药物公约》（以下简称《禁毒公约》）。

涉及反洗钱内容的国际条约主要有：1988年《联合国禁止非法贩运麻醉药品和精神药物公约》、2000年《联合国打击跨国有组织犯罪公约》、2003年《联合国反腐败公约》、《制止向恐怖主义提供资助的国际公约》等。

涉及反腐败内容的国际条约主要有：2003年《联合国反腐败公约》、1997年《经济合作与发展组织禁止在国际商业交易中贿赂外国公职人员公约》（简称《经合组织反贿赂公约》）、1948年《美洲国家组织反腐败公约》、1997年《打击欧洲共同体官员或欧洲联盟成员国官员腐败公约》、1999年欧洲《反腐败刑法公约》、1999年欧洲《反腐败民法公约》、2003年非洲联盟《预防和打击腐败公约》等。

第二章　国际刑事条约在中国适用概述

第一节　国际刑事条约适用概述

适用条约，就是执行条约、[1] 实施条约或贯彻条约。条约的适用可分为在国际层面上适用和在国内层面上适用。

一、国际刑事条约在国际层面的适用

在国际层面上，条约可以由国际机构予以适用。例如，一个双边条约的当事国如果就条约的履行发生争论，双方可能把争论提交国际法院解决，从而国际法院就有权适用该条约的规定，予以裁决。具体到国际刑事条约而言，在国际层面上，其可以由两大类主体予以适用：一类是司法性质的国际机构，另一类是非司法性质的国际机构。

司法性质的国际机构包括：（1）特设国际刑事法庭，如纽伦堡国际军事法庭和远东国际军事法庭、前南斯拉夫问题国际刑庭和卢旺达问题国际刑庭；（2）国际和国内混合型的法庭，如东帝汶审判严重犯罪的特别法庭、塞拉利昂特别法庭、柬埔寨非常法庭、黎巴嫩特别法庭；（3）常设国际刑事法院；（4）国际法院；（5）区域性司法机构，如欧洲人权法院、欧盟法院、美洲人权法院。前三种司法机构主要是就特定范围、特定时期或特定种类的犯罪进行管辖，是专门的国际刑事司法机构。国际法院有权就刑事管

① 参见李浩培：《条约法概论》，法律出版社 2003 年版，第 313 页。

辖权的纠纷予以裁决。区域性司法机构可以受理涉及人权的案件，如引渡是否违背了国际人权保护条款，它们也是国际刑事条约的执行机构。

非司法性质的国际机构，包括联合国安理会、国际刑警组织、国际民航组织、国际红十字会、国际劳工组织、联合国预防犯罪和刑事司法委员会、联合国麻醉品管理委员会、联合国国际恐怖主义问题专设委员会、联合国禁毒署、联合国反恐特别委员会、联合国消除种族歧视委员会、联合国禁止酷刑委员会、联合国反对种族歧视委员会、国际红十字会、联合国人权理事会等。此外，还有一些区域性的非司法性质的国际机构，如欧洲人权委员会以及欧洲理事会和欧盟的其他机构、美洲人权委员会以及美洲国家组织的其他相关机构，上海合作组织的反恐机构等。

它们之中有许多是根据多边国际条约而设立的，有的是多边公约的监督实施机构，例如，根据《消除一切形式种族歧视国际公约》设立的“消除种族歧视委员会”、根据《消除对妇女一切形式歧视公约》设立的“消除对妇女歧视委员会”、根据《禁止酷刑公约》设立的“禁止酷刑委员会”、根据《儿童权利公约》设立的“儿童权利委员会”、根据《保护所有移徙工人及其家庭成员权利国际公约》设立的“保护所有移徙工人及其家庭成员权利委员会”、根据《残疾人权利公约》设立的“残疾人权利委员会”，等等。

这些国际组织通常会根据公约规定，对缔约国给予具体的履约指导，并对缔约国的履约情况进行监督。它们通常会要求缔约国提交履约的政府报告并对该报告进行审查，以及对缔约国的履约情况进行监督和跟踪评估。一般来说，这些机构的国际执行程序是以两种模式进行的，即“批评式”和“分析式”。“批评式”的方法利用了国际劳工组织设定的模式，由缔约国政府提交一份公开报告，然后由监管机构进行审查并公开发布一份批评性的审查意见，该意见可能是在与该政府的公开对话的基础上形成的。“分析式”方法是监管机构对缔约国政府的履约调查问卷所做的讨论和分析。①

由于国际刑事司法机构和其他司法机构受理的刑事案件范围和种类极其有限，所以非司法性质的国际机构对刑事条约的全面执行发挥着不可低估的作用。

国际机构对国际刑事条约的适用，就是我们通常所说的国际条约的“直接执行”模式。

二、国际刑事条约在国内层面的适用

各国批准了国际条约，即在国际法下承担了执行条约的义务。条约执行是各国采取行动以确保在其管辖范围内实现特定条约所载一切权利的过程。②

各缔约国为履行条约义务或将条约规定的权利落到实处，既要做出积极的作为，即采取一切适当的立法、司法、行政和其他措施实施条约的规定，同时也要做到消极的不作为，即不得实施任何与条约不符的行为和做法。

各缔约国为执行条约而采取的行动或措施，范围特别广泛，不仅包括国内立法、政策的制定，还涉及行政结构以及文化观念的变化等问题，以使其符合国际义务。③

《经济、社会和文化权利国际公约》第 2 条第 1 款就规定，各缔约国应尽最大能力、采取“一切适当的措施”将公约规定的权

---

① Roger S. Clark, ‘Implementation of United Nations Instruments in Criminal Justice’, 载第二届“当代刑法国际论坛”论文集：《联合国公约在刑事法治领域的贯彻》(2007 年，北京)，第 25~26 页。国际组织已经针对中国政府提交的关于履行《经济、社会和文化权利国际公约》和《禁止酷刑公约》的国家报告公开发布了“批评式”的审查意见。

② 参见联合国人权事务高级专员办事处：《关于促进对〈残疾人权利公约〉的认识和了解的专题研究》，A/HRC/10/48，26 January 2009。

③ ［美］罗吉尔·S. 克拉克：《联合国法律文件在刑事司法中的贯彻实施》，高丽媛译，载京师刑事法治网 http://www.criminallawbnu.cn/criminal/Info/showpage.asp?pkID=25368(2009/12/14 访问)。

利落到实处。国际人权高级事务委员会在对该公约的总体性指导意见中对“适当措施”做出了具体解释：所谓的适当措施，可包括立法、司法、行政、教育、财政和社会措施。①

《联合国反腐败公约》第1条第1款规定，该公约的宗旨之一是促进和加强“各项措施”，以便更加高效而有力地预防和打击腐败。在公约中，“各项措施”范围甚广，仅以国家措施为例，横向包括国家所有部门，即立法、司法、行政部门采取的措施，纵向包括中央一级的措施和地方各级的措施；从性质上可分为政治措施和法律措施；从方式上可分为打击性措施和预防性措施；从公约的具体规定可分为：预防措施（第二章）、定罪和执法措施（第三章）、司法措施（第30条至42条）、国际合作措施（第四章）、资产追回措施（第五章）、技术援助和信息交流措施（第六章）。每一章，甚至每一条下面又有许多具体措施。这些措施使反腐败不再停留在道义上的谴责和口号式的文件，而是具有了可操作性。②

各缔约国为履行公约义务，可以采取比公约规定更为严格或严厉的措施。例如，《联合国反腐败公约》第65条第2款规定：“为预防和打击腐败，各缔约国均可以采取比本公约的规定更为严格或严厉的措施。”

在国内层面，条约适用的主体是当事国的立法、司法和行政机关。

需要注意的是，当缔约国与其他缔约国以及国际组织间开展国际司法合作时，似乎带有国际层面的意味，但这种合作仅仅是辅助手段或者说是为了该缔约国国内实施服务的，其实施主体最终是该缔约国国内机关，所以还属于在国内层面上的实施措施。

---

① The nature of States parties obligations (Art. 2, para. 1): 14/12/90. CESCR General comment 3. (General Comments), http://www.unhchr.ch/tbs/doc.nsf/0/94bdbaf59b43a424c12563ed0052b664? Open document.

② 参见杨宇冠、吴高庆主编：《〈联合国反腐败公约〉解读》，中国人民公安大学出版社2004年版，第21~22页。

三、国家适用国际刑事条约的具体法律措施

具体来讲，各国执行国际刑事条约的法律措施主要有以下几种：

（一）立法措施

1. 将条约接受为国内法

一个在国际上已经生效的条约，其要想在各国国内得到执行，必须以得到各国国内法的接受为前提。这是公认的条约在国内适用的前提。不应推断条约一旦对一国生效则自动成为其国内法的一部分。接受条约规定的各国国内法，可以是宪法、议会制定法或者判例法。接受本身可以分为两种：（1）将条约规定转变（transformation）为国内法；（2）无须转变而将条约规定纳入（adoption）国内法。

在奉行“一元主义”的国家，如阿根廷、智利、哥斯达黎加、克罗地亚、匈牙利、马里、尼日尔、卡塔尔、斯洛文尼亚和西班牙等国，国际协定一经批准即成为国内法的一部分，并在原则上能够直接适用，包括可以被法院直接适用。[①] 而在英国和意大利这些奉行“二元主义”的国家，国际和国内法律制度被视为两种不同的法律体系。在这类国家，必须通过国内立法将条约纳入国内法律体系中，才能使条约在国内产生法律效力。条约在这些国家不能直接适用，而只能间接适用，即只能在转化为国内法后才能得到适用。

2. 在国内法中规定条约在缔约国法律体系中的等级以及明确当条约与国内法发生冲突时何者优先适用

在国内法上，关于条约与国内法的相互地位问题及条约与国内法发生冲突时何者优先适用的问题，各国的现行制度可以大致分为四类：（1）国内法优于条约，优先适用国内法。（2）国内法与条

① 参见联合国人权事务高级专员办事处：《关于促进对〈残疾人权利公约〉的认识和了解的专题研究》，A/HRC/10/48，26 January 2009。

约的地位相等，或适用“后法优于前法”的原则，来决定谁优先适用；或适用“解释一致”的原则使条约与法律并无冲突；或适用特别法优于普通法的原则，优先适用条约。(3) 条约优越于国内法，适用上位法优越于下位法的原则，优先适用条约规定。(4) 条约优越于宪法。

3. 对国内法的审查和修订

为了充分执行国际条约，国家在批准条约之前，需要采取的初步步骤之一就是全面审查本国立法和政策框架。各条约机构经常明确建议各缔约国开展这一审查，并且通常要求非常严格，不仅要对条约进行逐条考虑，而且还必须从整体上考虑条约内容的相互依存性和不可分割性。如有必要，则需对其国内法进行修订，以确保其符合将要在国内生效的条约。修订的方法，既可以将国内法中没有规定的条约内容规定在国内法中，也可以废止、修改与条约内容不一致的法律法规。修订的范围，不限于刑事法律，为了保证条约在国内的全面贯彻执行，应对本国的整个法律体系进行重新审查，必要时应修订宪法、行政法、民事法律等相关规定。

修订的责任既适用于采用“转化式”的国家，也适用于采用“纳入式”的国家，因为“纳入”不是说就不需要确保所有相关国内法（包括任何当地法律或习惯法）与国际条约取得一致。①

（二）司法措施

为适用条约而由缔约国采取的司法措施，应包括两方面。一方面，泛指司法机关根据条约要求和条约规定办理刑事案件的整个诉讼过程。它可以表现为由司法机关根据条约规定确立本国的刑事管辖权，并适用条约规定来对条约禁止的行为进行侦查、起诉、审判，对犯罪嫌疑人进行羁押、讯问，对被害人和证人进行保护，对犯罪收益予以冻结、扣押、没收，与其他国家和国际组织开展司法

① See Committee on the Rights of the Child, general comment No. 5 (2003) on general measures of implementation of the Convention on the Rights of the Child, para. 20.

合作，等等。另一方面，特指对违反条约规定的行为进行司法救济。如缔约国违反条约规定对被追诉人的权利没有予以充分保障，他就可以通过司法途径寻求救助，如进行申诉、控告等。

（三）行政措施

缔约国行政机关应条约要求需要采取的履约措施，范围非常广泛，在此略举数例，以资说明。

在国际刑事条约中，缔约国需要采取的行政措施包括：（1）成立履约机构，对履约情况进行自我性质的国内审查并受理申诉案件；（2）成立监测机构，对条约禁止的犯罪进行预防和控制，如中国人民银行的反洗钱局；（3）成立预防犯罪的机构，如《联合国反腐败公约》要求缔约国确保设有一个或酌情设立多个反腐败预防机构，并确保该机构在预防、调查和惩治腐败犯罪时具有独立性；（4）采取边防控制措施，以防止犯罪物资的流通和犯罪人员的流动；（5）建立和健全跨境申报制度和信息披露制度；（6）采取对金融机构和非金融机构的监管措施；（7）在公务活动中制定相关制度和政策，以贯彻条约标准，例如，《联合国反腐败公约》第7条规定，公共机关应当根据本国法律制度的基本原则，在公务员的招聘、雇用、留用、晋升和退休制度中采用效率原则、透明度原则和特长、公正和才能等客观标准原则；（8）有效采取对公共财产的监督和管理措施；（9）开展国际执法合作，包括建立和加强各国主管当局、机构和部门之间的联系渠道，同其他缔约国合作调查犯罪事项，查明犯罪嫌疑人的身份、行踪和活动，获知犯罪所得或财产去向，交换情报，订立双边或多边协定或安排。如此等等，不一而尽。

（四）财政措施

各缔约国应确保履约所需的经费开支，包括成立特设机构、增设相关人员、进行培训教育、开展国际合作等。

（五）其他措施

除上述措施外，执行条约的措施范围非常广泛，涉及政治、社会、文化等各个方面。比如，《联合国打击跨国有组织犯罪公约》第30条和《联合国反腐败公约》第60条都规定了通过“经济发展和技术援助”执行公约的措施：缔约国应加强向发展中国家和经济转型期国家提供技术援助、财政和物质援助，以帮助或协助他们顺利执行本公约。

第二节　在我国适用的国际刑事条约的范围及其内容

国际刑事条约在中国的适用，主要研究的是条约在国内层面的适用问题，而不涉及条约在国际层面的实施问题。

一、在我国适用的国际刑事条约的范围

能够在我国适用的国际刑事条约，应为已经对我国生效的国际刑事条约，其中，既包括多边国际刑事条约，也包括双边国际刑事条约；既包括专门或主要规定刑事事项的国际刑事条约，也包括非国际刑事条约中规定的附属刑事规范。

根据1990年12月28日颁布实施的《中华人民共和国缔结条约程序法》第2条、第7条、第8条和第9条的规定，适用于我国的条约既包括需经全国人民代表大会常务委员会批准的条约和重要协定，也包括不需要经过全国人民代表大会常务委员会批准而只需经国务院核准或备案的协定和其他具有条约性质的文件。可见，该法采用的是广义条约的概念。

但是，能够在我国适用的国际刑事条约，只限于需经全国人大常委会批准或决定加入的国际刑事条约，而不包括只需经国务院核准或备案的协定和其他具有条约性质的文件。这是因为，根据2000年3月15日通过的《中华人民共和国立法法》第8条第4项、第5项和第9项的规定，犯罪和刑罚、对公民政治权利的剥夺、限制人身自由的强制措施和处罚以及诉讼制度，都必须制定法

律。而在我国，只有全国人大及其常委会有权制定法律。规定犯罪和刑罚以及刑事诉讼程序和制度的条约，必须经全国人大常委会批准或决定加入。没有经过全国人大常委会批准而只由国务院核准或备案的协定和其他具有条约性质的文件，与国务院制定的行政法规的位阶一致，属于行政协定的范围，而不属于刑事条约的范畴。

涉及刑事事项的行政协定，基本内容都与刑事执法合作事项有关，而与犯罪、刑事责任和刑事诉讼程序无关。2006 年 10 月 27 日中国签署了《亚洲反海盗行为及武装劫船区域合作协定》，该协定的格式与条约完全相同，由序言、正文和最后条款组成，并且明确规定须由保存机关根据《联合国宪章》第 102 条的规定到联合国进行登记。毫无疑问，该协定属于广义的条约。而从其内容来看，涉及反海盗行为及武装劫船行为，因此，有的学者将其归入国际刑事条约的范畴。[①] 但是，笔者认为，它并不属于国际刑事条约。首先，这个具有条约性质的协定并没有经过全国人大常委会的批准，那么，它在我国法律体系中的地位，就不是一项国际刑事条约，而只是一项行政协定。其次，从内容上看，该协定也与一般的国际刑事公约不同。该协定在前言部分明确指出，制定该协定的目的是为了加强区域间有效预防和打击海盗及武装劫船的国际合作，而不是为了刑事定罪和处罚或刑事司法合作。其第 1 条虽然对“海盗行为”和“武装劫船”行为进行了定义，但其目的是为了让亚洲各国在预防和打击海盗行为和武装劫船行为时进行执法合作，而不是像一般国际刑事公约那样，要求缔约国在国内立法中对这些行为进行刑事定罪并予以严厉制裁或进行司法合作。另外，该协定使用的语言都是倡导性的、引导性的、建议性的，没有为缔约各方规定强制性义务。而在一般国际刑事公约中，都有强制要求缔约国履行的义务。例如，该协定第 12 条关于“引渡”的规定：“缔约

① 参见马呈元:《国际刑法论》附录一“中国参加的国际刑法条约”，中国政法大学出版社 2008 年版，第 517 页。

方须在受其国内法律和规章的规限下，尽力将在其领土上的海盗或从事武装劫船的人引渡给对上述的人有管辖权并已提出引渡请求的其他缔约方。”其第13条关于“相互法律协助”的规定：“经另一缔约方请求，缔约方须在受其国内法律和规章的规限下，尽力提供刑事事宜相互法律协助，包括提交关乎海盗行为及武装劫船的证据。”这两条与刑事事项有关的规定，与一般国际刑事公约中的规定大不相同。例如，《反对劫持人质国际公约》第8条规定：“领土内发现嫌疑犯的缔约国，如不将该人引渡，应毫无例外地而且不论罪行是否在其领土内发生，通过该国法律规定的程序，将案件送交该国主管机关，以便提起公诉……”其第11条规定：“各缔约国对就第一条所称罪行提起的刑事诉讼应互相给予最大限度的协助，包括提供它们掌握的为诉讼程序所需的一切证据。”从后者的两项有关引渡和刑事司法协助的规定来看，它们为缔约国创设了具体的必须要履行的义务，而不像前者那样仅仅是一种建议或倡议。

另外，我国行政机关与外国签署的与打击犯罪有关的联合声明、双边协定和谅解备忘录等，都不属于国际刑事条约的范畴。例如，2006年7月中国公安部长访问美国期间，中美双方发表了《中华人民共和国公安部和美利坚合众国司法部关于进一步加强执法合作的联合声明》,[①] 1996年4月，中俄两国签署了《关于禁止非法贩运和滥用麻醉药品及精神药物的合作协议》。此外，中国政府还与墨西哥、印度、巴基斯坦、哥伦比亚、塔吉克斯坦等国政府签署了双边禁毒合作协议。这类声明和合作协议，有的根本不采用条约形式，无需签署，无需登记，因此不能归入广义条约的范畴。此外，即使有的双边协定采用了条约的格式和缔约程序，也只是一种行政性的国际协定，而不能划入国际刑事条约的范畴。又如，中

① 新华社2006年7月29日电讯：“中国公安部和美国司法部发表关于加强执法合作的联合声明”，载中国政府门户网站 http://www.gov.cn/jrzg/2006-07/30/content_349624.htm(2010/2/12日访问)。

美已签署了《中国公安部与美国联邦调查局关于反恐情报信息交流与合作的谅解备忘录》、《中国公安部与美国联邦调查局关于打击网络犯罪的谅解备忘录》、《中国公安部与美国联邦调查局关于加强执法人员联络与交流的谅解备忘录》等文件。[①] 中国反洗钱监测分析中心已先后与韩国、俄罗斯、白俄罗斯、乌克兰、印度尼西亚、马来西亚、墨西哥、格鲁吉亚、吉尔吉斯斯坦、蒙古、中国香港、中国澳门、泰国、比利时、法国共15个国家和地区的金融情报机构签署了情报交流谅解备忘录。[②] 这些备忘录一般都属于秘密的内部文件，其内容并不公布。英国条约法专家安东尼·奥斯特认为，谅解备忘录一般都不是条约，而只是一种“国家间缔结的没有法律拘束力的文书”。[③]

截至2010年4月30日，已经对我国生效的、需经全国人大常委会批准或决定加入的多边刑事条约，全部为综合性国际刑事公约，共有21项，它们是：

（1）1948年《防止及惩治灭绝种族罪公约》；

（2）1973年《禁止并惩治种族隔离罪行国际公约》；

（3）1984年《禁止酷刑和其他残忍、不人道或有辱人格的待遇或处罚公约》；

（4）1963年《关于在航空器内的犯罪和犯有某些其他行为公约》；

（5）1970年《关于制止非法劫持航空器的公约》；

（6）1971年《关于制止非法危害民用航空安全的非法行为的

① 新华社2006年7月29日电讯：“中国公安部和美国司法部发表关于加强执法合作的联合声明”，载中国政府门户网站，http://www.gov.cn/jrzg/2006-07/30/content_349624.htm(2010/2/12日访问)。

② 中国反洗钱监测分析中心：“中法签署反洗钱金融情报交流合作谅解备忘录”http://www.camlmac.gov.cn/com/info.do?action=detail&id=307(2010/2/12访问)。

③ ［英］安东尼·奥斯特著：《现代条约法与实践》，江国青译，中国人民大学出版社2005年版，第27页。

公约》；

（7）1988 年《制止在为国际民用航空服务的机场上的非法暴力行为的议定书》；

（8）1973 年《关于防止和惩处侵害应受国际保护人员包括外交代表的罪行的公约》；

（9）1979 年《反对劫持人质国际公约》；

（10）1988 年《制止危及大陆架固定平台安全非法行为议定书》；

（11）1988 年《制止危及海上航行安全非法行为公约》；

（12）1988 年《联合国禁止非法贩运麻醉药品和精神药物公约》；

（13）1997 年《制止恐怖主义爆炸事件的国际公约》；

（14）1999 年《制止向恐怖主义提供资助的国际公约》；

（15）1979 年《核材料实物保护公约》；

（16）1994 年《联合国人员和有关人员安全公约》；

（17）2000 年《联合国打击跨国有组织犯罪公约》；

（18）2001 年《打击恐怖主义、分裂主义和极端主义上海公约》；

（19）2000 年《〈儿童权利公约〉关于买卖儿童、儿童卖淫和儿童色情制品问题的任择议定书》；

（20）2003 年《联合国反腐败公约》；

（21）2000 年《联合国打击跨国有组织犯罪公约关于预防、禁止和惩治贩运人口特别是妇女和儿童行为的补充议定书》。[①]（参见附录 1）

已经对我国生效的，需经全国人大常委会批准或决定加入的包

① 此外，我国已经签署，但还未批准的国际刑事公约有两个：2001 年《联合国打击跨国有组织犯罪公约》所附的《关于打击非法制造和贩运枪支及其零部件和弹药的补充议定书》和 2005 年《制止核恐怖主义行为国际公约》。我国已批准但公约尚未生效的有 1 个，即 2005《〈核材料实物保护公约〉修订案》。

含有附属刑事规范的非国际刑事条约，初步统计有27项。（详见附录2）

已经对我国生效的、需经全国人大常委会批准的双边刑事条约包括：22个引渡条约，[①] 38个双边刑事司法协助条约，[②] 4个被判刑人移管条约，[③] 6个关于打击“三股势力”合作的双边协定，其全部为程序性刑事条约。（详见附录3、附录4、附录5、附录6）

二、在我国适用的国际刑事条约的主要内容

国际刑事条约和其他类型的条约一样，一般由序言、正文和杂项条款三部分组成。序言载明条约的目的和宗旨、缔约国的名称、全权代表的姓名与权限等；正文是条约最重要的组成部分，它规定条约的实体内容，即缔约各方承受的具体权利和义务；杂项条款规定条约的批准、加入、保留、生效等程序事项，以及有效期限、使用的文字、签署的地点和时间等。在国际刑事条约中，既有专门规定刑事事项的刑事条款，也有与定罪、量刑和刑事司法合作等刑事事项无关的条款，即使在专门或主要规定刑事事项的典型国际刑事条约中，也是如此。

在我国适用的多边国际刑事条约，均为综合性条约，其内容既有刑事实体方面的规定，也有刑事程序方面的规定。主要包括：（1）犯罪的定义、构成要件及其处罚；（2）刑事管辖权；（3）刑事诉讼程序和制度，如逮捕、拘留、预审、起诉、审判程序；（4）国际刑事司法合作措施，包括引渡、刑事司法协助、刑事诉讼移管、被判刑人移管、刑事判决的相互承认和执行、犯罪所得或犯罪收益的追缴和没收；（5）对缔约国的立法、司法、行政机关规定履约义务，等等。

---

① 共签署32个。

② 包括专门的刑事司法协助条约和民刑一体或民商刑一体的司法协助条约，共签署46个。

③ 共签署6个。

双边刑事条约没有综合性条约，都属于程序性的专项条约。我国刑事性质的双边条约有四类：引渡条约、司法协助条约、被判刑人移管条约和打击“三股势力”合作的双边协定。在这些条约中，既有关于刑事司法合作的原则性规定，如“双重犯罪原则”、“特定性原则”、“一罪不再罚原则”、“死刑不引渡原则”，也有具体程序性规定，如对引渡审查程序的详细规定。

研究国际刑事条约在中国的适用，主要研究的是典型的刑事条款在中国的适用问题，而不涉及非刑事条款的适用。国际刑事条约中的刑事条款是指规定犯罪、刑事责任以及刑事诉讼制度的条款。其中，刑事诉讼制度条款又包括规定刑事诉讼程序和制度、引渡、刑事司法协助、被判刑人移管、刑事诉讼移管等事项的条款。非刑事条款是指并不直接规定犯罪、刑事责任和刑事诉讼事项的条款，这些条款主要有以下几种：对主管机关或普通名词进行定义，如对“麻管局“、“大麻植物”和“罂粟”进行定义；说明缔约宗旨；规定刑事执法事宜，如边境控制；非司法性履约措施，如对人员的培训和对其他缔约国的交流合作与经济援助；杂项条款。

下面以一个具体的国际刑事公约的全部条款为例，完整地说明刑事公约中的刑事条款与非刑事条款之分。

表三　1988年《联合国禁止非法贩运麻醉药品和精神药物公约》中的刑事条款和非刑事条款

条款序号	刑事条款	款项例举	非刑事条款	款项例举
序言	否		是	
第1条定义	部分是	(f)“没收”系指由法院或其他主管当局下令对财产的永久剥夺； (l)“冻结”或“扣押”系指根据法院或主管当局下达的命令暂时禁止财产的转让、变换、处置或转移，或对财产实行暂时性扣留或控制； (m)“非法贩运”系指本公约第3条第1款和第2款所列的犯罪	部分是	(a)“麻管局”系指《1961年麻醉品单一公约》及经《修正1961年麻醉品单一公约的1972年议定书》修正的该公约设立的国际麻醉品管制局； (b)“大麻植物”系指大麻属的任何植物

（续表）

条款序号	刑事条款	款项例举	非刑事条款	款项例举
第2条公约的范围	否		是	1. 本公约的宗旨是促进缔约国之间的合作，使它们可以更有效地对付国际范围的非法贩运麻醉药品和精神药物的各个方面。缔约国在履行其按本公约所承担的义务时，应根据其国内立法制度的基本规定，采取必要的措施，包括立法和行政措施。 2. 缔约国应以符合各国主权平等和领土完整以及不干涉别国内政原则的方式履行其按本公约所承担的义务。 3. 任一缔约国不得在另一缔约国的领土内行使由该另一缔约国国内法律规定完全属于该国当局的管辖权和职能

（续表）

条款序号	刑事条款	款项例举	非刑事条款	款项例举
第3条犯罪和制裁	是	1. 各缔约国应采取可能必要的措施将下列故意行为确定为其国内法中的刑事犯罪：(a)㈠违反《1961年公约》……各项规定，生产、制造、提炼、配制、提供、兜售、分销、出售、以任何条件交付、经纪、发送、过境发送、运输、进口或出口任何麻醉药品或精神药物……	否	
第4条管辖权	是	1. 各缔约国：(a)在遇到下述情况时，应采取可能必要的措施，对其按第3条第1款确定的犯罪，确立本国的管辖权：㈠犯罪发生在其领土内……	否	
第5条没收	是	1. 各缔约国应制定可能必要的措施以便能够没收：(a)从按第3条第1款确定的犯罪中得来的收益或价值相当于此种收益的财产；(b)已经或意图以任何方式用于按第3条第1款确定的犯罪的麻醉药品和精神药物、材料和设备或其他工具……	否	

（续表）

条款序号	刑事条款	款项例举	非刑事条款	款项例举
第6条引渡	是	1. 本条应适用于缔约国按照第3条第1款所确定的犯罪。 2. 本条适用的各项犯罪均应视为缔约国之间现行的任何引渡条约应予包括的可引渡的犯罪。各缔约国承诺将此种犯罪作为可予引渡的犯罪列入它们之间将要缔结的每一引渡条约之中……	否	
第7条相互法律协助	是	1. 缔约国应遵照本条规定，在对于按第3条第1款所确定的刑事犯罪进行的调查、起诉和司法程序中相互提供最广泛的法律协助	否	
第8条移交诉讼	是	缔约国应考虑对于按第3条第1款确定的犯罪的刑事起诉相互移交诉讼的可能性，如果此种移交被认为有利于适当的司法处置	否	

（续表）

条款序号	刑事条款	款项例举	非刑事条款	款项例举
第9条其他形式的合作和培训	第1款	1. 缔约国应在符合其各自国内法律和行政制度的情况下，相互密切合作，以期增强为制止按第3条第1款确定的犯罪而采取的执法行动的有效性。缔约国特别应根据双边或多边的协定或安排……	第2款和第3款	2. 各缔约国应在必要的范围内提出、制定或改进对其负责制止按第3条第1款确定的犯罪的执法人员和其他人员，包括海关人员的具体培训方案。……。 3. 缔约国应相互协助计划和实施旨在交流本条第2款所述各领域专门知识的研究与培训方案，为此目的，还应酌情利用区域和国际会议及研讨会，促进合作和促使讨论共同关心的问题，包括过境国的特殊问题和需要
第10条国际合作与援助过境国	否		是	1. 缔约国应直接或通过主管国际组织或区域组织进行合作，通过关于拦截和其他有关活动的技术合作方案，尽可能协助和支援过境国，特别是需要这种协助和支援的发展中国家

（续表）

条款序号	刑事条款	款项例举	非刑事条款	款项例举
第11条控制下交付	是	1. 在其国内法律制度基本原则允许的情况下，缔约国应在可能的范围内采取必要措施，根据相互达成的协定或安排，在国际一级适当使用控制下交付，以便查明涉及按第3条第1款确定的犯罪的人，并对之采取法律行动	否	
第12条经常用于非法制造麻醉药品或精神药物的物质	第1款	1. 缔约国应采取其认为适当的措施，防止表一和表二所列物质被挪用于非法制造麻醉药品或精神药物，并应为此目的相互合作	第2－14款	如要求缔约国对公约列举的物质建立出入境管理制度
第13条材料和设备	否		是	

（续表）

条款序号	刑事条款	款项例举	非刑事条款	款项例举
第14条根除非法种植含麻醉品成分植物和消除对麻醉药品与精神药物非法需求的措施	包含了刑事措施		包含了行政措施	
第16条商业单证和出口货物标签	否		是	
第15条商业承运人	否		是	

（续表）

条款序号	刑事条款	款项例举	非刑事条款	款项例举
第17条海上非法贩运	是	1. 缔约国应尽可能充分合作，依照国际海洋法制止海上非法贩运。 2. 缔约国如有正当理由怀疑悬挂其国旗或未挂旗或未示注册标志的船只在进行非法贩运，可请求其他缔约国协助，以制止将该船用于此种目的。被请求的缔约国应尽其所能提供此种协助	否	
第18条自由贸易区和自由港	第1款	1. 缔约国应采取措施，制止在自由贸易区和自由港非法贩运麻醉药品、精神药物及表一和表二所列物质的活动，这些措施的严厉程度不应低于在其领土其他部分采取的措施	第2款	在自由贸易区和自由港的港口和码头区以及机场和边境检查站设立并实施监视系统
第19条邮件的利用	是	1. 缔约国应按照其依万国邮政联盟各项公约所承担的义务，并按照其本国法律制度的基本原则，采取措施制止利用邮件进行非法贩运，并应为此目的相互合作	否	

（续表）

条款序号	刑事条款	款项例举	非刑事条款	款项例举
第20条应由缔约国提供的情报	否		是	1. 缔约国应通过秘书长向麻委会提供关于在其领土内执行本公约的情报…… 2. 缔约国应依照麻委会可能要求的方式和日期提供此种情报
第21条麻委会的职能	否		是	
第22条麻管局的职能	否		是	
第23条麻管局的报告	否		是	
第24条执行较本公约规定更为严格的措施	否		是	

（续表）

条款序号	刑事条款	款项例举	非刑事条款	款项例举
第25条不减损先前的条约权利和义务	否		是	
第26条①签字	否		是	
第27条批准、接受、核准或正式确认	否		是	
第28条加入	否		是	
第29条生效	否		是	
第30条退约	否		是	

① 本条以下为杂项条款。

（续表）

条款序号	刑事条款	款项例举	非刑事条款	款项例举
第31条修正	否		是	
第32条争端的解决	否		是	
第33条作准文本	否		是	
第34条保存人	否		是	

第三节　国际刑事条约在我国适用的研究范围的限定

如前所述，国家适用国际刑事条约的法律措施多种多样，范围广泛。本书的研究范围只限于国际刑事条约在我国的立法和司法适用，并重点立足于司法适用，而不涉及在行政、财政、社会、价值观等方面对条约的贯彻实施。

第四节　国际刑事条约在我国适用的空间范围限定

根据1969年《维也纳条约法公约》第29条规定："除条约表示不同意思，或另经确定外，条约对每一当事国之拘束力及于其全部领土。"但是，由于我国的历史原因和现行的"一国两制"政策，条约的适用情况比较复杂和特殊。根据《中华人民共和国香港特别行政区基本法》第151条和第153条的规定，中华人民共和国缔结的国际协议，中央人民政府可根据香港特别行政区的情况和需要，在征询特区政府的意见后，决定是否适用于香港特别行政区；中华人民共和国尚未参加但已适用于香港的国际协议仍可继续适用；中央人民政府根据需要授权或协助香港特别行政区作出适当安排，使其他有关国际协议适用于香港特别行政区。《中华人民共和国澳门特别行政区基本法》第136条和第138条也有类似规定。根据这些规定，中华人民共和国缔结的条约并不当然适用于香港和澳门，中国内地与香港和澳门特别行政区的条约适用范围并不完全相同。将来两岸统一之后，也会出现类似情况。

此外，我国大陆地区和港、澳、台地区的立法和实践表明，海峡两岸和香港、澳门在条约适用问题上的做法差异性很大。在港、澳、台地区，国际条约的适用问题基本已经得到解决，在立法和实践中都有明确规定和成型做法。国际条约在香港不能直接适用，其地位低于制定法。澳门适用国际条约的方式是直接适用与转化适用相结合，条约地位优于澳门本地法。台湾法院将条约视为特别法，可以优先直接适用。[①] 而在我国内地，由于缺少宪法性规范来调整国际法与国内法的关系，国际条约在中国内地的适用问题一直处于

---

① 参见袁古洁：《条约在中国内地与港澳台适用之比较》，载《法学评论》2002年第5期。

不确定状态，由此引发的争议也一直没有停止。

因此，本书的研究范围将限定在国际刑事条约在中国内地的适用，而不涉及港、澳、台地区的适用问题。

第三章 国际刑事条约在中国适用的前提条件

条约在国际层面生效后，即正式发生法律效力，开始对缔约各方产生法律拘束力，缔约国就在国际层面承担了履约义务并享受条约权利，但该条约并不必然会成为国内法体系的有效组成部分，不能在缔约国产生国内法的效力，不能被该国司法或行政机关加以适用。如何将条约并入国内法体系，国际法的答案很简单，即必须赋予条约优先于所有国内法的适用权。正如《维也纳条约法公约》第27条规定的："一当事国不得援引其国内法规定为理由而不履行条约。"国际法上"条约必须信守"的原则赋予了国际法在国内法上的直接效力。国际法要求缔约国在国内法上采取一切措施确保条约的履行。但实际上，条约并入国内法体系并不取决于国际法的规定，而需要依赖国内法规则。条约需要经过国内法的承认和接受，才能成为国内法的有效组成部分。如何将条约接受为国内法体系的一部分，是一国可以自主决定的事情，是由该国的宪法及法律体系而非国际法所决定的。正如路易斯·亨金所言："国际法并不关心各国如何对待条约的问题；条约在任何国家的国内法中的地位，乃是宪法方面的问题，而不是国际法问题。"①

一个已在国际上生效的条约，其规定要在各国国内得到执行，以得到各国国内法上的接受为前提。② 因此，一个已经在国际上生

① 参见［美］路易斯·亨金著：《宪政、民主、对外事务》，邓正来译，生活·读书·新知三联书店1996年版，第91页。

② 参见李浩培：《条约法概论》，法律出版社2003年版，第314页。

效的国际刑事条约，其规定要在我国国内得到适用，以得到我国国内法的接受为前提条件。

第一节　国际条约在国内法上的接受概述

一、接受的概念和特征

条约在国内法上的接受，是指：条约经过一定的缔约程序首先在国际上生效，但是，条约在国际上生效并不等于自动地在所有的缔约国国内生效。一个已经在国际上生效的条约，其规定要在国内得到执行，还必须在国内生效。[①] 各缔约国依据国内法，通过某种方式接受条约，将其并入国内法体系，使其成为国内法的有效组成部分。条约在国内法上的接受，有时也称为“并入”或“纳入”（incorporation）。接受可以理解为国际法规范向国内法律领域的转化。[②]

接受具有如下特点：

（1）接受是一个在国际上生效的条约在国内得到执行的前提条件。[③] 在研究国际条约如何在国内得到适用的问题时，一个令人有点疑惑的现象是：无论是“一元论”还是“二元论”的国家，都有一个将国际条约接受为国内法的过程。按理来说，在“二元论”看来，国际法与国内法分属不同的体系，国际法要在国内得到执行，必须要转化为国内法，这是顺理成章的事情。但在“一元论”的国家，既然认为国际法与国内法同属一个法律体系，为什么也要有一个将条约纳入国内法的过程呢？对此有两种解释，一

① 参见王铁崖主编：《国际法》，法律出版社 1995 年版，第 426 页。

② ［德］沃尔夫刚·格拉夫·魏智通主编：《国际法》，吴越、毛晓飞译，法律出版社 2002 年版，第 128 页。

③ 参见王勇：《条约在中国适用之基本理论问题研究》，北京大学出版社 2007 年版，第 46 页。

种解释是，即使是“一元论”的国家，也承认国际法与国内法存在的客观差别；[①] 另一种解释是，条约在国内法上的接受方式，与国际法与国内法关系的“一元论”和“二元论”并不一定有直接的联系，无论是“纳入”还是“转化”，都可有“一元论”和“二元论”的解释。[②] “一元论”和“二元论”都是学者为了解释国家所采取的不同方法而提出的理论。尽管“一元论”经常是作为“二元论”的对方而提出的，但如果我们即使是只挑选一小部分宪法进行研究，就会发现，许多宪法既包含“一元论”也包含“二元论”因素。[③] 所以，国家对条约的接受，实际上并不是基于解释国际法与国内法关系的“一元论”和“二元论”。从当代各国的宪政制度和条约实践来看，无论是“一元论”的国家，还是“二元论”的国家，都有一个将条约并入国内法的过程，这是不容置疑的事实。

（2）接受是一国自主决定的事情。从国际法的观点，各国对于它们自己如何在国内履行它们的国际义务的方式是自由的，在直接接受和适用国际法或将国际法通过制定法而转化为国内法两者之间有权自主选择，是每个国家按照自己的宪法实践自己作出决定的事项。[④]

（3）各国接受的方式相当灵活。按照“二元论”的观点，国际法和国内法是两个完全独立的体系，国际法本身不会成为国家内部法律的一部分。只有当它们为国家法律所采纳，并作为该国国内法的一部分而不是作为国际法时才可得到适用。按照“一元论”

① 参见陈寒枫、周卫国、蒋豪：《国际条约与国内法的关系及中国的实践》，载《政法论坛》2000 年第 2 期。

② 参见王铁崖：《国际法引论》，北京大学出版社 1998 年版，第 198 页。

③ ［英］安东尼·奥斯特著：《现代条约法与实践》，江国青译，中国人民大学出版社 2005 年版，第 143 页。

④ 参见［英］詹宁斯、瓦茨修订：《奥本海国际法》（第 1 卷第 1 分册），王铁崖等译，中国大百科全书出版社 1995 年版，第 46 页。

的观点，国际法和国内法是一个单一的法律体系，各国国内法律体系是从国际法律体系中派生出来的。既然国际法可以被视为在本质上与国内法同为一个法律秩序的一部分，而且是高于国内法的，那么，它可以被认为纳入国内法，从而不发生它作为国际法适用于国家之内的任何原则上的困难。① 在坚持“二元论”的国家，条约往往需要转化为国内法才能适用。在坚持“一元论”的国家，条约无须转化，直接就可以纳入国内法体系而得以适用。从各国的条约实践来看，“纳入”与“转化”的方式多样且并非完全相互排斥。② 许多国家用明示的方式将条约接受为国内法，但也有些国家，虽然在国内法中对条约的并入没有明确予以规定，但事实上按照国际法的要求使条约在国内具有了法律效力。③

（4）接受的实质是使条约从国际法领域进入国内法领域，具有了国内法上的法律效力，成为一国的法律渊源。并且有国家权威作为其执行依据，适用主体由国家变为国内法法律秩序主体。有些条约，如联盟条约，并不需要在当事国国内法上有效，但是，当代条约的许多事项需要被给予某种国内法上的效力。④

（5）接受的结果可能会使国际法规范的内容发生变化。在国际法看来，最理想的接受就是全面接受。但实际上，条约在国内的接受经常会被大打折扣。根据各国对条约内容的接受程度，接受可分为全面接受、部分接受和最低限度的接受。虽然绝大多数国家都赋予条约国内法上的效力，但极少有国家对全部条约都赋予其国内法上的效力。

---

① 参见［英］詹宁斯、瓦茨修订：《奥本海国际法》（第 1 卷第 1 分册），王铁崖等译，中国大百科全书出版社 1995 年版，第 32 页。

② See Duncan B. Hollis, Merritt R. Blakeslee & L. Benjamin Ederington eds., *National Treaty Law and Practice*, Martinus Nijhoff Publishers(2005), pp. 40 - 41.

③ 我国即为适例。

④ 参见［英］安托尼·奥斯特著：《现代条约法与实践》，江国青译，中国人民大学出版社 2005 年版，第 143 页。

（6）接受使条约在国内具有法律效力，但并不意味着条约在国家内即成为国内法律。在性质上，条约是国家间的约定，与国内法律不同，不能因其在国家内具有法律效力，而改变其性质。在国家内，条约不能成为法律。条约为国家缔约权的行使，而法律则是立法机关的行为；立法机关对于条约的同意，是对于缔约权行使的限制，此项同意不能使条约成为法律。条约在国家具有法律的效力，是指国内法院同样地以条约规定为适用的规则，法院以对待法律的同样态度对待条约。[①] 当我们讲到国内法的法律渊源时，将条约与法律、法规相并列，就是基于这个原因。当我们说条约与国内法相冲突时，条约与国内法孰先孰后适用，也是基于条约与国内法律并列而非等同的原因。如果条约一经国内法上的接受即成为国内法律，那么，条约在国内的适用问题就完全成为国内法上的问题，而非国际法与国内法关系的问题了。所以，虽然条约在国内如何适用是由国内法决定的事情，但这种适用，并不能改变其国际条约的性质。美国宪法规定，国会制定的法律和条约同样为国家的法律，也可证明法律和条约都有独立的法律效力，而非同样的法律效力。

（7）条约的接受与条约的效力有密切联系，但并非同一概念。接受是动态的概念，指的是条约并入国内法的整个过程；效力是静态的，指条约因并入国内法而取得了国内法上的效力。

二、条约的接受与条约的适用方式的关系

条约的接受与条约的适用方式，是条约在国内适用的两个阶段的两个不同的问题，它们相继发生，绝不能混为一谈。接受，涉及的问题是条约并入国内法体系的方式是“纳入”式还是“转化”式，而条约的适用方式，涉及的问题是条约的适用方式是直接适用还是间接适用。接受是条约在国内适用的前提条件，条约的适用方

① 参见王铁崖：《条约与国内法律的冲突》，载邓正来主编：《王铁崖文选》，中国政法大学出版社 1993 年版，第 562～563 页。

式是条约被接受为国内法后的具体适用问题。“纳入”式意味着条约在国内法中具有直接法律效力，“转化”式意味着条约在国内法上只具有间接的法律效力。“直接效力”与“间接效力”，说的是条约在国内法上的效力问题，而“直接适用”与“间接适用”指的是条约并入国内法后的适用方式问题。采用“转化”式接受条约的国家，当然只能间接适用国际条约，而采用“纳入”式接受条约的国家，并不都直接适用条约的规定。许多采用“纳入”式接受条约的国家，把条约又区分为“自执行条约”与“非自执行条约”，只有前者可以直接适用，后者则必须经过国内的执行立法或补充立法才能得到间接适用。在两种情况下，一国都可能为执行条约而进行国内立法：一种情况是，在将条约接受为国内法时，就必须将其转化为国内法，才能将其并入国内法体系；另一种情况是，在直接将条约并入国内法体系后，因其缺乏可执行力或由于涉及个人或法人的权利义务，而进一步采取国内补充立法的方式，赋予其执行力，以便使其在国内得到执行。准确地说，前者应称为“转化立法”，后者应称为“实施立法”。但因为转化也是为了实施，所以两者往往混同使用，并不做严格区分。所以，不能一看该国有为执行国际条约而进行的国内立法，就下结论说，这个国家是采用“转化”式接受条约的。一国是否为实施条约而进行国内的立法活动，并不是判断条约接受方式的标准。

三、接受的方式

各国接受条约的情形非常复杂。传统上，接受本身可以分为两种：（1）无须转变而将条约规定纳入（adoption）国内法；（2）将条约规定转变（transformation）为国内法。采用“纳入”式的国家，在法律上接纳条约为本国法的一部分，条约可以自动、永久地在国内适用。条约自从在国际层面生效后就自动成为国内法的一部分，可以说，条约在国际层面和国内层面同时生效。而采用“转化”式的国家，是国家通过实施性法律使条约在国内得到适用。

也就是说，尽管在国际法下条约已经对其具有了拘束力，但必须先要完成特别的国内程序，才能赋予条约国内法上的效力。卡塞斯教授将这两种方式形象地称为“自动的永久性的纳入”和“特别的立法性的纳入”。①

但是，要区分一个国家接受条约的方式到底是“转化”还是“纳入”，并非易事。首先，这两个术语的使用并不总是在内容上保持一致。其次，声称自己采用“纳入”式的国家，有的实际上也需要采取额外的国内程序才能使条约并入国内法体系。例如，法国和荷兰，实际上需要在国内对条约予以公布或颁布，才能将条约纳入国内法体系。第三，这两种分类法实际上并不是完全相互排除的。例如，在德国，有时需要执行立法将条约转化为国内法，这种执行立法必须在德国承认受该条约约束前制定，当条约对德国生效时，该立法同时生效。因此，条约自其国际层面生效之日即成为国内法的组成部分。这与“纳入式”的特征是一样的。②

英国可能代表最纯粹的“二元论”形式，瑞士或许代表最发达的“一元论”形式。在这两个极端之间，有许多不同程度的变化形式。③

（一）“纳入”的接受方式

国际上的一项研究对19个国家④接受条约的情况进行了调查，有近2/3的国家认为，在一定条件下，他们是直接将条约纳入国内

① See Antonio Cassese, *International Law*, Oxford University Press (2001), p. 168 - 169.

② See Duncan B. Hollis, Merritt R. Blakeslee & L. Benjamin Ederington (eds.), *National Treaty Law and Practice*, Martinus Nijhoff Publishers(2005), p. 40 - 41.

③ 参见［英］安托尼·奥斯特著：《现代条约法与实践》，江国青译，中国人民大学出版社2005年版，第143页。

④ 这些国家是：奥地利、加拿大、智利、中国、哥伦比亚、埃及、法国、德国、印度、以色列、日本、墨西哥、荷兰、俄罗斯、南非、瑞典、泰国、英国和美国，参见Duncan B. Hollis, Merritt R. Blakeslee & L. Benjamin Ederington eds., *National Treaty Law and Practice*, Martinus Nijhoff Publishers(2005), p. 5.

法体系的。采用“纳入”式的国家和地区有：美国、德国、突尼斯、乍得、马里、韩国、荷兰、西班牙、奥地利、法国及以前的法属殖民地等。

1.“纳入”的方式

从以上国家和地区“纳入”条约的方式来看，“纳入”分为两种类型：

(1) 条约一经缔结就直接具有国内法的效力。

在有些国家，条约自动成为国内法的唯一条件，是行政机关经授权完成了成为条约缔约国的程序。条约一经缔结就取得了与国内法相同的地位。例如，墨西哥就把经议会批准的条约视为国内法。类似的，瑞典把在国际层面生效的条约等同于国内法。有的国家规定了两个以上的缔约程序，不管通过哪种程序缔结条约，该条约一经缔结即成为国内法。例如，在美国，条约可以经过议会提议或承认程序缔结，还可以通过国会授权或根据总统的行政授权而缔结，不管以哪种程序缔结的条约，都和其他国内法具有同样效力。

有些国家可能会将直接具有国内法效力的条约限制在某个特定的范围。俄罗斯宪法第 14 条规定“俄罗斯联邦的国际条约应为国内法的组成部分”。但俄罗斯最高法院对该条规定的解释为，它只适用于那些经过立法机关批准的条约。行政条约在俄罗斯联邦不具有法律的地位。

(2) 需要在国内完成附加程序，才能使条约直接具有国内法的效力。

在有些国家，虽然承认条约在国内的直接法律效力，但需要在国内完成额外的独立于条约签订之外的其他程序。对有些国家来说，唯一的附加程序就是公布。例如，1997 年波兰宪法第 91 条规定，条约一旦经批准和在官方公报上颁布并对波兰生效，即构成波兰国内法律秩序的一部分并直接适用，除非其适用取决于制定一项法律。1953 年修正的 1815 年荷兰宪法第 65 条规定：“内容可以拘束任何人的协定的条款，自公布时起有拘束力。公布协定的规则以法律予以规定。”埃及也有类似的传统，条约只要在国际层面生效并经过在国内公布，就成为国内法。在另外一些国家，对条约的公布必须由国内的行政机构进行。例如，在法国和智利，依据总统的发布而赋予条约国内法的地位。日本与此类似。

要求完成额外的附加程序才能使条约具有国内法上的效力，可能意味着：一个在国际层面上对当事国具有拘束力的条约，可能会因为没有在国内公布而不具有国内法上的效力。一些国家也可能故意不公布它们缔结的所有条约，以此取消某些条约在国内法上的法律效力。

2. “纳入”式下的国内立法

需要特别注意的是，即使在“纳入”的模式下，必要的国内立法也是需要的。“纳入”模式下的国内立法，不是将条约转化为国内法的“转化立法”，而是为了适用条约的“执行立法”。在“纳入”式下，条约经过“纳入”已经改变了自身性质，由国际法转变为国内法。但经过转变的条约，有些因其性质或规定事项，不具有在国内的直接适用性，需要国内立法加以补充和细化，使其具有可适用性。这类条约就是我们通常所说的“非自执行”条约或间接适用条约。为了让“非自执行”条约具有可执行性而进行的立法不是条约接受层面的立法活动，而是条约被接受为国内法后的立法活动。它涉及的是条约在国内如何适用的问题，而非条约的接受问题。

（二）“转化”的接受方式

有些国家，必须采取特定的立法程序，将条约转化为国内法。英国是采用这种方式的最典型的国家。英联邦国家，几乎包括所有的其他53个成员国，全部在宪法中采取了这种方式。[①] 爱尔兰、意大利、以色列以及北欧的一些国家也采用“转化”式。这些国

① 参见［英］安托尼·奥斯特著：《现代条约法与实践》，江国青译，中国人民大学出版社2005年版，第153页。

家通过审查现有立法或制定新的法律以将条约规定并入国内法，只赋予条约在国内法上的间接效力。这些转化立法是由国家立法机关制定的国内法，体现了条约规定，但条约本身并不具有国内法的效力。国内法律主体只能援引转化法，而不能直接援引条约规定。

条约的转化立法以英国最为典型，主要有三种形式：（1）由议会的一项法令将条约并入英国法律。该条约的整个或部分文本可以以列表的形式体现在该法令之中，该法令则可规定该列表中的条约条款“应在英国具有法律效力”。另一种方法是不附上任何条约文本，而代之以由该法律对国内法作出的能使条约生效的必要修改。（2）由议会的一项法令赋予履行将来条约义务的所有必要权力。（3）由议会的一项法令规定一个框架，在该框架之内可以制定二级立法赋予某类条约（经常为双边条约）以国内法效力。[①]

在这种模式下，没有国内的专门立法，条约就和国内法没有任何关系。例如，以色列虽然是《维也纳外交关系公约》的缔约国，但它从来也没有为该条约制定过任何国内执行法，所以该条约一直被排除在以色列国内法的体系之外。

在有些情形下，条约的法律效力可能依赖转化立法的内容，如果转化立法比条约文本难懂得多，那么，其必然会影响条约在国内的全面贯彻执行。

最简单的也是最好的转化立法，就是简单地逐字逐句地复制条约条款，或把条约作为一个附件附在国内立法之后。在这种情形下，间接适用就成功地转变为直接适用。例如，英国就将《维也纳外交关系公约》的内容复制在《1964 年外交权利法案》中。因此，即使条约不能被作为法律直接加以援引，但是这种转化立法同样发挥着与条约直接效力相同的功能。

转化立法一般都要在缔结条约前完成，所以这种间接适用方法

---

① 详见［英］安托尼·奥斯特著：《现代条约法与实践》，江国青译，中国人民大学出版社 2005 年版，第 148～151 页。

实际上产生的效果是，它赋予条约国内法上的效力所需的时间可能比需要经过公布或颁布的“纳入”式国家还要快。

（三）“纳入”与“转化”对条约进入国内法层面的实质影响

在采用“转化”式的国家，因为条约不能直接在国内生效，所以条约不能成为国内法的有效组成部分，即不能成为国内法的渊源。在这种方式下，条约一旦进入国内法层面即“隐身”而退，国内机关和个人都不发生援引条约的问题，也不发生条约与国内法冲突的问题，因为已无条约可言。但原有的国际条约仍然在国际层面保留着其自身的效力依据以及国际法效力。国际条约与其在国内法中被转化的对应物是两个不同层面的规范。经过转化后的国内法已经不受原来的国际条约的效力的影响，例如，某个国家按照某条约将该条约的规范转型为国内法规范后，即使该条约后来失效，转型后的国内法仍然可以在国内继续有效。反之，也可能出现国家将尚未生效的某个国际条约事先转化为国内法的情况，这时，国内法规范将在时间上先于其相应国际法规范生效。①

在采用“纳入”式的国家，条约被直接赋予国内法上的效力，但并不意味着条约在国家内就变成了国家法律。条约仍然以其本来面目在国内法体系中存在，与其他经国家立法机关制定的法律并驾齐驱。条约是国家间的法律，与国内法律不同，不能因其在国家内具有法律的效力，而改变其性质，即在国家内，条约不能成为法律。条约是国家行使缔约权的结果，而法律是立法机关的行为。立法机关对于条约的同意，是对于缔约权的行使的限制，此项同意不能使条约成为法律。有时条约的订立也不需要立法机关的同意。条约在国家具有法律效力，是指国内法院以条约规定为适用的规则，就如同它适用宪法规则、国内法律和行政法规一样。美国宪法规定，国会制定的法律和条约同为国家的法律，而制定法和条约都经

① 参见［德］沃尔夫刚·格拉夫·魏智通主编：《国际法》，吴越、毛晓飞译，法律出版社2002年版，第129页。

总统公布，这也可证明制定法和条约都有独立的法律效力。[1] 所以说，“纳入”与“转化”不同的是，它具有国际法属性。[2] 正是基于条约与国内法律的相互独立性，才有可能发生条约与国内法的冲突问题。

（四）“纳入”式与“转化”式的优劣比较

有学者认为，与“纳入”式相比，“转化”式既显多余又不符合当前趋势。因为：第一，对绝大多数国家来说，条约由议会批准已经保证了民主原则，不必再经过国内立法来体现。第二，“转化”方式显然比“纳入”方式复杂，造成重复劳动和资源浪费，与当前的环保潮流不相适应，违反了经济原则。第三，“纳入”方式减少了中间环节，适应国际法集中化的趋势，20 世纪 90 年代新出现的国家几乎都在宪法中采用了“纳入”的方式。[3]

此外，国际人权条约机构通常建议在国内法律秩序中“纳入”条约，作为充分发挥条约影响力的措施。例如，人权事务委员会认为，尽管《公民权利和政治权利国际公约》不明文要求缔约国纳入该公约，但在该公约已经成为国内法的一部分或者将该公约的某些部分纳入国内法的那些国家中，该公约的保障措施可能会获得更加有力的保护，因此促请各缔约国采取“纳入”措施。经济、社会和文化权利委员会表达了类似的意见：“具有法律约束力的国际人权标准应能在每一缔约国的国内法律制度中直接并即刻适用”，“虽然《公约》没有正式要求各国将其规定纳入国内法，但最好这样做。”在讨论缔约国定期报告的过程中，这些在一般性意见中表

---

① 参见王铁崖：《条约与国内法律的冲突》，载邓正来主编：《王铁崖文选》，中国政法大学出版社 1997 年版，第 563 页。

② 参见［德］沃尔夫刚·格拉夫·魏智通主编：《国际法》，吴越、毛晓飞译，法律出版社 2002 年版，第 130 页。

③ 参见陈寒枫、周卫国、蒋豪：《国际条约与国内法的关系及中国的实践》，载《政法论坛》2000 年第 2 期。

达的观点经常得到重申，并载于结论性意见中作为建议。[①]

毋庸置疑，在将条约接受为国内法的方式上，“纳入”与“转化”相比，前者显示出直接性、整体性和经济性的优势。经“纳入”的国际条约仍然保留了与国内法不同的独立的国际法属性。“转化”被认为是传统的接受程序，而“纳入”作为条约自动并入国内法的程序被视为是社会进步的产物。[②] 世界上采用“纳入”式的国家占了绝大多数。国家一次性将条约整体纳入国内法体系，不用再经过特别的立法程序，避免了国家对条约接受的不全面性和分散性，节约了立法成本。但是，“转化”式也有其自身优势。它可防止行政权力在不得到国会同意下通过缔结条约代替国会立法，从而保证国内法的统一和完整。

“纳入”、“转化”和“并入”都是在学术上提出的概念，用以说明国际法在国内法上的接受情况，它们并不是严格意义上的国际法术语，[③] 这些术语是否反映了实质问题，还是一个必须留待以后解决的问题。[④] 事实上，各国将条约接受为国内法的做法非常复杂也非常灵活。在典型的“纳入”和“转化”之间，还存在着许多不典型的甚至可能难以归类的例证。

如前所述，“纳入”与“转化”并非像表面看起来的那样，是完全相互排斥的。即使采用“转化”式的国家，在采用简单复制条约的方式进行转化立法时，也能起到全面纳入的效果，并且条约在国内生效的时间可能比“纳入”式还要早。而采用“纳入”式的国家，由于存在“非自执行”条约，虽然名义上被接受为国内

---

① 参见联合国人权事务高级专员办事处：《关于促进对〈残疾人权利公约〉的认识和了解的专题研究》，A/HRC/10/48，26 January 2009，p. 9.

② 参见［韩］柳炳华著：《国际法》（上卷），朴国哲、朴永姬译，中国政法大学出版社1997年版，第159页。

③ 参见王铁崖：《国际法引论》，北京大学出版社1998年版，第198页。

④ 参见［英］伊恩·布朗利著：《国际公法原理》，曾令良、余敏友等译，法律出版社2007年版，第36页。

法，但其要在国内得到真正贯彻落实，尚需复杂的国内补充立法。因此，这两种方式的优劣比较只能是相对的，很难得出一个绝对的孰优孰劣的结论。从接受条约的效果来看，这两种方式均有可取之处。

国家在选择接受条约的方式上，其实并不是主要依据这两种方式的优劣而取舍的，而是由一国的现实基础和法律传统决定的。首先，看一个国家坚持的是国家主义还是国际主义；其次，可能要根据立法机关和行政机关的关系来选择相应的国际法的执行机制。坚持国家主义的国家，倾向于采用“转化”式，并赋予国际规则与国内法同等的法律地位；相反，坚持国际主义的国家倾向于采用“自动纳入”式，并赋予国际规则高于国内法的法律地位。在立法机关不介入外交机关的缔约过程的国家，往往就不能采用“自动纳入”的方式，而需要立法机关将条约转化为国内法。如果条约在生效前已经经过立法机关的批准，它就可以自动成为国内法的一部分。①

在将条约接受为国内法的问题上，一个国家采用什么方式并不重要，只要具有履行条约义务的诚意，无论哪种方式均可达到全面执行条约的实际效果。英国是典型的采用“转化”式的国家，同时也是公认的法制健全的国家，其一贯采用“转化”式接受条约的事实，并没有使其在适用国际条约时显得落后于其他任何国家，或不适应现代条约在国内执行的需要。同样，一个采用“纳入”式的国家，如果没有诚意履行条约义务，照样可以使已经具有国内法效力的国际条约束之高阁，得不到真正的贯彻执行。

总之，尽管大多数国家都赋予条约国内法上的效力，但极少有国家赋予所有条约以国内法上的直接效力。无论采用直接效力或间接效力的模式，大多数国家都只对特定种类的条约赋予其国内法上的直接效力。这种分类可能依赖于实体因素，如法国只通过公布的

---

① See Antonio Cassese, *International Law*, Oxford University Press (2001), p. 171.

形式赋予那些影响公民个人权利或义务的公约以直接效力；也可能依赖于程序性因素和立法因素，如俄罗斯就只赋予需经议会批准的条约以直接效力。[①]

一个国家不直接或间接赋予条约国内法上的效力，并不能因此简单地认为该国就不能履行条约义务。当条约只涉及缔约国之间的义务时，可能不需要国内法发挥任何作用，如同盟条约。事实上，是否赋予一个条约国内法上的效力，取决于根据该条约，该国是否有必要赋予条约国内法上的效力。

第二节 国际刑事条约被中国接受为国内法的前提条件

国家接受国际条约为国内法，以条约对本国生效为前提。条约生效（entry into force），是指一个条约在法律上成立，因而发生拘束各该当事国的法律效果，各缔约国必须予以善意履行的那种法律状态。[②] 条约生效具有两层含义：（1）条约在国际层面上生效，条约对缔约方产生法律效果，条约约束各缔约方。缔约国对其他国际法主体享有权利和负有义务，如果违反义务则要承担国际责任。（2）条约在国内层面上生效，条约在各缔约方国内法上产生法律效力，条约成为各缔约方国内法。各国国内法律主体承担具体的权利和义务以完成国际条约赋予该国的权利和义务。[③]

国际法对条约生效没有统一规定，由缔约方自行决定。

---

① See Duncan B. Hollis, Merritt R. Blakeslee & L. Benjamin Ederington (eds.), *National Treaty Law and Practice*, Martinus Nijhoff Publishers (2005), p. 44.

② 参见李浩培：《条约法概论》，法律出版社2003年版，第171页。

③ 参见王铁崖主编：《国际法》，法律出版社1995年版，第422页；陈寒枫、周卫国、蒋豪：《国际条约与国内法的关系及中国的实践》，载《政法论坛》2000年第2期。

一、国际刑事条约在国际法上对我国生效的日期

国际刑事条约在国际层面上对我国生效的日期，要结合我国1990年12月28日《缔结条约程序法》的规定和条约本身的约定来判断。

（一）国内的缔约程序

根据我国《缔结条约程序法》的规定，需经全国人大常委会批准的国际刑事条约，其要对中国生效，必须经过以下缔约程序：(1) 签署条约。(2) 签署条约后，由外交部或者国务院有关部门会同外交部，报请国务院审核。(3) 经由国务院提请全国人民代表大会常务委员会决定批准。(4) 中华人民共和国主席根据全国人民代表大会常务委员会的决定予以批准。批准书由中华人民共和国主席签署，外交部长副署。(5) 双边条约和重要协定经批准后，由外交部办理与缔约另一方互换批准书的手续；多边条约和重要协定经批准后，由外交部办理向条约、协定的保存国或者国际组织交存批准书的手续。(6) 以中华人民共和国或者中华人民共和国政府名义缔结的双边条约、协定的签字正本，以及经条约、协定的保存国或者国际组织核证无误的多边条约、协定的副本，由外交部保存。(7) 经全国人民代表大会常务委员会决定批准的条约和重要协定，由全国人民代表大会常务委员会公报公布。(8) 中华人民共和国缔结的条约和协定由外交部编入《中华人民共和国条约集》。

此外，根据《缔结条约程序法》第11条规定，国际刑事条约还可以以加入的形式对中国生效。其具体程序是：(1) 由外交部或者国务院有关部门会同外交部审查后，提出建议；(2) 报请国务院审核；(3) 由国务院提请全国人民代表大会常务委员会作出加入的决定；(4) 加入书由外交部长签署，具体手续由外交部办理；(5) 其他程序与一般程序相同。

（二）条约本身的约定

1. 多边刑事条约对中国生效的日期

多边刑事条约对中国生效的方式和日期大同小异，一般都是在交存批准书或加入书后的约定时间内生效，只是在交存批准书、加入书的份数和生效的起算日期上有所不同。例如，《防止和惩治灭绝种族罪公约》第11条规定，本公约应予批准，批准书应交存联合国秘书长。第13条规定，本公约应自第20份批准书或加入书交存之日起，90日后发生效力。本公约生效后的任何批准或加入，应于各该批准书或加入书交存后第90日发生效力。

2. 双边刑事条约对中国生效的日期

绝大多数双边刑事条约都规定，该类条约须经批准，条约自互换批准书之日后第30天生效。例如，中国和阿联酋引渡条约第22条规定，本条约须经批准。本条约自互换批准书之日后第30天生效。但也有少数双边刑事条约规定了其他的生效日期，其表述有以下几种：（1）中国和印度尼西亚刑事司法协助条约第25条规定，双方应以书面形式相互通知各自使本条约生效所需的国内法要求已得到满足，本条约自上述通知之日后30天起生效。（2）中美刑事司法协助条约第23条规定，双方依照各自法律完成使本协定生效的一切必要步骤后，应以外交照会相互通知。本协定自后一份照会发出之日起第30天生效。（3）中国和哈萨克斯坦关于民事和刑事司法协助的条约第32条规定，缔约方应按照各自国家的法律程序履行使本条约生效的法律手续，并通过外交途径相互书面通知。本条约自最后一方通知之日起第30日开始生效。（4）中国和加拿大刑事司法协助条约第24条规定，本条约应自双方通过外交途径相互通知已经完成各自的法律手续之日起第二月的第一天开始生效。

综上所述，国际刑事条约对中国生效的日期，要根据条约本身的约定，结合我国的《缔结条约程序法》来判断。有的条约虽已经过全国人大常委会的批准，但条约本身并未生效，仍然属于未生效的条约，例如，我国已于2008年12月28日批准了《〈核材料实物保护公约〉修订案》，但该条约本身还未生效，所以它也不能对中国生效。有的条约虽已生效，我国也已签署，但未经我国立法机关批准，仍然不能对我国生效。有的条约虽经全国人大常委会批准，但如果未向批准书保存机关或国家交存批准书，或未与缔约另一方互换批准书，或未按条约约定进行通知、照会等，条约也不能正式生效。我国《缔结条约程序法》规定的保存批准书或加入书副本、在全国人大常委会公报上予以公布、由外交部编入条约集等程序，是缔结条约的必经程序，但并非条约生效的必经程序。

3. 国际刑事条约在国际法上生效的法律意义

我国履行法定程序缔结条约，是我国愿意接受条约拘束的意思表示。国际条约在国际层面对我国生效后，我国即受条约拘束，并承担起国际法下的善意履行条约的义务。但此时的生效，仅停留在国际层面，即条约仅在国际层面对我国具有约束力。条约在国际层面生效的法律后果，可以有如下表现：我国在对外关系中受该条约的约束。国际机构可以直接援引对我国发生法律效力的国际条约，对我国是否切实履行条约义务作出“分析性”的或“批评性”的客观评价，督促国家为了履约而作为或不作为。国际刑事机构和国际非刑事机构还可以援引对我国有效的条约对我国不履约的行为进行谴责、批评，要求我国承担违约的国家责任，直至予以国际制裁。因我国对纠纷解决的条款都提出保留意见，所以国际机构不可能直接援引对我国生效的条约进行调解并作出裁决。

条约在国际层面的生效，并不因此而使条约具备了国内法上的效力，而仅仅为其具备国内法上的效力提供了前提条件。“不应认为条约一旦对一个国家开始有效于是它就在该国生效；换句话说，成为它的法律的一部分。”① 一个在国际层面生效的条约，是否具有国内法上的效力，主要看条约当事国的国内法规则和规定。如果

① 参见［英］安托尼·奥斯特著：《现代条约法与实践》，江国青译，中国人民大学出版社2005年版，第141页。

一国国内法规定，条约一经在国际层面生效，同时即具有了国内法的效力，那么，这个条约在国内就具有了直接法律效力，即不用经过转化立法，就成了国内法，条约在国内可以和其他国内法一样被适用和执行；如果一国国内法规定，条约在国际层面生效后，并不能直接具有国内法上的效力，而须经过转化立法，将条约内容转变为国内法，其规定才能在国内得到贯彻执行，那么，这个条约就不具有直接法律效力，而只有间接法律效力，也即条约的效力是间接地通过转化条约规定的国内立法体现出来的，其内容为转化立法吸收，个人或机构在援引时看似依据国内法，实质上依据的是国际条约，条约效力间接地通过国内法表现出来，影响到国内的刑事司法。

二、国际刑事条约在我国国内法上生效的时间

条约在国内层面生效，意即条约被接受为国内法，具有了国内法上的法律效力。从理论上说，条约在国际、国内两个层面应同时生效，如果国内生效迟于国际生效，则有违反国际义务的可能。[①]许多国家的宪法或宪法性文件明确规定了条约在国内法上生效的时间。例如，法国 1958 年宪法第 55 条规定："经过合法批准或核准的条约或协定，在公布后，具有法律的权威，但以缔约他方实施该条约或协定为条件。"该条规定条约经公布后即具有国内法上的效力。奥地利 1955 年宪法第 9 条规定，含有修改或完善法律规定的条约需要国民议会核准才能生效，而且这类条约必须在《联邦法律公报》上公布，并自公布之日起开始生效。荷兰宪法也有类似规定。韩国宪法第 5 条第 1 款规定，经过正式批准和公布的条约和公认国际规则应与大韩民国的国内法具有同样的效力。

我国宪法及其他宪法性文件对于国际条约何时取得国内法上的

① 参见陈寒枫、周卫国、蒋豪：《国际条约与国内法的关系及中国的实践》，载《政法论坛》2000 年第 2 期。

效力没有作出明文规定。关于国际条约何时在我国国内生效，有三种不同观点：第一种观点认为，条约在中国国内法上的效力在经过国内的批准或核准之后立即发生；第二种观点认为，条约的内部效力在中华人民共和国主席颁布后立即发生；[①] 第三种观点认为，条约在国际法上对中国生效的时间就是条约在国内法上对中国生效的时间。李浩培先生就认为，我国与外国所缔结的条约在生效时，就当然被纳入国内法，由我国各主管机关予以适用。[②]

笔者认为，条约在国际层面生效是条约取得国内法效力的前提条件，一项条约只有先取得国际法上的效力，才能被接受为国内法。而按照我国《缔结条约程序法》的有关规定，国内立法机关对条约的批准发生在条约对我国发生国际法上的效力之前，所以批准时间不是条约在国内生效的时间。至于条约在全国人民代表大会常务委员会公报上以国家主席令予以公布的时间，也不能成为条约在我国取得国内法上效力的时间。我国《缔结条约程序法》只规定经过批准的条约应予公布，但对于其在批准后多长时间之内公布，并无明确限制。实践中，条约一经批准，随后就会公布。根据条约本身的约定，条约取得国内立法机关批准后，还需要完成交存批准书、交换批准书或通过外交照会相互通知等国际程序，再经过约定期限，才能正式在国际层面生效。从理论上说，条约在国内公布的时间可能发生在条约在国际层面对我国生效之前，也可能发生在对我国生效之后。但由于条约约定的生效时间一般都比较长，所以我国的公布时间一般都发生在条约生效前。如果公布的时间早于条约在国际上生效的时间，那它当然不能成为其取得国内法上效力的时间。如果公布的时间晚于条约在国际上生效的时间，它也不是条约取得中国国内法效力的时间，因为我国的条约公布制度不同于

① 参见王铁崖：《国际法与中国：历史和当代》，载邓正来主编：《王铁崖文选》，中国政法大学出版社 1993 年版，第 386 页。

② 参见李浩培：《条约法概论》，法律出版社 2003 年版，第 317 页。

其他国家的条约公布制度。世界上许多国家都以条约在国内的公布作为条约取得国内法效力的时间。例如，1958 年法国宪法第 55 条，1955 年奥地利宪法第 9 条，1993 年安道尔宪法第 3 条第 4 款，1972 年卡塔尔宪法第 68 条，1993 年毛里塔尼亚宪法第 80 条，1960 年塞浦路斯宪法第 169 条，1994 年塔吉克斯坦宪法第 10 条，1995 年亚美尼亚宪法第 6 条，1995 年中非共和国宪法第 69 条，1976 年葡萄牙宪法第 8 条第 2 款，1983 年荷兰宪法第 93 条都有类似规定。[①] 但我国对条约的公布并不具有使其成为国内法的功能。一个简单的理由，就是没有任何一部法律规定条约经公布后即取得国内法上的效力。还有一个理由，就是我国的公布往往发生在条约在国际层面生效之前，在逻辑上也不可能具有使条约纳入国内法的功能。我国对条约的公布主要是为了让国内对该条约进行了解，以便将来执行条约。笔者在收集条约资料时还发现，有的条约在我国虽经全国人大常委会批准，但却始终没有在全国人大常委会公报上予以公布。[②] 但这个事实，并不妨碍该公约在我国国内法上具有法律效力。王铁崖先生在他写于 20 世纪 40 年代的一篇文章中指出，在中国，法律发生效力的日期，是依法律本身的明文规定；“条约发生效力也依条约的明文规定，如果无明文规定，则依国际法规则作决定，而并不自公布之日起发生效力。所以，条约亦不因公布而成为国内法律。”[③] 这个说法，无疑对今天的新中国来说，也是适用的。

那么，第三种观点是否正确呢？也即条约在国际上生效后，是

① 参见王勇博士统计数字，见王勇：《条约在中国适用之基本理论问题研究》，北京大学出版社 2007 年版，第 74 页。

② 1988 年 12 月 2 日交存批准书、1989 年 1 月 2 日对我生效的《核材料实物保护公约》，笔者经过查找，没有在《中华人民共和国全国人民代表大会常务委员会出报》上找到。

③ 参见王铁崖：《条约与国内法律的冲突》，载邓正来主编：《王铁崖文选》，中国政法大学出版社 1993 年版，第 563 ~ 564 页。

否立即就取得国内法上的效力呢？对此，笔者持赞同意见，认为国际条约在我国国内法上生效的时间与其在国际层面上生效的时间是一致的。国际条约在国际层面一生效，就自动成为国内法的一部分。具体理由在下一个问题中予以阐述。

第三节　国际刑事条约在中国的接受方式

“怎样给予条约以国内法上的效力取决于每个国家的宪法。”① 但我国宪法及宪法性法律并没有规定条约在我国国内法上的接受方式。我国宪法仅原则性地规定了国务院的缔约权及全国人大常委会的决定批准与废除条约的权力。《缔结条约程序法》也只是规定了条约的缔结程序，而并没有规定条约如何在我国生效、何时在我国生效的问题。因此，按照国际惯例，从宪法层面判断我国到底是采用何种方式接受条约的，是行不通的。条约在我国国内法上的接受方式只能在中国有关条约的立法和实践中寻找答案。

一、关于条约在我国国内法上的接受方式的不同观点

由于宪法性规定的缺位，关于条约在我国国内法上的接受方式，学界一直存在争议，没有达成共识。第一种观点认为，我国的现行立法、司法解释和司法实践均已表明，我国采取的是“纳入”

① 参见［英］安托尼·奥斯特著：《现代条约法与实践》，江国青译，中国人民大学出版社2005年版，第143页。

方式。[①] 第二种观点认为，条约在我国国内直接适用的模式主要存在于民商事领域和行政诉讼领域，而对于其他性质的条约，基本上采取“转化”的态度。[②] 第三种观点认为，关于我国所缔结或参加的国际条约在国内的适用问题，我国采取的是逐一立法的方式。也就是说，只有当我国的一项立法明确规定某项或某类条约可以在我国直接适用时，该项（类）条约才可以通过“并入”的方式直接在我国适用；否则，只有通过制定国内法的方式，将条约内容转化为国内法。[③]

二、我国接受条约的方式是“纳入”式，刑事条约也不例外

笔者同意第一种观点，认为在我国国内法上接受条约的方式是“纳入”式，即使是刑事条约也不例外。具体理由如下：

第一，条约已经获得了中国国内法上的接受，这是不争的事实。

据有关统计，截至2003年底，中国已经签订了6000多个多边协定和273个双边协定。[④] 这么多条约如果是通过“转化”方式被

---

① 参见李浩培：《条约法概论》，法律出版社2003年版，第516～517页；王铁崖：《国际法引论》，北京大学出版社1998年版，第210页；李适时：《中国的立法、条约与国际法》，载中国国际法学会主编：《中国国际法年刊（1993年）》，中国对外翻译出版公司1994年版，第270页；梁淑英：《条约在国内的适用和中国实践》，载朱晓青、黄列主编：《国际条约与国内法的关系》，世界知识出版社2000年版，第177页；朱晓青：《〈公民权利与政治权利国际公约〉的实施机制》，载《法学研究》2000年第2期；陈寒枫等：《国际条约与国内法的关系和在中国的实践》，载朱晓青、黄列主编：《国际条约与国内法的关系》，世界知识出版社2000年版，第86页；江国青：《国际法与国际条约的几个问题》，载《外交学院学报》2000年第3期。

② 参见李鸣：《应从立法上考虑条约在我国的效力问题》，载《中外法学》2006年第3期。

③ 参见车丕照：《论条约在我国的适用》，载《法学杂志》2005年第3期。

④ 这个数字与世界上的缔约大国美国、日本和法国接近，美国和日本分别有10000多个条约和国际协定，法国有6730个，参见Duncan B. Hollis, Merritt R. Blakeslee & L. Benjamin Ederington (eds.), *National Treaty Law and Practice*, Martinus Nijhoff Publishers(2005), p. 1.

接受为国内法的，那就意味着，我国要进行巨量的转化立法才能将条约接受为国内法。而从我国的条约实践来看，事实并非如此。首先，我国宪法和《缔结条约程序法》并没有制定出像英国那样的一套转化立法制度，立法机关也没有要求行政机构在签订每一个条约前后，必须通过国内立法程序将条约转化为国内法才能让它在国内生效。其次，从我国的实践来看，也从来没有就每一个条约都进行过转化立法。目前国内的履约立法，从性质上来说，并不是将条约接受为国内法的“转化立法”，而只属于如何适用条约的实施立法。这些立法极其有限且很不系统。如果说没有经过国内立法的条约都还没有在国内法上取得法律效力，那就意味着中国签订了那么多国际条约都不能切实履行条约义务，这既与中国签订条约的初衷相悖，也与中国在国际上承担的国际责任不符，更与多年以来我国依据条约开展的各项事务不符。多年以来，我国依据条约开展引渡、司法协助、移管被判刑人、处理涉外刑事案件，成功范例数不胜数。因此，绝不能说，没有经过转化立法的条约在中国国内都是得不到适用的“死法”。

我国政府在各种场合多次郑重声明，我国重视国际条约在保护人权与维护国际社会公共利益等方面的重要作用，对加入的国际公约，中国政府通过国内立法、司法和行政等各种渠道，认真履行公约所规定的法律义务，严格执行公约的规定，并向公约监督执行机构按期提交执行情况报告。[①] 1990 年 4 月 27 日，联合国禁止酷刑委员会在第 50 次和第 51 次会议上审议了中国政府提交的关于执行《禁止酷刑公约》的初次报告，我国代表在介绍该报告时强调指出，在中国没有将国际公约纳入国内法的特别程序，中国所加入的

① 在国务院网站上，有我国政府发布的中国人权系列报告，在这些报告中都有积极履行条约义务的表述。

任何公约，一旦开始生效就具有国内法上的约束力。[①] 1991 年 11 月 14 日，我国代表张克宁在联合国大会社会、人道和文化问题委员会上发言时又重申了类似观点。[②]

第二，我国法理学界已经普遍承认国际条约是我国国内法的正式渊源。[③] 正是由于国际条约是被直接“纳入”国内法体系的，国际条约本身才能成为国内法的渊源。如果条约已被转化为国内法，因条约本身已失去独立性，就不会成为国内法的独立渊源。另外，学界经常探讨的条约与国内法冲突问题，也是以条约直接成为国内法渊源为前提的。在条约被转化为国内法的情形下，不发生条约与国内法的冲突问题。如果说条约在我国是被“转化”的，那么，条约与国内法的冲突就无从谈起，也没必要谈起。

第三，我国现有的所谓转化立法，实际上应为“实施立法”，是在条约被接受为国内法的前提下，为了更好地适用条约而进行的国内补充立法，而不是将条约接受为国内法并赋予其国内法效力的“转化”立法。笔者注意到，在研究条约与国内法的关系时，国内外学者经常把几个概念混淆使用，人为地造成研究该问题的混乱局面。具体表现如下：一是将条约的接受与条约的适用混为一谈，没有意识到条约在国内法上的接受是国际法与国内法关系的一个独立的问题。由此造成的后果是，将“纳入”和“转化”等同于条约

---

① 参见《禁止酷刑委员会的报告——大会正式记录：第 45 届会议补编第 44 号》第 472 项和第 487 项（A/45/44）。尽管有学者认为，该发言人既无权解释中国法律，又混淆了条约的国际和国内两种效力（参见李鸣：《应从立法上考虑条约在我国的效力问题》，载《中外法学》2006 年第 3 期），但笔者认为，抛开别的不说，我国代表的发言起码有一点是正确的，即他清晰地表明，我国没有将条约接受为国内法的特别程序，条约一旦在国际法上生效即产生国内法上的拘束力。我国采用的是“纳入”的接受方式。

② 参见李兆杰：《条约在我国国内法效力若干问题之探讨》，载中国国际法学会主编：《中国国际法年刊（1993 年）》，中国对外翻译出版公司 1994 年版，第 270 页。

③ 许多国内法理学的统编教材，都将国际条约作为我国国内法的渊源来论述，详见王勇：《条约在中国适用之基本理论问题研究》，北京大学出版社 2007 年版，第 59 页。

的直接适用和间接适用方式，把两个问题作为一个问题来看待，只要发现国内有立法行动就简单下结论说，这个国家是采取的“转化”式。二是经常在不同的语境下、在多种含义上使用“转化”和“纳入”等术语。本来它们特指条约的接受方式，但在许多场合下，人们在表述条约的适用方式时也用到它们。由于这些词都是由外文翻译而来，所以就更造成了使用上的混乱。因为在汉语里，像“纳入”与“并入”，“转化”与“转换”并无实质差别。而在表述条约与国内法的关系时，这些词都有其特定含义，如果作者对这些词随意使用，往往在表面上会给人造成一种错误理解。最容易造成误解的就是，许多作者在论述条约适用问题时用到“转化”立法这个表述方式。其实，在条约适用层面，如果需要国内立法，准确地应称为“实施立法”、“履约立法”或“补充立法”等，因为这时国内立法的功能已不是将条约转化为国内法，而是为了让条约更有效地在国内得到执行而进行的补充性的履约立法。

应该承认，我国在条约的补充立法方面既不够全面，也不够及时，但这与条约在我国是否得到全面接受是两码事。

第四，条约在我国是通过“纳入”的方式接受为国内法的，这可以通过许多现有国内法、司法解释和相关文件的规定推断出来。我国宪法虽然未作出原则性规定，但我国的国内立法却在这个问题上规定了明确的原则。例如，1982 年 3 月 8 日的《民事诉讼法（试行）》第 189 条规定：“中华人民共和国缔结或者参加的国际条约同本法有不同规定的，适用该国际条约的规定……”1980 年 9 月 10 日《中华人民共和国中外合资经营企业所得税法》第 16 条第 2 款规定：“中华人民共和国政府和外国政府之间订有避免双重征税协定的，所得税的抵免应当依照各该协定的规定办理。”此外，《中华人民共和国民法通则》第 142 条第 2 款规定：“中华人民共和国缔结或者参加的国际条约同中华人民共和国的民事法律有不同规定的，适用国际条约的规定，但中华人民共和国声明保留的条款除外。”上述各法的规定是我国最高立法机关对条约在我国国内的法律效力所作出的原则性规定。虽然它的适用范围仅限于特定法律领域，但就条约在我国国内法的接受而言，它却带有普遍的意义。按照这个原则，当我国国内民事法律与我国缔结或参加的条约发生冲突时，条约规定本身就可以由我国法律适用机关直接适用。因此，可以得出结论，我国缔结或参加的条约生效后，就当然被纳入国内法，自动地成为我国国内法的一部分，而无须另以法律转变为国内法。[①] 有关条约适用的司法解释也表明条约在我国是直接纳入的。例如，1987年4月10日发布的《最高人民法院关于执行我国加入的〈承认及执行外国仲裁裁决公约〉》中指出，《承认及执行外国仲裁裁决公约》将于1987年4月22日对我国生效，各高、中级人民法院都应立即组织经济、民事审判人员、执行人员以及其他有关人员认真学习这一重要的国际公约，并且切实依照执行。1988年2月9日发布的《最高人民法院关于执行中法司法协助协定的通知》指出，中国和法国关于民事、商事司法协助的协定已经互换批准书，并于1988年2月8日起生效。现将该协定转发给你们，请按法（办）发〔1988〕3号文件规定执行。这两个司法解释表明了我国在适用条约时不改变条约性质和内容的“纳入”式特点。

第五，采用“纳入”式的国家，为了避免出现未经立法机关同意就用与国内法有不同规定的条约改变国内法规定的情况，也为了避免条约与国内法发生冲突，往往规定某些种类的条约在获得国际法上的效力之前必须经过国内最高立法机关的同意。按照我国宪法和《缔结条约程序法》的规定，我国缔结或参加“同中华人民共和国法律有不同规定的条约、协定”，必须经过全国人大常委会批准并由国家主席根据全国人大常委会的决定批准。所以，即使是接受与国内法规定不同的条约，也以最高立法机关的同意作为保障。

---

① 参见李浩培：《条约法概论》，法律出版社2003年版，第317页。

第六，在条约的接受方式上，刑事条约并无特殊性可言，它也是通过“纳入”方式并入我国国内法体系的。双边刑事条约只规定缔约双方的特定事项，一经生效即可由国内机关直接适用，国内从来没有过相关转化立法。由于我国没有完善的国际刑事合作法，我国多年来开展的引渡合作、刑事司法协助合作、移管被判刑人合作、打击“三股势力”合作，一直都是直接依据双边条约进行的，从无障碍。这就说明，在国际层面生效的双边条约已经自动成为国内法的组成部分，可以被国内机关直接适用。多边刑事条约的情形较为复杂，因为多边刑事条约全部为综合性条约，既有实体内容，又有程序性规定，这就决定了多边刑事条约并不能全部得到直接适用，尤其是规定实体内容的那部分条款。所以，许多多边刑事条约需要国内补充立法才能适用。但这些复杂情形属于条约的适用问题，与条约的接受无关。并不能因条约不具有直接适用性，而否定条约是经过“纳入”方式直接并入国内法体系而享有国内法上的直接效力的。

从我国的刑事立法来看，也隐含了国际刑事条约在我国的直接效力原则。我国刑法第 9 条规定：“对于中华人民共和国缔结或者参加的国际条约所规定的罪行，中华人民共和国在所承担条约义务的范围内行使刑事管辖权的，适用本法。”根据这条规定，我国可以直接适用条约规定，对条约规定的罪行行使刑事管辖权，暗含了国际刑事条约在我国国内法上的直接效力。此外，我国刑事诉讼法第 17 条规定：“根据中华人民共和国缔结或者参加的国际条约，或者按照互惠原则，我国司法机关和外国司法机关可以相互请求刑事司法协助。”该条明确规定了我国在开展刑事司法协助时可以直接适用国际条约，也即条约在我国具有直接效力。我国最高人民法院《关于执行〈中华人民共和国刑事诉讼法〉若干问题的解释》第 317 条规定：“中华人民共和国缔结或参加的国际条约中有关于刑事诉讼程序具体规定的，适用该国际条约的规定，但是，我国声明保留的条款除外。”《中华人民共和国反洗钱法》第 27 条明确规定："中华人民共和国根据缔结或者参加的国际条约，或者按照平等互惠原则，开展反洗钱国际合作。"《中华人民共和国禁毒法》第53条也明确了直接依据国际条约开展禁毒国际合作。这些规定都毋庸置疑地说明，国际刑事条约在我国具有直接效力。

第七，我国在条约的接受问题上，不可能采用逐一立法方式进行。世界上只有采取逐一"转化"立法的国家，还没有哪个国家采取逐一立法方式来规定条约的接受方式。逐一转化立法已经非常复杂了，如果再启动立法程序逐一规定每个条约的接受方式，其工作量无法想象，所以实际上也不存在这样的接受方式。就我国的立法现状而言，还没有一部法律法规对条约的接受方式作出明确规定，只是一些部门法的规定昭示了条约在我国具有直接效力，但无规定并不等于条约就不能"纳入"国内法。在我们这样一个法制建设刚刚起步30年的转型期国家，我们不应矫情于"有法无法"，而更应注重条约的具体实践到底是怎样的。正如前文所述，条约，包括国际刑事条约，在我国是通过"纳入"方式被接受为国内法的，这已经成为无可争议的事实。

第四章　国际刑事条约在中国的适用方式之一：直接适用

条约通过在国内法上的接受而具有了国内法上的效力。条约在国内法上的效力是条约在国内得以适用的前提。条约取得国内法上的效力后，才发生条约如何在国内适用的问题。采用“转化”式将条约并入国内法的国家，条约只能在本国得到间接适用，不存在条约直接适用的问题；凡采用“纳入”式将条约并入国内法的国家，客观上都需要区分哪些条约可以直接适用，哪些条约不能直接适用。我国即属于后者。

第一节　国际条约在国内的适用方式概述

一、条约在国内的适用方式的概念、种类及优缺点

（一）条约的适用方式的概念

条约的适用方式，也即条约的“可援引性”、“可适用性”问题，是指条约本身能否被国内司法机关、行政机关直接适用，或当事人能否直接以条约作为其诉讼的依据。一项条约能否在国内得到适用，规范的内容具有决定作用，换句话说，一个法律规范必须在内容上和结构上适合法律适用，尤其要有明确的内容，才具有可适用性。而在规范的内容是否确定方面，不同的国际条约可能是不一样的。例如，某个条约虽然规定了公民的义务，但却没有将这些义务具体化，显然这样的条约需要国内的立法者来进一步细化，因为这时条约还缺乏可适用性。当然，不排除这样的条约中也包含适合

直接在国内适用的部分规范。①

（二）条约适用方式的种类

条约的适用方式主要有直接适用和间接适用两种方式。所谓直接适用，是指一国法律适用的专门机构，即司法及有关行政部门，以条约规定作为其适用法律的渊源，并以适用国内法的同样方式适用条约的规定。就此意义上说，凡可以被直接适用的条约均可以成为有关当事人向法律适用的专门机构提出权利义务主张的根据。条约能否被直接适用，除了取决于条约本身的特殊规定外，一般来讲，是由缔约国自己来决定的。② 但晚近国际法的发展表明，国际法对条约在一国如何适用的问题开始有所干预，比如，一些多边条约开始明确要求缔约国制定相应的国内法以履行条约义务。③ 显然，如果条约含有这样的要求，缔约国履行条约的方式就受到了限制，它们有义务通过国内立法，包括修改或补充已有的法律或制定新法来贯彻条约的规定。④ 所谓间接适用，是指条约经国内接受后，还须再通过国内立法加以补充规定，将条约内容规定在国内法中，或通过国内法对条约内容加以细化以便由国内司法或行政机关予以适用。这种补充立法，也被称为“执行立法”、“实施立法”或“履约立法”。在间接适用模式下，国内司法机关和行政机关直接适用的是反映条约内容的国内法而非条约。有时，条约在国内适用时，需要国内配套立法才能完全实施。但配套立法不同于将条约内容转化为国内法的履约立法。只有反映条约内容的国内法才是间接适用条约的国内实施立法。

① 参见［德］沃尔夫刚·格拉夫·魏智通主编：《国际法》，吴越、毛晓飞译，法律出版社2002年版，第131页。

② 参见李兆杰：《条约在我国国内法效力若干问题之探讨》，载中国国际法学会主编：《中国国际法年刊》（1993年），中国对外翻译出版公司1994年版，第271页。

③ Antonio Cassese, *International Law*, Oxford University Press(2001), p. 167.

④ 参见李鸣：《应从立法上考虑条约在我国的效力问题》，载《中外法学》2006年第3期。

在采用“转化”式接受条约的国家，只有经过立法将条约转变为国内法才可以由司法或行政机关适用，未转变为国内法的条约都不能在国内得到适用，当然不发生条约直接适用的问题。在将条约不经转换而直接纳入国内法的国家，一般都有条约能否直接适用的问题。这主要有两方面的原因：一方面，条约生效后，自动成为国内法的一部分，逻辑上，应当由法律适用的专门机构予以适用；另一方面，由于条约在性质和内容上的多样化，法律适用的专门机构一般不可能在宪法赋予的职权内适用所有的条约。国家在具体决定其缔结或者参加的条约在国内的适用方式时，还会考虑多种因素，其中既有政治和政策的因素，又有技术的因素。政治或者政策的因素主要包括国内的宪法和法律规定、对国家主权的认识、对外关系等因素是否影响条约的直接适用。技术因素主要指条约的内容和语言等是否适合直接适用，是否具有直接适用的法律属性。此外，实践中还存在着混合适用条约的方式，即既允许司法机关或行政机关直接适用条约，又允许其适用根据条约而制定的国内法。混合适用条约的方式在各国的实践中采用的很少。①

（三）两种条约适用方式的优缺点

直接适用的优势在于：在操作上简便易行，不要求过多的立法技术；在程序上不用经过立法机关二次立法，一般可以使条约在国内得到快捷适用；在内容上保持了条约原貌，避免在履行条约中“打折扣”的现象，能使条约规定得到全面执行。但不利之处是：在法律体系不完善的情况下直接适用条约，有可能导致政府行政权力的过度膨胀而造成国家政治体制与结构的失衡。② 此外，不少国际条约原则性太强，或是内容太过抽象，或是规定不明确而缺乏可操作性，因而不能直接适用。

---

① 参见王勇：《条约在中国适用之基本理论问题研究》，北京大学出版社 2007 年版，第 140 页。

② 参见梁西：《国际法》，武汉大学出版社 1993 年版，第 40 页，转引自王勇：《条约在中国适用之基本理论问题研究》，北京大学出版社 2007 年版，第 139 页。

间接适用的优点是：可以充分考虑国内现有的法律制度，并使履约立法与国内现有的法律制度很好地衔接起来。另一方面，有利于维护立法权的统一，避免政府充当“隐性”立法者的角色。但其不利之处在于：由于条约数量的激增和内容的繁杂，采用间接适用方式必然增加国内立法的强度和难度。履约立法的不及时，可能会造成条约实际上的执行不能，使条约处于搁置状态。履约立法的不全面，可能会造成条约执行不彻底。

二、自动执行条约和非自动执行条约

在解决条约能否直接适用的问题时，许多国家都把条约区分为自动执行的条约和非自动执行的条约，以作为条约能否直接适用的标准。自动执行的条约，是指条约经国内接受后，无须再用国内立法予以补充规定，即应由国内司法或行政机关予以直接援引的那类条约。非自动执行的条约，是指条约经国内接受后，尚须再由国内制定实施立法，才能由国内司法或行政机关予以适用的那类条约。

将条约区分为自动执行条约与非自动执行条约，是国家在执行条约时为了解决条约对私人或法人的法律效力问题而创造的两种分类方法，因为在传统理念上，条约是调整国家之间关系的规范，国家内的私人或法人权利只能受其所在国法律的拘束，而不能由条约直接创设。

李浩培先生曾经就区别这两类条约的理由作过精辟分析：第一，有些条约明文规定缔约国须以立法予以执行，在这种情况下，缔约国以补充立法执行该条约，是它从条约本身承担的义务。第二，有些条约，例如同盟条约，是政治性的，这些条约所规定的权利和义务，原则上只涉及缔约国政府本身，而与自然人和法人无关，所以把这类条约的效力扩及自然人和法人，就需要另以补充立法予以规定。第三，有些条约的规定只是大纲性的，不够详细和精密，所以也须以立法作补充规定。第四，有些条约所用的语文不是本国语文，还须译成本国语文，并以法律予以公布。[①]

自动执行条约与非自动执行条约的分类方法起源于美国。1829年，美国最高法院法官马歇尔在“福斯特诉尼尔森案”的判决中，首次提出了这两个概念。[②] 然而，作为一项判例法制度，区别“自动执行条约”和“非自动执行条约”的具体标准并不统一和明确，从而导致其成为美国法律实务界和理论界长期争论的问题。[③] 按照美国的早期判例，法院要根据缔约方的“共同意图”来判断该条约是否“本身就能适用”。如果根据缔约方的共同意图，该条约需要国内立法执行，那么该条约就不能在美国法院被个人援引。在美国法院后来审理的个人援引条约来主张权利的案件中，“条约本身就能适用”的标准得到了进一步阐释。这些标准包括：“合宪性”标准、“可司法性”标准、“个人诉权”标准和“单边意图”标准。这些标准与美国早期判例相比，发生了很大变化。[④]

“可司法性”标准，是指当条约所规定的义务的性质属于可由法院审理的问题时，该条约就在司法上可以实施，从而具有可司法性，该条约就属于自执行条约。在实践中，“恳求式”或“劝告

① 参见李浩培：《条约法概论》，法律出版社2003年版，第319页。

② 马歇尔法官在该案的判决中指出：“条约按其本质是两个国家之间的契约，而不是立法行为……在美国，确立了一个不同的原则。我们的宪法把条约宣告为国家的法律。因此，当条约无须任何立法规定的协助力而自动施行时，在法院中应把它认为是立法行为的等同物。但是，当条约规定的文字意含一个契约，当缔约任何一方承诺履行一个特定行为时，该条约是针对政治部门而不是司法部门的；在该条约能成为对法院来说是一个法律规定以前，必须先由立法机关执行该条约。”《彼得斯美国最高法院判决录》第2册，第253、314页，转引自李浩培：《条约法概论》，法律出版社2003年版，第319页。

③ 参见陈卫东：《论美国对自动执行条约与非自动执行条约的区别》，载《法学评论》2009年第2期。

④ 参见陈卫东：《论美国对自动执行条约与非自动执行条约的区别》，载《法学评论》2009年第2期。

性”条款和“条约义务不确定”① 条款都被认定为不具有可司法性。②

“个人诉权”标准，是指只有当条约明确授权个人可以援引条约启动一项司法程序时，该条约才属于自执行条约。运用这一方法的典型案例是1984年哥伦比亚特区巡回上诉法院审理的“特尔一奥伦诉利比亚阿拉伯共和国案”。该案原告直接援引《联合国宪章》等国际条约，要求被告对其在以色列实施的恐怖主义行为给原告所造成的人身损害进行赔偿。该案的主审法官之一伯克法官在其附随意见中认为：“尽管美国的条约是全国的法律，但是通常不会创设个人可在法院实施的权利。在缺乏授权立法的情况下，只有当条约明示或暗示提供一项个人诉权时，个人才能提请法院实施一项条约条款。”③ 这一意见成为后来法院判断是否自执行条约的一项标准。

“单边意图”标准，是指美国后期的司法实践否定了“福克斯案”所确立的以缔约方的共同意图来判断自执行条约的标准，而改之以美国的单边意图，特别是总统在批准条约时的意图，或者参议院在咨询或同意时的意图，甚至是行政部门的意图来判断是否需要国内立法执行条约。《美国对外关系法重述（第三次）》称：“在没有具体协议的情况下，通常是由美国来决定它将如何履行其国际义务。”④ 近20年来，美国在批准相关人权条约（如《公民权利和

① 这类条约条款被认定为非自动执行的具体理由包括：该条约对司法实施来说太含糊、未能提供具体的标准、其措词过于广泛和一般性等。

② 参见陈卫东：《论美国对自动执行条约与非自动执行条约的区别》，载《法学评论》2009年第2期。

③ Tel - Oren v. L ibyan Arab Republic, 726 F. 2d 774, (D. C. Cir. 1984) (Bork Judge, concurring), at 808, 转引自陈卫东：《论美国对自动执行条约与非自动执行条约的区别》，载《法学评论》2009年第2期。

④ Restatement (Third) of the Foreign Relations law of the United States (1987), §111, 转引自陈卫东：《论美国对自动执行条约与非自动执行条约的区别》，载《法学评论》2009年第2期。

政治权利国际公约》）时常常单方面发表声明，宣称人权条约的实质性条款是非自动执行的，从而使人权条约在其国内得不到自动执行。[①]

除了美国之外，相当多的国家存在着区分自动执行与非自动执行条约的制度，例如，荷兰、法国、德国、瑞士、墨西哥等国家。

三、履约立法与“转化”立法的区别

履约立法是条约间接适用时所需要的国内立法，“转化”立法是条约被接受为国内法时的一种接受方式，它们是两个概念，应予区分。“转化”立法属于条约的接受问题，是条约在国内适用的第一步，其解决的是条约在国内法上的效力问题；履约立法是条约在国内适用的第二步，解决的是条约能否在国内得到有效贯彻落实的问题。

即使在国际法学界，对这个问题的认识也比较混乱，不少著述都把条约在我国的适用方式混同于条约在我国国内法上的接受方式，其最典型的表述是：“转化”就是“直接适用”，而“纳入”就是间接适用。[②] 由此带来的后果是，把条约在国内的适用问题搅成一池浑水，给人“剪不断，理还乱”的感觉。

在条约采用“纳入”式被接受为国内法后，其后为履行条约义务而进行的国内立法，其实质是为了履约，为了执行条约，而不是为了赋予条约国内法上的效力。所以，这时的立法准确来讲，应称为“执行立法”、“实施立法”、“履约立法”、“补充立法”等，而不应称之为“转化立法”。否则，容易给人以误导，也容易与条约接受上的“转化”相混淆。

---

① 参见陈卫东：《论美国对自动执行条约与非自动执行条约的区别》，载《法学评论》2009 年第 2 期。

② 王勇博士详细列举了这类错误用法，参见王勇：《条约在中国适用之基本理论问题研究》，北京大学出版社 2007 年版，第 142 页。

四、缔约国适用条约的自主性原则及其限制

缔约国采取何种方式适用条约，是一国履行条约义务的一种方式。从本质上讲，它属于缔约国国内法上的问题。判断条约能否在国内得到直接适用，主要依据缔约国的国内法，而不是条约本身的规定。在区分自动执行与非自动执行条约的国家，判断条约是否可以自动执行时，往往要根据条约本身的规定，并结合其他要素，作出决定。但这并不意味着，条约能否直接适用主要依据条约本身的规定。从国际法层面的要求来看，条约能够在国内得到直接并优先的适用，是条约适用的最佳方式，最有利于贯彻条约规定。但从国内法的规定来看，几乎没有一个国家承认所有的条约都具有直接适用性。某一条约不能被直接适用并不意味着缔约国可以拒绝履行条约义务，更不因此而丧失其在国内法上的法律效力。条约无论以直接方式适用还是以间接方式适用，只是履约方式上的差别而已，并不影响条约义务的履行。正如联合国毒品与犯罪办公室在《反恐立法指导》中指出的，“每一个缔约国都有权采用它认为最适合的方式实施国际公约。没有唯一正确的方法。对于每一个缔约国来说，它都有权选择最适合其需要并与其国内法律制度最相匹配的方法。”①

但从各国适用条约的历史来看，有些国家直接适用条约并不依赖于国内法，美国早期的条约实践就是如此。

“条约必须信守的原则”和《维也纳条约法公约》第 27 条“当事国不得援引其国内法规定作为理由而不履行条约”的规定，都对缔约国适用条约的自主性予以了限制。各国不得滥用其自主适用条约的权力以违反善意履行条约的义务，否则就会因违反条约而承担国际责任。

---

① United Nations Office on Drugs and Crime, Guide for the Legislative Incorporation and Implementation of the Universal anti – Terrorism Instruments (2006), p. 6.

当由于政治因素影响到条约义务的履行时，司法机关和行政机关适用条约的自由性选择就只能是“是否执行条约”而非“怎样适用条约”。

为遵守条约规定，履行条约义务，各国司法和行政机关通常用“解释一致”的原则来解决条约与国内法的冲突，以保证条约在国内适用过程中的贯彻实施。

五、直接适用条款与间接适用条款

条约的可适用性或可援引性，往往表现为条款的可适用性，因为即使在同一个条约里，通常也只有部分条款具有可适用性。判断条款是否具有可适用性的标准，除了政治或者政策的因素、国内法律规定、对国家主权的认识和对外关系等因素以外，还可以从技术因素看条约的内容和语言等是否适于直接适用，是否具有直接适用的法律属性。

将条约区分为自动执行条约与非自动执行条约，其目的是为了解决条约对私人或法人是否具有直接效力或条约是否能被私人或法人在行政机关或司法机关直接援引；而鉴别条款是否具有可直接适用性，主要是为了明确缔约国是否有直接适用条约的义务。在刑事条约中，为了满足罪刑法定的明确性要求，有许多条款内容明确、具有可操作性、明确规定了缔约国必须履行的义务，这样的条款就具有直接适用力，可以在缔约国直接适用，并且按照条约要求，应当由缔约国直接适用。

直接适用条款，是指明确规定了缔约国的强制执行义务，且内容明确具体，具有可操作性，应当由司法机关或行政机关直接适用的条款。间接适用条款，是指没有规定缔约国的强制执行义务，或者内容不明确，不具有可操作性，不是必须由缔约国司法机关或行政机关直接适用的条款。

在一定程度上，条款是否可以直接适用与缔约国是否以直接适用的方式适用条约并无必然联系。直接适用条款虽然要求缔约国直接适用，但有的国家国内法规定必须要经过补充立法才能适用，从而该条款在该国只能得到间接适用；而有的公约要求立法执行的条款，如果国内法允许，也能得到直接适用。比如，国际公约中的管辖权条款，一般都要求缔约国采取必要法律措施以确立公约规定的管辖权。这样的条款显然属于间接适用条款，但在我国，刑法第9条却赋予我国司法机关直接适用公约规定确立我国刑事管辖权的权力，这样，管辖权条款就能在我国得到直接适用。这一点，本书将在下一节予以详细阐述。

下面以一个具体公约中的典型条款为例，单纯从技术因素角度，也即从条款的内容和语言上，说明在同一个条约中，哪些条款可以直接适用，哪些条款不能直接适用。

表四 1988年《联合国禁止非法贩运麻醉药品和精神药物公约》中的直接适用条款和间接适用条款

条款编号	条款内容	条款性质及说明
第3条犯罪和制裁第1款	1. 各缔约国应采取可能必要的措施将下列故意行为确定为其国内法中的刑事犯罪： (a)(一)违反《1961年公约》、经修正的《1961年公约》或《1971年公约》的各项规定，生产、制造、提炼、配制、提供、兜售、分销、出售、以任何条件交付、经纪、发送、过境发送、运输、进口或出口任何麻醉药品或精神药物……	间接适用 刑事定罪类条款一般都要求缔约国立法执行

（续表）

条款编号	条款内容	条款性质及说明
第3条第4款	4.（a）各缔约国应使按本条第1款确定的犯罪受到充分顾及这些罪行的严重性质的制裁，诸如监禁或以其他形式剥夺自由，罚款和没收。 （b）缔约国还可规定除进行定罪或惩罚外，对犯有按本条第1款确定的罪行的罪犯采取治疗、教育、善后护理、康复或回归社会等措施。 （c）尽管有以上各项规定，在性质轻微的适当案件中，缔约国可规定作为定罪或惩罚的替代办法，采取诸如教育、康复或回归社会等措施，如罪犯为嗜毒者，还可采取治疗或善后护理等措施。 （d）缔约国对于按本条第2款确定的犯罪，可以规定对罪犯采取治疗、教育、善后护理、康复或回归社会的措施，以作为定罪或惩罚的替代办法，或作为定罪或惩罚的补充	间接适用 刑事责任类条款因为顾及各国刑罚制度的不同，一般都是原则性的规定，尚需缔约国进一步具体化
第3条第6款	6. 缔约国为起诉犯有按本条确定的罪行的人而行使其国内法规定的法律裁量权时，应努力确保对这些罪行的执法措施取得最大成效，并适当考虑到需要对此种犯罪起到威慑作用	间接适用 该款属于原则性的建议性规定，不要求强制执行
第3条第8款	7. 缔约国应确保其法院或其他主管当局对于已判定犯有本条第1款所列罪行的人，在考虑其将来可能的早释或假释时，顾及这种罪行的严重性质和本条第5款所列的情况	间接适用 该款属于建议性规定，是国内立法时需要考虑采纳的建议

（续表）

条款编号	条款内容	条款性质及说明
第4条管辖权第1款	1. 各缔约国： （a）在遇到下述情况时，应采取可能必要的措施，对其按第3条第1款确定的犯罪，确立本国的管辖权： （一）犯罪发生在其领土内； （二）犯罪发生在犯罪时悬挂其国旗的船只或按其法律注册的飞行器上	间接适用 可能必要的措施，包括立法执行的情形
第5条第1款	1. 各缔约国应制定可能必要的措施以便能够没收： （a）从按第3条第1款确定的犯罪中得来的收益或价值相当于此种收益的财产； （b）已经或意图以任何方式用于按第3条第1款确定的犯罪的麻醉药品和精神药物、材料和设备或其他工具	间接适用 可能必要的措施，包括立法执行的情形
第5条第2款	2. 各缔约国还应制定可能必要的措施，使其主管当局得以识别、追查和冻结或扣押本条第1款所述的收益、财产、工具或任何其他物品，以便最终予以没收	间接适用 可能必要的措施，包括立法执行的情形
第5条第3款	3. 为执行本条所述的措施，各缔约国应授权其法院或其他主管当局下令提供或扣押银行记录、财务记录或商业记录。任一缔约国不得以保守银行秘密为由拒绝按照本款的规定采取行动	直接适用 必须履行的义务

（续表）

条款编号	条款内容	条款性质及说明
第5条第4款	4.（a）在接到对按第3条第1款确定的某项犯罪拥有管辖权的另一缔约国依本条规定提出的请求后，本条第1款所述收益、财产、工具或任何其他物品在其领土内的缔约国应： （一）将该项请求提交其主管当局，以便取得没收令，如此项命令已经发出，则应予以执行；或 （二）将请求国按本条第1款规定对存在于被请求国领土内的第1款所述收益、财产、工具或任何其他物品发出的没收令提交其主管当局，以便在请求的范围内予以执行	间接适用 涉及个人财产权的措施，只能依据各国国内法的规定处置
	（c）被请求国按本款（a）项和（b）项规定作出决定或采取行动，均应符合并遵守其国内法的规定及其程序规则或可能约束其与请求国关系的任何双边或多边条约、协定或安排	在依据前款规定行动时，要受国内法的约束，如果国内法不配套，也会因而被搁置，得不到适用

（续表）

条款编号	条款内容	条款性质及说明
第5条第4款	(d) 第7条第6至19款的规定可以比照适用。除第7条第10款所列情况外，按本条规定提出的请求书还应包含以下各项： (一) 如系按 (a) 项 (一) 目提出的请求，须附有足够的对拟予没收的财产的说明和请求国所依据的事实的陈述，以便被请求国能够根据其国内法取得没收令； (二) 如系按 (a) 项 (二) 目提出的请求，须附有该请求所依据的、由请求国发出的、法律上可接受的没收令副本，事实的陈述，和关于请求执行该没收令的范围的说明； (三) 如系按 (b) 项提出的请求，须附有请求国所依据的事实的陈述和对所请求采取的行动的说明。 (e) 各缔约国应向秘书长提供本国有关实施本款的任何法律和条例的文本以及这些法律和条例此后的任何修改文本	直接适用 本条款明确具体，且属于必须履行的条约规定
	(f) 如某一缔约国要求采取本款 (a) 项和 (b) 项所述措施必须以存在一项有关的条约为条件，则该缔约国应将本公约视为必要而充分的条约依据	直接适用 应直接适用本公约开展没收事宜
第5条第5款	5. (a) 缔约国按照本条第1款或第4款的规定所没收的收益或财产，应由该缔约国按照其国内法和行政程序加以处理	间接适用 没收因涉及个人财产权，应依国内法程序进行

（续表）

条款编号	条款内容	条款性质及说明
第5条第7款	7. 各缔约国可考虑确保关于指称的收益或应予没收的其他财产的合法来源的举证责任可予颠倒，但这种行动应符合其国内法的原则和司法及其他程序的性质	间接适用 建议性的，并应符合国内法规定
第5条第8款	8. 本条各项规定不得解释为损害善意第三方的权利	直接适用
第6条第1款	1. 本条应适用于缔约国按照第3条第1款所确定的犯罪	直接适用
第6条第2款	2. 本条适用的各项犯罪均应视为缔约国之间现行的任何引渡条约应予包括的可引渡的犯罪。各缔约国承诺将此种犯罪作为可予引渡的犯罪列入它们之间将要缔结的每一引渡条约之中	直接适用 即使现行引渡条约中没有规定本条适用的各项犯罪，也应视为可引渡之罪
第6条第3款	3. 如某一缔约国要求引渡须以存在有一项条约为条件，在接到与之未订有引渡条约的另一缔约国的引渡请求时，它可将本公约视为就本条适用的任何犯罪进行引渡的法律依据。缔约国若需具体立法才能将本公约当作引渡的法律依据，则应考虑制定可能必要的立法	间接适用 缔约国是否以公约为引渡依据，由缔约国自行决定。最后一句明确规定，应考虑制定必要的立法

（续表）

条款编号	条款内容	条款性质及说明
第6条第4款	4. 不以存在一项条约为引渡条件的缔约国应承认本条所适用的犯罪为其相互间可予引渡的犯罪	直接适用 如果缔约国国内法没有将公约规定的罪行规定为可引渡之罪，则可直接以公约为依据，视为符合双重犯罪原则
第6条第5款	5. 引渡应遵守被请求国法律或适用的引渡条约所规定的条件，包括被请求国可据以拒绝引渡的理由	直接适用
第6条第6款	6. 被请求国在考虑根据本条提出的请求时，如果有充分理由使其司法或其他主管当局认为按该请求行事就会便利对任何人因其种族、宗教、国籍或政治观点进行起诉或惩罚，或使受该请求影响的任何人由于上述任一原因而遭受损害，则可拒绝按该请求行事	间接适用 是否拒绝，由被请求国自行决定，不是强制执行
第6条第7款	7. 对于本条所适用的任何犯罪，缔约国应努力加快引渡程序并简化对有关证据的要求	直接适用

（续表）

条款编号	条款内容	条款性质及说明
第6条第8款	8. 被请求国在不违背其国内法及其引渡条约各项规定的前提下，可在认定情况必要且紧迫时，应请求国的请求，将被要求引渡且在其领土上的人予以拘留，或采取其他适当措施，以确保该人在进行引渡程序时在场	间接适用 被请求国是否采取相应措施，要依据国内法决定
第6条第9款	9. 在不影响行使按照其国内法确立的任何刑事管辖权的情况下，在其领土内发现被指控的犯罪的缔约国， （a）如果基于第4条第2款（a）项所列理由不引渡犯有按第3条第1款确定的罪行的人，则应将此案提交其主管当局以便起诉，除非与请求国另有协议； （b）如果不引渡犯有此种罪行的人并按第4条第2款（b）项规定对此种犯罪确立其管辖权，则应将此案提交其主管当局以便起诉，除非请求国为保留其合法管辖权而另有请求	直接适用 “不引渡就提交主管当局”的义务是强制性的，缔约国必须执行
第6条第10款	10. 为执行一项刑罚而要求的引渡，如果由于所要引渡的人为被请求国的国民而遭到拒绝，被请求国应在其法律允许并且符合该法律的要求的情况下，根据请求国的申请，考虑执行按请求国法律判处的该项刑罚或未满的刑期	间接适用 该款要求符合被请求国的法律规定，并且是非强制性的
第6条第11款	11. 各缔约国应谋求缔结双边和多边协定以执行引渡或加强引渡的有效性	间接适用 非强制性的

（续表）

条款编号	条款内容	条款性质及说明
第6条第12款	12. 缔约国可考虑订立双边或多边协定，不论是特别的或一般的协定，将由于犯有本条适用的罪行而被判处监禁或以其他形式剥夺自由的人移交其本国，使他们可在那里服满其刑期	间接适用 非强制性的
第7条相互法律协助	1. 缔约国应遵照本条规定，在对于按第3条第1款所确定的刑事犯罪进行的调查、起诉和司法程序中相互提供最广泛的法律协助	直接适用 是缔约国必须履行的义务
第7条第2款	2. 按照本条规定，可为下列任何目的提出相互法律协助的请求： (a) 获取证据或个人证词； (b) 送达司法文件； (c) 执行搜查及扣押； (d) 检查物品和现场； (e) 提供情报和证物； (f) 提供有关文件及记录的原件或经证明的副本，其中包括银行、财务、公司或营业记录； (g) 识别或追查收益、财产、工具或其他物品，以作为证据	直接适用 虽为非强制性的，但内容具体可直接引用
第7条第3款	3. 缔约国可相互提供被请求国国内法所允许的任何其他形式的相互法律协助	间接适用 非强制性的，由缔约国自行决定
第7条第4款	4. 缔约国应根据请求，在符合其国内法律和实践的范围内，便利或鼓励那些同意协助调查或参与诉讼的人员，包括在押人员，出庭或在场	间接适用 要求符合国内法律

（续表）

条款编号	条款内容	条款性质及说明
第7条第5款	5. 缔约国不得以保守银行秘密为由拒绝提供本条规定的相互法律协助	直接适用
第7条第6款	6. 本条各项规定不得影响依任何其他全部或局部规范或将规范相互刑事法律协助问题的双边或多边条约所承担的义务	直接适用
第7条第7款	7. 本条第8至19款应适用于有关缔约国不受一项相互法律协助条约约束时根据本条规定提出的请求。如果上述缔约国受此类条约约束，则该条约相应条款应予适用，除非缔约国同意适用本条第8至19款以取代之	直接适用
第7条第8款	8. 缔约国应指定一个当局或在必要时指定若干当局，使之负责和有权执行关于相互法律协助的请求或将该请求转交主管当局加以执行。应将为此目的指定的当局通知秘书长。相互法律协助请求的传递以及与此有关的任何联系均应通过缔约国指定的当局进行；这一要求不得损害缔约国要求通过外交渠道以及在紧急和可能的情况下，经有关缔约国同意，通过国际刑警组织渠道传递这种请求和进行这种联系的权利	直接适用
第7条第9款	9. 请求应以被请求国能接受的语文书面提出。各缔约国所能接受的语文应通知秘书长。在紧急情况下，如有关缔约国同意，这种请求可以口头方式提出，但应尽快加以书面确认	直接适用

（续表）

条款编号	条款内容	条款性质及说明
第7条第10款	10. 相互法律协助的请求书应载有： （a）提出请求的当局的身份； （b）请求所涉的调查、起诉或诉讼的事由和性质，以及进行此项调 查、起诉或诉讼的当局的名称和职能； （c）有关事实的概述，但为送达司法文件提出的请求除外； （d）对请求协助的事项和请求国希望遵循的特殊程序细节的说明；（e）可能时，任何有关人员的身份、所在地和国籍； （f）索取证据、情报或要求采取行动的目的	直接适用
第7条第11款	11. 被请求国可要求提供补充情报，如果这种情报系按照其国内法执行该请求所必需或有助于执行该请求	直接适用 内容明确
第7条第12款	12. 请求应根据被请求国的国内法予以执行。在不违反被请求国国内法的情况下，如有可能，还应遵循请求书中列明的程序	直接适用
第7条第13款	13. 请求国如事先未经被请求国同意，不得将被请求国提供的情报或证据转交或用于请求书所述以外的调查、起诉或诉讼	直接适用
第7条第14款	14. 请求国可要求被请求国，除非为执行请求所必需，应对请求一事及其内容保密。如果被请求国不能遵守这一保密要求，它应立即通知请求国	直接适用 内容明确

（续表）

条款编号	条款内容	条款性质及说明
第7条第15款	15. 在下列情况下可拒绝提供相互法律协助： (a) 请求未按本条规定提出； (b) 被请求国认为执行请求可能损害其主权、安全、公共秩序或其他基本利益； (c) 若被请求国当局依其管辖权对任何类似犯罪进行调查、起诉或诉讼时，其国内法禁止执行对此类犯罪采取被请求的行动； (d) 同意此项请求将违反被请求国关于相互法律协助的法律制度	直接适用 内容明确
第7条第16款	16. 拒绝相互协助时，应说明理由	直接适用
第7条第17款	17. 相互法律协助可因与正在进行的调查、起诉或诉讼发生冲突而暂缓进行。在此情况下，被请求国应与请求国磋商，以决定是否可按被请求国认为必要的条件提供协助	直接适用
第7条第18款	18. 同意到请求国就一项诉讼作证或对一项调查、起诉或司法程序提供协助的证人、专家或其他人员，不应由于其离开被请求国领土之前的行为、不行为或定罪而在请求国领土内受到起诉、拘禁、惩罚或对其人身自由施加任何其他限制。如该证人或专家或个人已得到正式通知，司法当局不再需要其到场，自通知之日起连续十五天或在缔约国所议定的任何期限内有机会离开，但仍自愿留在该国境内，或在离境后又出于自己的意愿返回，则此项安全保障即予停止	直接适用

（续表）

条款编号	条款内容	条款性质及说明
第7条第19款	19. 执行请求的一般费用应由被请求国承担，除非有关缔约国另有协议。如执行该请求需支付巨额或特殊性质的费用，有关缔约国应相互协商，以确定执行该请求的条件以及承担费用的办法	直接适用
第7条第20款	20. 缔约国应视需要考虑缔结旨在实现本条目的、具体实施或加强本条规定的双边或多边协定或安排的可能性	间接适用 非强制性的，由缔约国视需要决定
第8条移交诉讼	缔约国应考虑对于按第3条第1款确定的犯罪的刑事起诉相互移交诉讼的可能性，如果此种移交被认为有利于适当的司法处置	间接适用 非强制性的，是否移交诉讼，由缔约国自行决定
第11条控制下交付	1. 在其国内法律制度基本原则允许的情况下，缔约国应在可能的范围内采取必要措施，根据相互达成的协定或安排，在国际一级适当使用控制下交付，以便查明涉及按第3条第1款确定的犯罪的人，并对之采取法律行动。 2. 使用控制下交付的决定应在逐案基础上作出，并可在必要时考虑财务安排和关于由有关缔约国行使管辖权的谅解。 3. 在有关缔约国同意下，可以拦截已同意对之实行控制下交付的非法交运货物，并允许将麻醉药品或精神药物原封不动地继续运送或在将其完全或部分取出或替代后继续运送	间接适用 缔约国是否采取控制下交付，取决于其国内法律制度基本原则的允许程度，而非公约要求的必须履行的义务

第二节 国际刑事条约在我国的适用方式概述

一、国际条约在我国的适用方式

我国以何种方式适用国际条约，是我国在本国国内履行条约义务的一种方式。从本质上讲，它属于我国国内法上的问题。国际法一般只管条约义务是否得到履行，而不问通过什么方式得到履行。条约能否在国内得到直接适用，主要依据的是国内法的规定。

关于条约适用的方式，我国宪法没有明文规定。但这并不意味着，条约的适用问题在我国没有得到解决。对我国这样一个签约大国来说，无论在立法、司法还是行政界，我国都有着丰富的适用条约的实践。

我国有大量关于条约适用的法律法规、司法解释、司法性文件和行政规范性文件。据学者统计，从1978年底到2004年12月9日，我国共有87部法律法规的132个条款有适用条约的规定，最高人民法院的司法解释共有37个涉及如何在国内适用条约。① 此外，司法机关和行政机关还通过发布司法性文件和行政规范性文件的形式来指导条约的适用。

总体来看，在我国，既存在条约直接适用的情形，也存在条约间接适用的情形，其中又以直接适用方式为主；在个别情况下，还存在着直接适用与间接适用并存的混合适用方式。

（一）我国关于条约直接适用的一般规定和实践

1. 我国立法中的条约“直接适用条款”

我国宪法没有对条约在国内的适用问题作出规定，但《民法通则》、《民事诉讼法》、《刑法》、《刑事诉讼法》、《引渡法》，以

---

① 参见王勇：《条约在中国适用之基本理论问题研究》，北京大学出版社2007年版，第90页。

及大量的单行民事法律、个别单行刑事法律和一部分行政管理法律均规定或包含了直接适用国际条约的条款。这些条款有定式化的表达方式，可以形象地称之为我国的“直接适用条款”。

据统计，从1978年12月31日到2004年12月9日，我国共有“直接适用条款”117个，包含在79部法律法规中，约占适用条约条款总数的89%。[①] 这些条款具体可分为以下四种类型：

（1）当国内法与国际条约规定不一致或条约另有规定时，适用条约规定，但我国声明保留的条款除外。这种表达方式明为解决条约与国内法的冲突，但事实上隐含了一个前提，那就是条约在我国是直接适用的。因为如果条约不是直接适用的，又何谈条约的优先适用呢？这种立法模式一步解决了条约的接受方式、适用方式、条约与国内法冲突时何者优先适用等三个问题，一次性地表明三层含义：这些条约已经采纳为中国法的一部分，它们可以被直接适用，它们与国内法冲突时优先适用。[②] 这种类型的条款存在于32部法律法规共计33个条款。例如，《民法通则》第142条第2款规定，我国缔结或参加的国际条约同我国民事法律有不同规定的，适用国际条约的规定，但我国声明保留的条款除外。《民事诉讼法》第236条规定：“中华人民共和国缔结或者参加的国际条约同本法有不同规定的，适用该国际条约的规定，但中华人民共和国声明保留的条款除外。”《涉外经济合同法》第6条、《民用航空法》第184条、《票据法》第95条、《海商法》第268条、《环境保护法》第46条都有相同规定。此外，一些行政管理法律也有相同规定，例如，《税收征收管理法》第91条规定，我国同外国缔结的有关税收的条约、协定同本法有不同规定的，依照条约、协定的规定办理。

---

① 此处及以下四种类型中的统计数字详见王勇：《条约在中国适用之基本理论问题研究》，北京大学出版社2007年版，第90、146～152页。

② 参见左海聪：《直接适用条约问题研究》，载《法学研究》2008年第3期。

（2）规定在相关事项上直接适用条约。这种类型的条款存在于53部法律法规共计67个条款。例如，《刑事诉讼法》第17条规定："根据中华人民共和国缔结或者参加的国际条约，或者按照互惠原则，我国司法机关和外国司法机关可以相互请求刑事司法协助。"《民事诉讼法》第245条第1项规定，人民法院对在中华人民共和国领域内没有住所的当事人送达诉讼文书，可以依照受送达人所在国与中华人民共和国缔结或者共同参加的国际条约中规定的方式送达。

（3）在相关事项上，国内法没有规定的，才适用条约规定。这种类型的条款存在于7部法律法规共计9个。例如，《对外贸易法》第16条在前10项列举了种种需要限制或者禁止进出口的情形后，作为补充，在其第11项规定了根据我国缔结或者参加的国际条约、协定的规定，其他需要限制或者禁止进口或者出口的情形。《个人所得税法》第4条在前8项列举了免交个人所得税的种种情形后，在其第9项规定了"中国政府参加的国际公约、签订的协议中规定免税的所得"的情形。

（4）在相关事项上应遵守条约规定。这种类型的条款存在于3部法律共计3个。例如，《体育法》第9条规定，对外体育交往，遵守中华人民共和国缔结或者参加的国际条约。《红十字会法》第4条规定，中国红十字会遵守宪法和法律，遵循国际红十字和红新月运动确立的基本原则，依照中国参加的日内瓦公约及其附加议定书和中国红十字会章程，独立自主地开展工作。

2. 我国关于直接适用条约的司法解释和规范性文件

作为我国适用条约的主要机关，司法机关和行政机关都曾对条约在我国的直接适用作出过明确而具体的解释和指令。在宪法规定缺位的情况下，这些司法解释、司法性文件、行政规章和行政性规范文件，是我国司法机关和行政机关直接适用条约的具体依据。分析和了解这些文件，显然有助于更具体地认识我国适用条约的实践。

从1978年到2004年12月9日，我国共有37个司法解释涉及条约在国内的适用，其中，29个司法解释确立了条约在我国的可直接适用性，具体可分为两大类：第一类是一般性的司法解释，它对于条约的直接适用问题作出了一般性的规定。例如，1995年《关于处理涉外案件若干问题的规定》规定，处理涉外案件，在对等互惠原则的基础上，严格履行我国所承担的国际条约义务。这样的司法解释一共有9个。第二类是专门性司法解释，它对于具体适用某一类或是某一个特定条约作出了专门性的规定。例如，1987年《关于执行我国加入的〈承认及执行外国仲裁裁决的公约〉的通知》、1988年《关于执行中外司法协助协定的通知》。这样的司法解释共有21个。[①]

除了大量的司法解释，我国还有一些司法性文件也规定了条约的可直接适用性。例如，1994年最高人民法院办公厅《转发外交部条约法律司〈关于我与有关国家司法协助条约生效情况的通知〉的通知》，要求司法机关根据条约或协定的有关规定相互提供司法协助以及处理有关案件。

行政机关也曾通过发布行政规章和行政规范性文件的形式对条约在我国的直接适用发出过指令。例如，1980年国务院办公厅《关于我国加入海牙公约和蒙特利尔公约的通知》指出，“希望各地区、各有关部门认真执行上述国际公约的有关条款”，“如发生外国飞机被劫持在我国降落等有关涉外事件，应按我国法律，并结合上述三个公约的有关规定妥善处理。”1998年4月20日公安部发布了《公安机关办理刑事案件程序规定》，要求在办理外国人犯罪的案件和进行刑事司法协助时，首先要依据的是国际条约、协议或协定。

---

① 此处统计数字详见王勇：《条约在中国适用之基本理论问题研究》，北京大学出版社2007年版，第90、158～160页。据他的统计，专门性司法解释共有20个，笔者认为，还应加上1999年1月18日最高人民检察院《人民检察院刑事诉讼规则》。

3. 我国直接适用条约的司法和外交实践

在我国的司法实践中，民商事领域都曾有过直接适用条约的案例。在知识产权方面，有1995年北京市第一中级人民法院审理的“20世纪福克斯公司诉北京市文化艺术出版社音像大世界侵犯著作权纠纷案”；在民事合同纠纷方面，有1995年上海市静安区人民法院审理的“上海振华港口机械有限公司诉美国联合包裹运送服务公司国际航空货物运输合同标书快递延误赔偿纠纷案”；在海事、海商纠纷方面，有1988年天津海事法院审理的“中国船舶燃料供应公司天津分公司与香港大顺航运有限公司船舶碰撞损害赔偿纠纷案”；在申请承认和执行仲裁裁决方面，有1990年北京市中级人民法院审理的“诺宝克货运服务股份有限公司申请承认及执行伦敦海事仲裁员协会作出的海事仲裁裁决案”。

我国外交代表在联合国大会上，多次声明，条约在我国能够直接适用。1991年，我国外交代表张克宁在联合国大会社会、人道和文化委员会上发言重申，中国作为联合国《禁止酷刑公约》的缔约国，将忠实履行公约义务。他指出，按照中国法律，有关的国际条约一经中国政府批准或加入并对中国生效后，中国政府就承担了相应的义务，不再为此另行制定国内法。

4. 我国直接适用条约的几种情形

虽然我国宪法对条约适用没有明文规定，但无宪法规定并不等于适用无立法依据。我国近80部法律法规以及大量的司法解释、司法性文件和行政规范性文件均表明，在我国，条约是以直接适用为主的。

在我国，直接适用条约主要存在以下几种情形：

（1）条约与国内法在同一事项上规定不同的，才适用条约。这实际上主要解决了条约与国内法的冲突问题。

（2）在特定事项上直接适用条约。这种情形包含两层意思：一层意思是，国内法无规定，而在特定事项上直接适用条约规定。例如，我国刑事诉讼法没有规定刑事司法协助，我国也没有刑事司法协助法，依据刑事诉讼法第17条的规定，我国开展刑事司法协助，应依据国际条约，或者按照互惠原则进行。另一层意思是，如果在某一个特定事项上既有国内法，也有国际条约，应直接并优先适用条约规定，而不管国内法与条约是否冲突。

（3）国内法没有规定时，才直接适用条约规定。如果国内法有规定，应优先适用国内法的规定，即使该规定与条约不相一致；只有在国内法无规定时，才适用条约规定。这种做法，实际上违背了条约必须信守的原则。

在这三种情形中，前两种情形最具代表性和普遍性，第三种情形只出现在极个别的法律法规中，不具有普遍性和代表性。

（二）我国关于条约间接适用的规定和实践

目前，我国关于条约间接适用的法律法规和司法解释很少，据学者统计，只有14个。[①] 最高人民法院于2002年9月12日颁布的《关于审理国际贸易行政案件若干问题的规定》指出，人民法院审理国际贸易行政案件，应当依据中华人民共和国法律、行政法规以及地方立法机关在法定立法权限内制定的有关或者影响国际贸易的地方性法规。这可能是我国第一次将某类条约明确界定为非直接适用条约。[②]

我国间接适用条约的实践一般分为两种情形：一种是根据条约本身的要求制定新法或修改现有法律以间接适用条约；另一种是我国主动制定或修改国内法以间接适用条约。前者如我国在1980年批准了《联合国消除对妇女一切形式歧视公约》，该公约要求各缔约国根据本国情况制定相关法律以保障妇女权益，我国于1992年制定了《妇女权益保障法》，将条约内容纳入国内法。后者如我国

---

① 参见王勇：《条约在中国适用之基本理论问题研究》，北京大学出版社2007年版，第166页，但笔者不同意其将《全国人大常委会关于对中华人民共和国缔结或者参加的国际条约所规定的罪行行使刑事管辖权的决定》也归入间接适用的规定，具体理由见下文。

② 参见左海聪：《直接适用条约问题研究》，载《法学研究》2008年第3期。

在加入《保护工业产权巴黎公约》后，该公约与我国制定在前的《商标法》存在差异，为了全面履行公约义务，我国于1985年制定了《关于申请商标注册要求优先权的暂行规定》，于1993年对《商标法》作了修改。

间接适用方式不是我国适用条约的主要方式。

（三）条约在中国的“混合适用”方式

对个别条约，我国既允许直接适用，同时也允许间接适用，即存在着“混合”式的适用方式。例如，我国于1975年和1979年加入了《维也纳外交关系公约》和《维也纳领事关系公约》，在此后很长一段时间内，我国并没有将这两个公约的规定制定成相应的国内法，而是直接予以适用，在司法实践中，也有直接适用这两个公约的实例。后来全国人大常委会分别于1986年和1990年制定了《外交特权与豁免条例》和《领事特权与豁免条例》，将上述两个公约中有关特权与豁免的规定制定成国内法。但是，在这两个国内实施立法中，又都规定：“中国缔结的或者参加的条约另有规定的，按照条约的规定办理，但中国声明保留的条款除外。”这样，两个维也纳公约在我国国内法中的适用，就出现了直接适用和间接适用并存的情形。

这种适用模式非常少见。

二、国际刑事条约在我国的适用方式

目前，对国际刑事条约在我国能否得到直接适用，学者们看法

不一。[①] 不少学者认为，国际条约在民商事领域能够直接适用是毋

① 关于国际刑事条约能否在我国直接适用，主要有六种不同观点：

第一种观点认为，我国的现行立法、司法解释和司法实践都已表明，条约在我国具有直接适用性。在我国法院审理的涉外案件中，不乏直接适用条约的案例。这些案件不仅涉及民事、知识产权、海商事等方面，也涉及刑事方面。这种观点认为，我国所有的条约都是直接适用的，包括刑事条约。参见王铁崖：《国际法引论》，北京大学出版社1998年版，第210页；朱晓青：《〈公民权利与政治权利国际公约〉的实施机制》，载《法学研究》2000年第2期；李适时：《中国的立法、条约与国际法》，载中国国际法学会主编：《中国国际法年刊（1993年）》，中国对外翻译出版公司1994年版，第265页。

第二种观点认为，条约在我国国内直接适用的模式主要存在于民商事领域和行政诉讼领域，而对于其他性质的条约，基本上采取间接适用的方式。这种观点明确表示，刑事条约不能直接适用。参见李鸣：《从立法上考虑条约在我国的效力问题》，载《中外法学》2006年第3期。

第三种观点认为，关于我国所缔结或参加的国际条约在国内的适用问题，我国采取的是逐一立法的方式。也就是说，只有当我国的一项立法明确规定某项或某类条约可以在我国直接适用时，该项（类）条约才可以直接在我国适用；否则，只有通过制定国内法的方式，将条约内容转化为国内法。依此观点，刑事条约只有在国内法有明确规定的情况下，才可以直接适用，否则只能间接适用。参见车丕照：《论条约在我国的适用》，载《法学杂志》2005年第3期。

第四种观点认为，条约在中国国内是否可以直接适用没有得到明确解决，仍然有待宪法性法律加以规定。依此观点，刑事条约在我国的适用方式，究竟为何，还是一个没有明确的问题，宪法性法律一日不规定，该问题就一日不能解决。参见秦晓程：《条约的国内适用——中国国内法中的状况分析与思考》，载朱晓青、黄列主编：《国际条约与国内法的关系》，世界知识出版社2000年版，第157页。

第五种观点认为，中国履行条约的方式有三种：双边行政协定可以直接被行政机关适用、法律有明确规定时条约可以直接适用和间接适用条约。规定实体内容的条约一般只能间接适用。这种观点，实际上是赞同规定犯罪与刑罚的刑事条约只能间接适用。但因为多边国际刑事条约一般都属于实体与程序兼具的综合类条约，对于双边程序性刑事条约及程序性刑事条款如何在国内适用，该观点并没能回答。参见 Xue Hanqin and Jin Qian, International Treaties in the Chinese Domestic Legal System, 8 CHINESE J. INT'L L. 305 (2009)。

第六种观点来自国外，认为我国适用国际条约的方式比较复杂，有些条款是直接适用的，有些是间接适用的。See Duncan B. Hollis, Merritt R. Blakeslee & L. Benjamin Ederington eds., *National Treaty Law and Practice*, Martinus Nijhoff Publishers(2005), p.44.

以上观点，比较全面地反映了学术界对于国际刑事条约能否在我国得到直接适用的态度，可谓仁者见仁，智者见智。

庸置疑的，但其能否在我国刑事司法领域直接适用，则存在疑问甚至断然予以否定。笔者认为，国际刑事条约在我国的适用方式，既能够间接适用，也能够像其他类型的条约一样，得到直接适用。根据我国国内关于条约在刑事司法领域适用的规定，结合国际刑事条约本身的规定，多边国际刑事条约的部分条款能够在我国直接适用，除了因国内法不完善而导致事实上无法真正执行的少数条款外，双边国际刑事条约应该都能够在我国直接适用。我国的刑法、刑事诉讼法、引渡法、有关刑事诉讼的司法解释以及司法性文件和行政规范性文件都明确规定了在有关刑事事项上直接适用条约的规定。

（一）条约在我国刑事司法领域直接适用的规定

据笔者统计，从新中国成立至今，共有 18 部[①]法律法规、司法解释、司法性文件、行政规章和行政规范性文件涉及条约在刑事司法领域的适用，其中 17 部全部为直接适用条约的规定，据笔者初步统计，共有 59 个条款。

1. 条约在我国刑事司法领域直接适用的具体规定

（1）1987 年 6 月 23 日，全国人大常委会《关于对中华人民共和国缔结或者参加的国际条约所规定的罪行行使刑事管辖权的决定》（以下简称《决定》）

《决定》只有简单的一句话：“对于中华人民共和国缔结或者参加的国际条约所规定的罪行，中华人民共和国在所承担条约义务的范围内，行使刑事管辖权。”要准确理解该决定的含义，必须参照 1987 年 6 月 23 日国务院《关于提请作出〈中华人民共和国对于其缔结或者参加的国际条约所规定的罪行行使刑事管辖权的决定〉的议案》来理解。该议案指出，“近年来，我国已相继加入或批准了一些旨在加强国际合作，有效地防止和惩处恐怖主义行为的国际条约，如 1970 年的《关于制止非法劫持航空器的条约》、1971 年

① 为了全面说明问题，本统计数字包括已经失去法律效力的文件在内。

的《关于制止危害民用航空安全的非法行为的公约》等。现在，国务院又提请全国人大常委会审议决定加入《关于防止和惩处侵害应受国际保护人员包括外交代表的罪行的公约》。这类条约规定，各缔约国应将非法劫持航空器、危害民用航空安全、侵害应受国际保护人员等行为定为国内法上的罪行，予以惩处；有关缔约国应采取必要措施，对任何这类罪行确立管辖权，而不论罪犯是否其本国人、罪行是否发生于其国内。这一旨在对危害人类生命财产安全、损害国际关系的国际性犯罪行为确立普遍管辖权的条款，已成为有关国际条约的基本内容。我国已经加入或批准的这类条约，要求我们承担上述管辖义务；将要加入或批准的这类条约，也将要求我们承担相应管辖义务。特别是，对于在我境外针对其他国家应受条约保护的对象，犯有条约所规定的罪行之后，进入我境内的外国人，有义务行使刑事管辖权。据此，为使我国因加入或批准这类条约而承担的国际义务同国内法的规定有机地衔接起来，在我国现行刑法关于适用范围的有关规定未作调整之前，国务院认为，有必要提请全国人大常委会作出决定：中华人民共和国对于其缔结或者参加的国际条约所规定的犯罪行为，将视为国内法上的犯罪，在其承担条约义务的范围内，对上述犯罪行为行使刑事管辖权。”国务院的议案是在1985年苏联劫机事件后提出的。

结合国务院议案的提出理由，笔者认为该《决定》应包含两层含义：其一，赋予国内司法机关直接适用国际公约予以定罪的权力。对我国缔结或参加的国际条约所规定的犯罪行为，即使国内法上没有规定，我们也要担负起条约的义务，对这类犯罪行使管辖权，不能因国内法缺乏相应罪名而不行使管辖权。应将条约规定的罪行视为国内法上的罪行。这样，司法机关在审理国际公约规定的罪行时，就是在直接适用国际公约关于定罪的规定，而非国内法。其二，赋予国内司法机关直接适用国际公约规定的普遍管辖权对外国人在外国针对其他国家应受条约保护的对象实施犯罪后进入我国领域内的情形进行管辖。从国务院议案和全国人大常委会《决定》

所附的国际刑事公约的条款来看，这些公约都规定了对犯有公约规定罪行的罪犯的“不引渡就起诉”义务。而按照国内法起诉嫌犯的前提，必须是我国具有刑事管辖权。因为当时的旧刑法没有规定普遍管辖原则，所以当外国人在外国侵害他国利益或他国国民利益后进入我国领域的，我国不能依据国内法行使管辖权。《决定》就赋予国内机关直接适用条约中规定的普遍管辖权作为我国主张管辖权的依据。

基于以上分析，笔者认为，该《决定》在两项特定事项上赋予国内司法机关直接适用条约的权力：一是对国际条约规定的罪行，如果国内法没有规定，则可以直接援引条约来定罪；二是在国内法没有规定有限普遍管辖原则的情形下，可以直接适用国际公约来主张刑事管辖权。

（2）我国刑法第9条规定：“对于中华人民共和国缔结或者参加的国际条约所规定的罪行，中华人民共和国在所承担条约义务的范围内行使刑事管辖权的，适用本法。”

该条规定是在刑法修订时吸收了前述单行刑事法律而形成的，规定了我国可以直接依据国际条约确立刑事管辖权。但该条与前述《决定》不同的是，它只确立了能够依据国际条约确立刑事管辖权，而没有确立可以直接依据条约定罪。依据条约确立刑事管辖权后，定罪量刑要“适用本法”。

（3）我国刑事诉讼法第17条规定：“根据中华人民共和国缔结或者参加的国际条约，或者按照互惠原则，我国司法机关和外国司法机关可以相互请求刑事司法协助。”

该条规定非常明确，在开展司法协助时，直接适用条约规定。该条中的“司法协助”应作广义解释，即包括狭义的司法协助、引渡、被判刑人移管等在内。

（4）全国人大常委会2000年12月28日《中华人民共和国引渡法》共有3条涉及条约的适用问题，即第4条第2款，第49条和第54条。[①] 这三条规定，各有各的适用标准。第4条第2款规定的是，只有当条约与引渡法规定不同的，才直接适用条约规定。第49条规定的是，直接适用条约规定，只有当没有条约或条约没有规定时，才适用国内法。第54条规定的是，直接适用条约规定。

（5）全国人大常委会2006年10月31日通过的《中华人民共和国反洗钱法》第五章专章规定了“反洗钱国际合作”，其中第27条规定：“中华人民共和国根据缔结或者参加的国际条约，或者按照平等互惠原则，开展反洗钱国际合作。”第29条规定：“涉及追究洗钱犯罪的司法协助，由司法机关依照有关法律的规定办理。”根据该法规定，反洗钱的国际合作，可以直接依据国际条约进行，或者按照互惠原则进行。涉及追究洗钱犯罪的司法协助，根据我国刑事诉讼法第17条的规定，也可以直接依据国际条约进行，或者按照互惠原则进行。

（6）全国人大常委会2007年12月29日通过的《中华人民共和国禁毒法》第53条规定：“中华人民共和国根据缔结或者参加的国际条约或者按照对等原则，开展禁毒国际合作。”第55条规定：“涉及追究毒品犯罪的司法协助，由司法机关依照有关法律的规定办理。”根据该法规定，禁毒国际合作，可以直接依据国际条约进行，或者按照互惠原则进行。涉及追究毒品犯罪的司法协助，根据我国刑事诉讼法第17条的规定，也可直接依据国际条约进行，或者按照互惠原则进行。

（7）我国最高人民法院1998年6月29日《关于执行〈中华人民共和国刑事诉讼法〉若干问题的解释》在涉外刑事诉讼篇中，

---

① 其中，第4条第2款规定：“引渡条约对联系机关有特别规定的，依照条约规定。”第49条规定：“引渡、引渡过境或者采取强制措施的请求所需的文书、文件和材料，依照引渡条约的规定提出；没有引渡条约或者引渡条约没有规定的，可以参照本法第二章第二节、第四节和第七节的规定提出。”第54条规定：“办理引渡案件产生的费用，依照请求国和被请求国共同参加、签订的引渡条约或者协议办理。”

有7个条款涉及国际条约在我国刑事诉讼中的适用。[①] 这7个条款都明确规定了条约的直接适用，第329条更明确规定了只有在没有条约的情况下才适用国内法的规定，表明了条约优先适用的态度。

(8) 1999年1月18日最高人民检察院《人民检察院刑事诉讼规则》在第11章“刑事司法协助”中，用了15个条款规定了我

① 其第317条规定：“中华人民共和国缔结或参加的国际条约中有关于刑事诉讼程序具体规定的，适用该国际条约的规定，但是，我国声明保留的条款除外。”第325条规定：“根据中华人民共和国缔结或者参加的国际条约，或者按照对等互惠原则，我国法院和外国法院可以互相请求，代为一定的诉讼行为。外国法院请求的事项同中华人民共和国的主权、安全或者社会公共利益不相容以及违反中国法律的，应当予以驳回；不属于我国法院职权范围的，应当予以退回，并说明理由。”第326条规定，请求与我国签订司法协助协定的国家的法院代为一定诉讼行为的，必须由所在省、自治区、直辖市高级人民法院报经最高人民法院审查同意。与我国签订司法协助协定的国家的法院请求我国法院代为一定诉讼行为的，应当由最高人民法院审查后转达。第327条第4项规定，向在中华人民共和国领域外居住的当事人送达诉讼文书，采用下列方式：当事人所在国与我国有刑事司法协助协定的，按照协定规定的方式送达。第328条规定：“人民法院与我国建交国家的法院通过外交途径相互请求送达法律文书的，除该国同我国已有司法协助协定的依协定外，依据互惠原则办理。”第329条规定：“外国法院通过外交途径请求我国法院向我国公民以及在华的第三国当事人送达有关刑事法律文件，除有司法协助协定的外，按照下列程序处理……”第335条规定：“外国法院请求我国法院提供司法协助的请求书及所附文件，应当附有中文译本或者国际条约规定的其他文字文本。”

国在开展刑事司法协助时要直接适用国际条约。[①] 这些条款都规定了在开展刑事司法协助时，如果有我国缔结或者参加的国际条约的，要直接依据国际条约或协定的规定办理。

(9) 1998 年 4 月 20 日公安部《公安机关办理刑事案件程序规定》用 6 个条款规定了直接并优先适用条约的三种情形：办理外

① 例如，第 437 条规定："人民检察院进行司法协助，有我国参加或者缔结的国际条约规定的，适用该条约规定，但是我国声明保留的条款除外；无相应条约规定的，按照互惠原则通过外交途径办理。"第 452 条规定："最高人民检察院通过有关国际条约规定的联系途径或外交途径，接收外国提出的司法协助请求。"第 453 条规定："外国有关机关请求人民检察院提供司法协助的请求书及所附文件，应当附有中文译本或者国际条约规定的其他文字文本。"第 454 条规定："最高人民检察院收到缔约的外国一方提出的司法协助请求后，应当依据我国法律和有关司法协助条约进行审查。对符合条约规定并且所附材料齐全的，交由有关省、自治区、直辖市人民检察院办理或者指定有关人民检察院办理，或者交由其他有关最高主管机关指定有关机关办理。对不符合条约或者有关法律规定的，应当通过接收请求的途径退回请求方不予执行；对所附材料不齐全的，应当要求请求方予以补充。"第 456 条第 1 款规定："负责执行司法协助请求的人民检察院收到司法协助请求书和所附材料后，应即安排执行，并按条约规定的格式和语言文字将执行结果及有关材料报经省、自治区、直辖市人民检察院审查后，报送最高人民检察院。"第 459 条规定人民检察院向外国提出司法协助请求时，也要按有关条约提出，并由最高人民检察院依照有关条约进行审查。

国人犯罪案件、进行刑事司法协助案件和警务合作。①

（10）1987 年 8 月 27 日，最高人民法院、最高人民检察院、外交部、公安部、国家安全部、司法部联合发布的《关于处理涉外案件若干问题的规定》（以下简称 1987 年《规定》）第 1 条指出："当国内法以及某些内部规定同我国所承担的条约义务发生冲突时，应适用国际条约的有关规定。我国不能以国内法规定为由，拒绝履行所承担的国际条约规定的义务。"另有 4 个条款规定了直接适用条约处理通知外国使领馆问题、通知期限问题、对羁押人员的探视问题和司法协助问题。

这 5 个条款都是关于条约直接适用的规定。

（11）1995 年 6 月 20 日外交部、最高人民法院、最高人民检察院、公安部、安全部、司法部《关于处理涉外案件若干问题的规定》（以下简称 1995 年《规定》）废止了 1987 年《规定》，用 8 个条款规定了条约的直接适用。该规定第 1 条第 3 项规定："处理涉外案件，在对等互惠原则的基础上，严格履行我国所承担的国际

---

① 第 320 条规定："办理外国人犯罪案件，应当严格依照我国法律、法规、规章，以维护国家主权和利益，并在对等互惠原则的基础上，严格履行我国所承担的国际条约义务。当国内法或者规定同我国所承担的国际条约义务发生冲突时，应当适用国际条约的有关规定，但我国声明保留的条款除外。"第 339 条规定："公安机关进行刑事司法协助和警务合作，我国缔结或者参加的国际条约和公安部签订的合作协议有规定的，按照条约和协议的规定办理，但是我国声明保留的条款除外，无相应条约和协议规定的，按照互惠原则通过外交途径或国际刑事警察组织进行。"第 345 条规定："公安部通过有关国际条约或者协议规定的联系途径或者外交途径，接收或者向外国提出刑事司法协助或者警务合作请求。"第 346 条规定："公安部收到外国的刑事司法协助或者警务合作请求后，应当依据我国法律和有关司法协助条约、警务合作协议的规定进行审查。对符合条约、协议协定的，交有关省、自治区、直辖市公安机关办理，或者移交其他有关中央主管机关；对不符合条约或者协议规定的，不予执行，并通过接收请求的途径退回请求方。"第 349 条规定："地方公安机关需要请求外国警方提供刑事司法协助或者警务合作的，应当按照有关条约或者合作协议的规定提出刑事司法协助或者警务合作请求书，所附文件及相应译文，经省、自治区、直辖市公安机关审核后报送公安部审批。"第 351 条规定："公安机关提供或者请求外国提供刑事司法协助或者警务合作，应当收取或者支付费用的，根据有关国际条约或者合作协议的规定办理。"

条约义务。当国内法或者我内部规定同我国所承担的国际条约义务发生冲突时，应当适用国际条约的有关规定（我国声明保留的条款除外）。各主管部门不应当以国内法或者内部规定为由拒绝履行我国所承担的国际条约规定的义务。”其余 7 个条款都是规定直接适用条约的具体情形的，如通知问题、时限问题、探视问题、旁听问题、司法协助问题等。

1987 年《规定》只“处理外国人在华死亡以及被拘留、逮捕和关押期间的探视等问题”，是在局部范围内直接适用条约的规定，而 1995 年《规定》则明确规定，“本规定中‘涉外案件’是指在我国境内发生的涉及外国、外国人（自然人及法人）的刑事、民事经济、行政、治安等案件及死亡事件。”该决定将条约直接适用的原则扩大到整个涉外刑事案件。

（12）1992 年 4 月 23 日，外交部、最高人民法院、最高人民检察院、公安部、司法部印发的《关于办理引渡案件若干问题的规定》第 2 条第 2 款规定：“我国缔结或者参加的国际引渡条约或者载有引渡条款的其他国际条约同本规定有不同规定的，适用国际条约的规定，但是我国声明保留的条款除外。”第 4 条规定：“根据我国缔结或者参加的国际引渡条约或者载有引渡条款的其他国际条约，或者按照对等原则，我国可以与外国在引渡方面开展下列合作：……”第 10 条第 1 款规定：“我国缔结或者参加的国际条约就特定犯罪规定缔约国有‘或者引渡，或者起诉’义务的，如果我国对于被指控或者被判定有该项犯罪的人决定不予引渡，应当依照有关国际条约的规定，将该人移送有关司法机关追究其刑事责任。”

该规定是我国在引渡法颁布前为对外开展引渡合作以及签订引渡条约提供依据和基础的。在条约适用方面有三层意思：第一，当条约与本规定有冲突时，适用条约规定，但我国声明保留的除外。第二，我国与外国开展引渡合作，依据我国缔结或参加的国际引渡条约或者载有引渡条款的其他国际条约。第三，直接依据国际条约规定，履行“或者引渡或者起诉”义务。

需要注意的是，该规定已被2000年我国引渡法所取代，而上述规定都没有被引渡法所吸纳。

（13）最高人民法院1988年2月1日《关于执行中外司法协助协定的通知》是在《中国和波兰关于民事和刑事司法协助的决定》于1988年2月13日生效之前下发的，主要规定了双边司法协助条约的直接适用。①

（14）最高人民法院办公厅1994年5月10日《转发外交部条约法律司〈关于我与有关国家司法协助条约生效情况的通知〉的通知》中规定：“到目前为止，我国与下列九个国家缔结的司法协助条约或协定已经生效：……请在上述条约或协定的基础上，开展我国与这些国家在司法领域的合作，并根据条约或协定的有关规定相互提供司法协助以及处理有关案件。”

该通知也是针对双边司法协助条约的直接适用的。

（15）最高人民法院、外交部、司法部1992年6月11日《关于我国法院接受外国法院通过外交途径委托送达法律文书和调查取证收费的通知》第3条规定：“请求国与我国签订有双边条约或均是有关国际公约当事国的，根据条约或公约的规定办理。”

---

① 该通知的主要内容为：“为了正确地执行我国同外国缔结的司法协助协定，现作如下通知：一、凡缔约的外国一方通过我国司法部申请我国法院提供司法协助的请求文书和所附文件，我国司法部转递我院后，由我院审查送交有关高级人民法院指定有关中级人民法院或专门法院办理。承办法院必须严格按照与该国缔结的司法协助协定的内容认真负责办理。办完后，报经原高级人民法院审核后转报我院，由我院审核并译成外文，连同原文书一并送司法部，再由司法部转递提出申请的外国一方。二、我国法院需要缔约的外国一方的法院提供司法协助时，也必须按照与该国的司法协助协定的规定提出请求文书和所附文件，经所属高级人民法院审核后转报我院，由我院审核并译成外文，连同中文的请求文书和所附文件一并转司法部，由司法部转递缔约的外国一方。三、我国同尚未与我签订司法协助协定的国家如果相互需要司法协助，仍按我国民事诉讼法（试行）的有关规定以及1986年8月14日最高人民法院、外交部、司法部《关于我国法院和外国法院通过外交途径相互委托送达法律文书若干问题的通知》的规定执行。”

根据该通知规定，在司法协助中，不仅双边条约，多边公约也可以直接适用。

（16）国务院办公厅《关于我国加入海牙公约和蒙特利尔公约的通知》（1980年11月3日）中指出，我国已于1980年9月10日加入《关于制止非法劫持航空器的公约》、《关于制止危害民用航空安全的非法行为的公约》和《关于在航空器内的犯罪和其他某些行为的公约》。为了保证国际、国内民航班机的运输安全，有效地防止劫持飞机等犯罪行为发生，希望各地区、各有关部门认真执行上述国际公约有关条款的规定，如发生外国飞机被劫持在我国降落等有关涉外事件，应按我国法律，并结合上述三个公约的有关规定妥善处理。

该“通知”希望各地区、各部门认真执行这三个公约的有关条款，就是明确规定这三个公约能够被有关部门直接适用。但直接适用的范围只适用于被劫持的外国飞机在我国降落等有关涉外事件。但从最后一句话来看，该“通知”在国际公约与国内法的适用上态度比较含糊。在处理这样的涉外事件时，既要按照我国法律，也要结合这三个国际公约。没有明确谁优先适用的问题。

（17）2010年3月15日最高人民法院、最高人民检察院、公安部、司法部《关于依法惩治拐卖妇女儿童犯罪的意见》第34条规定：“要进一步加大对跨国、跨境拐卖妇女、儿童犯罪的打击力度。加强双边或者多边‘反拐’国际交流与合作，加强对被跨国、跨境拐卖的妇女、儿童的救助工作。依照我国缔结或者参加的国际条约的规定，积极行使所享有的权利，履行所承担的义务，及时请求或者提供各项司法协助，有效遏制跨国、跨境拐卖妇女、儿童犯罪。”该意见兼具司法解释和行政规章的性质，是我国依照国际条约处理涉外刑事案件的又一个依据。该意见属于在特别事项上适用条约的规定，即在遏制跨国、跨境拐卖妇女、儿童犯罪时，依照我国缔结或者参加的国际条约及时请求或者提供各项司法协助。

2. 条约在我国刑事司法领域直接适用的特点

从以上规定条约应当直接适用的国内规定来看，国际条约在我国刑事司法领域的直接适用具有以下特点：

（1）能够在我国直接适用的刑事条约的性质，既有实体性条款，也有程序性条款，但以程序性条款为主。全国人大常委会《决定》规定了我国可以直接将我国缔结或参加的公约规定的罪行视为国内法上规定的罪行，并可以直接依据公约行使刑事管辖权，刑法第9条规定了我国可以直接依据公约行使刑事管辖权，根据这两项规定适用的刑事条款都为实体性条款。而为了弥补当时国内刑法的空白临时实施的《决定》已经失去法律效力。从现有规定来看，规定犯罪的实体性条款不能在我国直接适用。[①] 由于国际公约规定的刑事责任一般只有原则性规定，而无具体性规定，所以规定

---

① 但这并不是说，实体性条约或条款就不能在国内直接适用。只要国内法允许，实体性条约或条款照样可以在国内直接适用。国民政府在审判日本战犯时，因当时国内刑法没有规定战争罪和违反人道罪，就用特别立法的形式，准许直接适用国际公法予以定罪：

1945 年 7 月，中、美、英三国发表的《波茨坦公告》明确宣告，“吾人无意奴役日本民族或消灭其国家，但对于战罪人犯，包括虐待吾人俘虏在内，将处以法律之裁判”。中华民国政府在 1945 年 11 月成立了侵华日军在南京罪行调查委员会，1947 年 7 月 3 日制定了《战争罪犯审判条例》。该条例第 1 条第 1 款明确规定：“战争罪犯之审判及处罚，除适用国际公法外，适用本条例之规定，本条例无规定者，适用中华民国刑事法规之规定。”该条规定确立了审判战争罪犯时适用法律的三个准则：其一，国际公法可以在审判战争罪犯时直接适用，其二，国际公法与该特别条例并列适用，其三，普通刑事法规只能补充使用，从判决来看，这里的补充使用，既有实体刑法，也有刑事诉讼法。

随后在国防部审判战犯军事法庭审判日本战犯的判决书中，都直接援引了国际公约。

在判处日本乙级战犯谷寿夫的判决书中称：“查被告在作战期间，以凶残手段，纵兵屠杀俘虏及非战斗人员，并肆施强奸、抢劫、破坏财产等暴行，系违反海牙陆战规例及战时俘虏待遇公约各规定应构成战争罪及违反人道罪。……据上论结，应依刑事诉讼法第 291 条前段；海牙陆战规例第 4 条第 2 项，第 23 条第 3 款、第 7 款，第 28 条，第 46 条，第 47 条；战时俘虏待遇公约第 2 条，第 3 条；战争犯罪审判条例第 1 条……刑罚第 28 条……判决谷寿夫在作战期间，共同纵兵屠杀俘虏及非战斗人员，并强奸、抢劫、破坏财产，处死刑。”参见国民政府国防部审判战犯军事法庭判决（中华民国 36 年度审字第 1 号），http：//www. yadian. cc/blog/52426/（2010/1/15 访问）。

在判处向井敏明等三名罪犯的判决书中称：“向井敏明、野田岩、田中军吉，在作战期间，共同连续屠杀俘虏及非战斗员，各处死刑。”“以上论结，应依刑事诉讼法第 291 条前段；海牙路正规例第 4 条第 2 项，第 23 条第 3 款，第 46 条第 1 项；战时俘虏待遇公约第 2 条，第 3 条；战争罪犯审判条例第 1 条，第 2 条第 2 款，第 3 条第 1 款，第 11 条；刑法第 28 条，第 56 条前段，第 57 条，判决如主文。”参见国民政府国防部审判战犯军事法庭判决（中华民国 36 年度审字第 13 号），http：//www. yadian. cc/blog/52422/（2010/1/15 访问）。

在对冈村宁次作出无罪判决的判决书中称：“被告既无触犯战规，或其他违反国际公法之行为，依法应予谕知无罪，以期平允。”参见国民政府国防部审判战犯军事法庭判决（中华民国 37 年度战审字第 28 号），http：//www. yadian. cc/blog/52433/（2010/1/15 访问）。

军事法庭在这里直接援引了海牙陆战规则和《关于战俘待遇的日内瓦公约》，其中海牙陆战规则是指《海牙陆战法规和惯例公约》及其附件《陆战法规和惯例章程》。

刑事责任的实体性条款也不能直接适用。直接依据公约行使刑事管辖权的情况，不可一概而论，应主要存在于依据我国刑法无法确立刑事管辖权的情形，对此，笔者将在下一节用专节予以详细分析。其余可直接适用的条款则全部为程序性条款，主要表现为在广义的刑事司法协助领域和处理涉外刑事案件可以直接依据条约处理相关事项。

（2）能够在我国直接适用的刑事条约的类型，既有双边条约，又有多边条约。《关于我国法院接受外国法院通过外交途径委托送达法律文书和调查取证收费的通知》第3条明确规定："请求国与我国签订有双边条约或均是有关国际公约当事国的，根据条约或公约的规定办理。"引渡法第6条明确规定，引渡条约，是指我国与外国缔结或者共同参加的引渡条约或者载有引渡条款的其他条约。

（3）条约在我国直接适用的情形，主要有两种，一种是在特定事项上直接适用国际条约，如刑事诉讼法第17条、《关于执行〈中华人民共和国刑事诉讼法〉若干问题的解释》第317条、引渡法第49条和第54条、《关于执行中外司法协助协定的通知》的规定；另一种是只有当条约与国内法规定相冲突或不一致时，才能直接适用条约，这实际上就把条约的直接适用限制在一个较小的范围内。

（4）条约的直接适用基本限于涉外事务或案件。引渡和司法协助都是涉外事务。《关于处理涉外案件若干问题的规定》是专门针对涉外案件发布的，最高法、最高检和公安部关于执行刑事诉讼法的司法解释和行政规章中关于条约的适用问题有的是特别针对涉外案件而规定的，有的是兼顾司法协助和涉外案件而规定的。依据公约主张我国对某个案件具有刑事管辖权，也是在涉外案件中主张的。

（5）我国关于条约在刑事司法领域的适用的规定，既有总则性的一般规定，也有针对特定事项的具体规定。刑事诉讼法及其司法解释就是一般性规定，引渡法中的规定和关于司法协助的规范性文件就是具体性规定。

（6）从我国国内规定得出的肯定性结论是：从原则上讲，广义的刑事司法协助事项都可以直接适用国际条约的规定，其他涉外刑事案件的具体程序，也可以直接适用国际条约。也就是说，在目前，即使宪法没有规定，在这些事项上直接适用国际条约，也没有国内法的障碍。但是，在这个大前提下，并不意味着所有规定刑事司法协助和具体程序的国际条约都能够在我国得到直接适用。条约最终是否能在我国直接适用，还取决于条约本身是否具有可适用性。

（二）条约在我国刑事司法领域间接适用的规定

在刑事司法领域，目前为止只有一个司法解释是关于间接适用条约的。1981 年 6 月 19 日公安部、外交部、最高人民法院、最高人民检察院《关于处理会见在押外国籍案犯以及外国籍案犯与外界通信问题的通知》称："鉴于不久前我国政府签署加入的《维也纳外交关系公约》、《维也纳领事关系公约》以及同美国、加拿大、澳大利亚等国签订的互设领事馆的"协议"或"换文"中，都有关于派遣国公民被拘捕后，接受国应允许探视等问题的条文，而这些文件对双方都是有约束力的，应当共同遵守，不能违反。目前全国有 10 多个省、市、自治区羁押有外国籍案犯，有的地方已经遇到了这个问题，也需要进一步作出明确的规定，因此，我们制定了《关于会见在押外国籍案犯以及外国籍案犯与外界通信的内部规定》、《关于会见在押案犯以及案犯与外界通信的规则》和《会见证》。现随文发去，请据此办理。……"该通知先说条约规定必须遵守，不得违反，但并没有说在会见和通信时要依据国际条约，而是附上了"内部规定"、"规则"让各单位执行。这是典型的间接适用条约的情形。

需要注意的是，该通知已经失效，有关会见和通信的规定，应依照《关于处理涉外案件若干问题的规定》，直接并优先适用国际条约办理。

第三节　我国能够直接以国际公约为依据确立刑事管辖权

一、刑法第 9 条是我国直接以条约为依据确立刑事管辖权的法律依据

我国能否直接以国际公约为依据确立刑事管辖权，与如何理解我国刑法第 9 条有直接关系。

我国刑法第 9 条规定："对于中华人民共和国缔结或者参加的国际条约所规定的罪行，中华人民共和国在所承担条约义务的范围内行使刑事管辖权的，适用本法。"我国刑法学界普遍认为，这是我国为履行国际公约中的普遍管辖义务而增设的普遍管辖原则。笔者以为不然。普遍管辖原则的正确表达应为：外国人在外国针对其他国家或他国国民实施公约规定的犯罪后进入我国的，我国有权管辖。[①] 这个概念与我国刑法第 9 条的表述相去甚远。那么，为什么我国刑法学界的通说认为该条是对普遍管辖原则的规定呢？其原因还要追溯到 1987 年全国人大常委会的《决定》。笔者在前文已经分析过，根据当时国务院的提案，该决定主要是为了履行国际条约中规定的普遍管辖义务而发布的，因为当时我国刑法没有规定普遍管辖原则。

时任国务院法制局局长的孙琬钟 1987 年 6 月 18 日在第六届全

---

① 普遍管辖原则有广义和狭义两个概念，广义的概念又称绝对的普遍管辖原则，是指行使管辖权的国家与犯罪没有任何连结点，即犯罪人和被害人都不是本国国民，犯罪行为也不发生在本国境内，该犯罪也没有侵害本国利益，犯罪人也不在本国境内，该国只是因为犯罪行为属于国际罪行而主张管辖权；狭义的概念又称有限的普遍管辖原则，是指犯罪人和被害人都不是本国国民，犯罪行为也不发生在本国境内，该犯罪也没有侵害本国利益，该国只有在犯罪人进入本国境内时才因其触犯的是国际罪行而主张刑事管辖权。详见高秀东：《论普遍管辖原则》，载《法学研究》2008 年第 3 期。

国人大常委会第二十一次会议上所作的《关于提请作出〈中华人民共和国对于其缔结或者参加的国际条约所规定的罪行行使刑事管辖权的决定〉的说明》（以下简称《说明》）也指出，“我国批准或加入国际公约后，就承担了对犯有条约规定的罪行的罪犯实施管辖的义务。特别是，对于在我国境外针对其他国家应受条约保护的对象，犯有条约所规定的罪行之后，进入我境内的外国人，有义务行使刑事管辖权。但是根据我国刑法第一章有关条款的规定，我国刑法的适用范围是：（1）在我国境内、我国船舶或飞机内的犯罪行为；（2）犯罪结果发生在我国境内的犯罪行为；（3）中国公民在我境外的犯罪行为；（4）外国人在我境外针对我国国家或者公民的犯罪行为。这样就出现了我国承担的国际义务同我国刑法规定的适用范围不相衔接的问题。因此，需要通过立法措施加以处理。”① 这个《说明》也清楚地表明，《决定》是为了履行普遍管辖义务而发布的。有了这个决定，我国就可以行使国际条约规定的普遍管辖权了。

该《决定》实施后，刑法学界普遍认为，《决定》规定了普遍管辖原则。1997 年刑法第 9 条基本沿用了《决定》的表述，刑法学界的这种认识也理所当然地延续了下来。

但笔者认为，承担条约规定的普遍管辖义务、行使普遍管辖权与我国国内法是否规定了普遍管辖原则是两码事。从《决定》和刑法第 9 条的表述来看，它们本身并没有规定普遍管辖原则的内容，所以它们并没有在我国国内法上确立普遍管辖原则，它们所起的作用，只是赋予国内司法机关直接适用国际条约确立刑事管辖权的权力。换言之，它们都只是我国司法机关直接适用条约确立刑事管辖权的国内法依据。这样看待《决定》和刑法第 9 条，更符合它们的表述。

---

① 高铭暄、赵秉志编：《中国刑法立法文献资料精选》，法律出版社 2007 年版，第 381 页。

所以，我国直接依据国际条约行使刑事管辖权是有充分法律依据的。

二、正确理解刑法第9条可使我国承担的条约义务与国内法完全衔接起来

无论是国务院提请全国人大常委会作出《决定》的议案，还是国务院法制局的《说明》，两者都强调，作出《决定》是为了使我国能够行使普遍管辖的义务，而行使了普遍管辖义务，就能使我国承担的国际义务与国内法的规定有机地衔接起来。

事实上，即使我国能够行使普遍管辖权，也没有使我国承担的条约义务与国内法完全衔接起来。

我国缔结或者参加的国际条约规定的管辖权依据有许多种（详见表五），其中两个条款属于共同条款，一个是规定有限的普遍管辖原则的条款，另一个是不排除依据国内法行使管辖权的条款。而在这些管辖权依据中，不仅普遍管辖原则我国刑法没有规定，还有许多依据我国刑法也没有规定。

国际条约有规定而我国刑法没有规定的管辖权依据，主要有：有限的普遍管辖原则、航空器降落地国原则、永久居所地国原则、主要营业地国原则、惯常居所地国原则，此外，当恐怖主义爆炸行为发生在由该国政府操作的航空器内时，该国也有权管辖；当犯罪意图是迫使该国从事或不从事某种行为时，该国有权管辖；[①] 当受害人是代表本国行使职务而享有应受国际保护地位人员时，该国家有权管辖；当犯罪行为违反该国现行的有关航空器飞行或驾驶的规定或规则时，该国也有权管辖；当犯罪发生在本国领域外，但目的是在其领域内实施某些严重犯罪时，该国有权管辖，例如，《联合国打击跨国有组织犯罪公约》第15条第2款（c）项规定，该犯罪系发生在本国领域以外的、根据本公约第5条第1款确立的参加

---

① 该规定与我国的保护管辖原则不完全一样。

有组织犯罪集团的犯罪，目的是在本国领域内实施严重犯罪；或者，该犯罪系发生在本国领域以外的、根据本公约第 6 条第 1 款（b）项（二）目确立的参与、合伙或共谋实施，实施未遂，以及协助、教唆、便利和参谋实施本条所确立的任何犯罪，目的是在其领域内进行本公约第 6 条第 1 款（a）项（一）目或（二）目或（b）项（一）目确立的洗钱犯罪时，缔约国也可对任何此种罪行确立其管辖权。

可见，如果仅仅把刑法第 9 条理解为对普遍管辖原则的规定，我国就不能完全履行国际条约规定的管辖义务，就不能实现国际条约与国内法的有机衔接。

如果不把刑法第 9 条仅仅理解为对普遍管辖原则的规定，而是正确理解为直接适用国际条约行使管辖权的国内法依据，则我国国内法与国际条约不相衔接的情况，完全可以得到解决，才可以实现国务院法制局《说明》中所说的，“从国际法与国内法的关系看，由全国人大常委会作出这一决定，既能避免今后审批这类条约时在刑事管辖范围方面一事一决的繁复，又可以解决我国承担的国际义务同国内法的有关规定不相衔接的问题，有益于完善我国的社会主义法制。决定既经作出，在刑事管辖方面，就可以适用于今后全国人大常委会逐个批准的这类国际条约。”

表五　我国缔结或者参加的国际条约规定的确立刑事管辖权的依据

序号	条约名称	条款编号	确立管辖权依据	某些条款的具体内容
1	禁止酷刑和其他残忍、不人道或有辱人格的待遇或处罚公约	第5条第1款	属地原则、飞行器或船舶注册地国原则、行为人国籍国原则、被害人国籍国原则	
		第2款	有限的普遍管辖原则	每一缔约国也应采取必要措施，确定在下列情况下，该国对此种罪行有管辖权：被控罪犯在该国管辖的任何领土内，而该国不按第8条规定将其引渡至本条第1款所述的任何国家
		第3款	本公约不排除依照国内法行使的任何刑事管辖权	
2	关于在航空器内的犯罪和犯有某些其他行为公约	第3条第1款	航空器登记国原则	
		第3款	本公约不排除依照国内法行使的任何刑事管辖权	
		第4条	结果地原则	非登记国只有在下列情况下可以对航空器内的犯罪行使其刑事管辖权。 甲、该犯罪行为在该国领土上发生后果
			行为人国籍国原则、被害人国籍国原则或永久居所地国原则	乙：犯人或受害人为该国国民或在该国有永久居所
			保护原则	丙：该犯罪行为危及该国的安全
			当犯罪行为违反该国现行的有关航空器飞行或驾驶的规定或规则时，该国也可行使管辖权	丁：该犯罪行为违反该国现行的有关航空器飞行或驾驶的规定或规则

（续表）

序号	条约名称	条款编号	确立管辖权依据	某些条款的具体内容
3	关于制止非法劫持航空器的公约	第4条第1款	航空器登记国原则	（甲）罪行是在该国登记的航空器内发生的
		航空器降落地国原则	（乙）在其内发生罪行的航空器在该国降落时被指称的罪犯仍在该航空器内	
		主要营业地国或永久居所地国原则	（丙）罪行是在租来时不带机组的航空器内发生的，而承租人的主要营业地，或如承租人没有这种营业地，则其永久居所，是在该国	
		第2款	有限的普遍管辖原则	当被指称的罪犯在缔约国领土内，而该国未按第八条的规定将此人引渡给本条第一款所指的任一国家时，该缔约国应同样采取必要措施，对这种罪行实施管辖权
		第3款	本公约不排除依照国内法行使的刑事管辖权	
4	关于制止危害民用航空安全的非法行为的公约	第5条第1款	属地原则、航空器登记国原则、航空器降落地国原则、主要营业地国或永久居所地国原则	
		第2款	有限的普遍管辖原则	
		第3款	本公约不排除依照国内法行使的刑事管辖权	

（续表）

序号	条约名称	条款编号	确立管辖权依据	某些条款的具体内容
5	关于防止和惩处侵害应受国际保护人员包括外交代表的罪行的公约	第3条第1款	属地原则、航空器或船舶登记国原则、行为人国籍国原则	
			当受害人是代表本国行使职务而享有应受国际保护地位人员时	（c）所犯罪行是对因代表本国执行第一条所规定的职务而享有应受国际保护地位的人员所犯时
		第2款	有限的普遍管辖原则	
		第3款	本公约不排除依照国内法行使的刑事管辖权	
6	反对劫持人质国际公约	第5条第1款	属地原则、航空器或船舶登记国原则、行为人国籍国原则、经常居住地国原则、保护原则、被害人国籍国原则	
		第2款	有限的普遍管辖原则	
		第3款	本公约不排除依照国内法行使的刑事管辖权	
7	制止危及大陆架固定平台安全非法行为议定书	第3条第1款	属地原则、保护原则、行为人国籍国原则	
		第2款任择义务	惯常居所地国原则、被害人国籍国原则、保护原则	
		第4款	有限的普遍管辖原则	
		第5款	本公约不排除依照国内法行使的刑事管辖权	

（续表）

序号	条约名称	条款编号	确立管辖权依据	某些条款的具体内容
8	制止危及海上航行安全非法行为公约	第6条第1款强制义务	船旗国原则、保护原则、属地原则、行为人国籍国原则	
		第2款任择义务	惯常居所地国原则、被害人国籍国原则、保护原则	
		第4款	有限的普遍管辖原则	
		第5款	本公约不排除依照国内法行使的刑事管辖权	
9	联合国禁止非法贩运麻醉品和精神药物公约	第4条第1款（a）强制义务	属地原则、船旗国或飞行器注册国原则	
		（b）任择义务	行为人国籍国原则、惯常居所地国原则、犯罪发生在缔约国已获授权可以对之采取适当行动的非法贩运毒品的船舶上、犯罪目的地国原则	
		第2款（a）不引渡的理由	属地原则、船旗国原则或飞行器注册国原则、行为人国籍国原则	
		（b）	有限的普遍管辖原则	
		第3款	本公约不排除依照国内法行使的刑事管辖权	

（续表）

序号	条约名称	条款编号	确立管辖权依据	某些条款的具体内容
10	制止恐怖主义爆炸事件的国际公约	第6条第1款强制义务	属地原则、船旗国或航空器登记国原则、行为人国籍国原则	
		第2款任择义务	被害人国籍国原则、保护原则、惯常居所地国原则	
			当犯罪意图是迫使该国从事或不从事某种行为时	(d) 犯罪的意图是迫使该国从事或不从事某种行为
			在该国政府操作的航空器内发生的恐怖主义爆炸行为	(e) 罪行的实施场所为该国政府操作的航空器
		第4款	有限的普遍管辖原则	
		第5款	本公约不排除依照国内法行使的刑事管辖权	

（续表）

序号	条约名称	条款编号	确立管辖权依据	某些条款的具体内容
11	制止向恐怖主义提供资助的国际公约	第7条第1款强制义务	属地原则、船旗国或航空器登记国原则、行为人国籍国原则	
		第2款任择义务	目的地国或结果地国原则	(a) 犯罪的目的或结果是在该国境内或针对该国国民实施第2条第1款 (a) 项或 (b) 项所述罪行； (b) 犯罪的目的或结果是针对该国在国外的国家或政府设施，包括该国外交或领事房地实施第2条第1款 (a) 项或 (b) 项所述罪行； (c) 犯罪的目的或结果是实施第2条第1款 (a) 项或 (b) 项所述罪行，以迫使该国从事或不从事任何一项行为
			被害人国籍国原则、保护原则	
			惯常居所地国原则	(d) 罪行是由惯常居所在该国境内的无国籍人实施
			当罪行是在该国政府营运的航空器上实施时	(e) 罪行是在该国政府营运的航空器上实施的
		第4款	有限的普遍管辖原则	
		第6款	本公约不排除依照国内法行使的任何刑事管辖权	

（续表）

序号	条约名称	条款编号	确立管辖权依据	某些条款的具体内容
12	核材料实物保护公约	第8条第1款强制义务	属地原则、船舶或飞机注册地国原则、行为人国籍国原则	
		第2款	有限的普遍管辖原则	
		第3款	本公约不排除依照国内法行使的任何刑事管辖权	
13	联合国人员和有关人员安全公约	第10条第1款强制义务	属地原则、船舶或航空器登记国原则、行为人国籍国原则	
		第2款任择义务	惯常居所地国原则、被害人国籍国原则、保护原则	
		第4款	有限的普遍管辖原则	
		第5款	本公约不排除依照国内法行使的任何刑事管辖权	

（续表）

序号	条约名称	条款编号	确立管辖权依据	某些条款的具体内容
14	联合国打击跨国有组织犯罪公约	第15条第1款强制义务	属地原则、船旗国或航空器注册地国原则	
		第2款任择义务	被害人国籍国原则、行为人国籍国原则或惯常居所地国原则	
			目的地国原则	（c）该犯罪系：（一）发生在本国领域以外的、根据本公约第5条第1款确立的（参加有组织犯罪集团的）犯罪，目的是在本国领域内实施严重犯罪；（二）发生在本国领域以外的、根据本公约第6条第1款（b）项（二）目确立的（参与、合伙或共谋实施，实施未遂，以及协助、教唆、便利和参谋实施本条所确立的任何犯罪），目的是在其领域内进行本公约第6条第1款（a）项（一）目或（二）目或（b）项（一）目确立的（洗钱）犯罪
		第4款	有限的普遍管辖原则	
		第6款	本公约不排除依照国内法行使的任何刑事管辖权	

（续表）

序号	条约名称	条款编号	确立管辖权依据	某些条款的具体内容
15	《儿童权利公约》关于买卖儿童、儿童卖淫和儿童色情制品问题的任择议定书	第4条第1款强制义务	属地原则或船舶或航空器注册地国原则	
		第2款任择义务	行为人国籍国原则、惯常居所地国原则、被害人国籍国原则	
		第3款	有限的普遍管辖原则	
		第4款	本公约不排除依照国内法行使的任何刑事管辖权	
16	联合国反腐败公约	第42条第1款强制义务	属地原则、船旗国或航空器注册地国原则	
		第2款任择义务	被害人国籍国原则、行为人国籍国原则或惯常居所地国原则、目的地国原则、保护原则	
		第4款	有限的普遍管辖原则	
		第6款	本公约不排除依照国内法行使的任何刑事管辖权	

三、国际刑事公约中的管辖权条款属于直接适用条款还是间接适用条款

绝大多数国际刑事公约都有管辖权条款，其表述大同小异。下

文以《制止非法劫持航空器的公约》(1970年12月16日订立于海牙，又称《海牙公约》）第4条为例，对国际刑事公约中的管辖权条款予以分析：

“一、在下列情况下，各缔约国应采取必要措施，对罪行和对被指称的罪犯对旅客或机组所犯的同该罪行有关的任何其他暴力行为，实施管辖权：

(甲）罪行是在该国登记的航空器内发生的；

(乙）在其内发生罪行的航空器在该国降落时被指称的罪犯仍在该航空器内；

(丙）罪行是在租来时不带机组的航空器内发生的，而承租人的主要营业地，或如承租人没有这种营业地，则其永久居所，是在该国。

二、当被指称的罪犯在缔约国领土内，而该国未按第八条的规定将此人引渡给本条第一款所指的任一国家时，该缔约国应同样采取必要措施，对这种罪行实施管辖权。

三、本公约不排斥根据本国法行使任何刑事管辖权。”

该条第1款规定了缔约国的强制性管辖义务，第2款规定了有限的普遍管辖义务，第3款鼓励各国依据各自的国内法行使管辖权。

公约明确要求缔约国要采取必要措施，来履行条约规定的管辖义务。而这种必要的法律措施，就包括立法措施在内。国家的立法措施之一，是将公约规定的这些管辖原则逐个规定在国内刑法中，在这种情况下，管辖权条款只能得到间接适用。许多国家在批准或者加入公约以前，如果国内法没有规定公约所规定的管辖原则，就要修改国内法，增设公约规定的管辖原则。[①] 国家的另一种立法措

① 在《东京公约》订立之初，大多数国家就以修订国内法为由，迟迟不批准公约，参见［日］栗林忠男：《航空犯罪与国际法》，袁晓利译，法律出版社1988年版，第14页。

施，就是通过国内立法，赋予管辖权条款以直接适用力。因为从上述第 4 条我们可以清晰地看到，管辖权条款具有明确具体的特点，完全具有直接适用性，是可以直接适用的条款。我国采取的国内法措施就属于后者。我国没有逐个将公约规定的管辖权原则规定在我国刑法中，而是采取了“一揽子”的解决方法，国内立法只起引导性作用，从总体上赋予国内司法机关直接依据公约行使本国刑事管辖权的权力。这种解决方案无疑更符合经济原则。

所以，国际公约中的管辖权条款，因为其内容明确具体，所以只要国内法允许，也可以是直接适用条款；因为条约本身要求缔约国采取必要措施行使公约规定的管辖义务，所以也可以成为需要立法执行的间接适用条款。

由此可见，国际公约中的直接适用条款与间接适用条款，只具有相对性，而没有绝对评判标准。同一个条款，可能依据不同国家的国内法得到不同方式的适用。

四、在确立我国刑事管辖权时，国内法规定应优先适用

我国刑法规定的刑事管辖原则有属地原则、船舶和航空器国籍国原则、行为人国籍国原则、被害人国籍国原则和保护原则。从前文国际公约规定的管辖依据的列表可以看出，国际公约中规定的管辖依据有些与我国刑法规定的管辖原则是重合的，有些是我国刑法没有规定的，也有些是我国刑法有规定而公约没有规定的。例如，在上述《海牙公约》第 4 条中，我国刑法规定的四项传统的管辖权原则——属地原则、行为人国籍国原则、被害人国籍国原则和保护原则，一项都没有规定，而是规定了我国刑法没有规定的航空器降落地国原则、永久居所或主要营业地国原则和有限的普遍管辖原则，只有航空器登记国原则与我国规定的航空器国籍国原则重合。

确立刑事管辖权是一个主权国家单方面的主张，它的重要意义在于维护和主张主权，有时并不在于是否切实行使管辖权。它不需要像开展国际刑事合作那样需要对方认可。从管辖权的共同条

款——不排除依据国内法行使任何刑事管辖权，也可看出，国际法是鼓励主权国家依据国内法行使管辖权的。所以，在确立我国刑事管辖权时，应适用国内法优先的原则，即在有国内法规定的情况下，要优先适用国内法。这种情形主要有两种，一种是国内法规定与公约规定重合的，比如我国刑法规定了属地原则，公约也规定了属地原则，这时就应该适用我国刑法规定的属地原则主张我国的刑事管辖权，而不应适用公约规定；另一种是虽然我国刑法与国际公约规定的管辖依据不同，但如果依据我国国内法就能主张管辖权，就没必要依据公约主张刑事管辖权。

只有当依据我国刑法无法对公约规定的罪行主张刑事管辖权时，才能直接依据公约确立我国的刑事管辖权。在确立管辖权方面，国际公约只能是国内法的补充，只能起补充作用。

五、我国法院对奥格雷劫机案行使管辖权的依据是我国刑法而非国际公约

1985年12月19日，苏联飞行员阿利穆拉多夫·沙米利·哈吉-奥格雷，将飞机劫持到我国，降落在黑龙江省甘南县长吉岗乡农田里。该案由黑龙江省哈尔滨市人民检察院向哈尔滨市中级人民法院提起公诉。哈尔滨市中级人民法院依照《中华人民共和国刑事诉讼法》第108条的规定，对该案进行了审查。经审查认为：中华人民共和国对被告人阿利穆拉多夫·沙米利·哈吉-奥格雷劫持飞机一案享有管辖权，根据是：我国政府于1978年11月和1980年10月，分别加入国际反劫持民用航空器恐怖活动的《东京公约》、《海牙公约》和《蒙特利尔公约》。国务院办公厅《关于我国加入海牙公约和蒙特利尔公约的通知》（1980年11月3日）指出："为了保证国际、国内民航班机的运输安全，有效地防止劫持飞机等犯罪行为发生，希望各地区、各有关部门认真执行上述国际公约的有关条款，""如发生外国飞机被劫持在我国降落等有关涉外事件，应按我国法律，并结合上述三个公约的有关规定妥善处

理。”《中华人民共和国刑法》第3条第1款规定：“凡在中华人民共和国境内犯罪的，除法律有特别规定的以外，都适用本法。”该条第3款规定：“犯罪的行为或者结果有一项发生在中华人民共和国领域内的，就认为是在中华人民共和国领域内犯罪。”据此，1986年3月4日，哈尔滨市中级人民法院依法组成合议庭，对该案公开审理，判处被告人有期徒刑10年。①

在1992年12月28日全国人大常委会《关于惩治劫持航空器犯罪分子的决定》颁布之前，我国对劫持航空器的行为都类推为反革命破坏罪，但因为奥格雷劫持的不是我国的飞机，也没有危害我国主权和推翻我国社会主义制度的意图，所以不能给他定反革命破坏罪。当时法院比照1979年刑法第107条规定的破坏交通工具罪，给他定了一个“劫持飞机罪”的新罪名。

国际法学界有学者认为，奥格雷劫机案是我国刑事司法领域直接适用国际公约行使管辖权的最好例证。②

笔者经过认真分析，认为事实并非如此。③

准确地说，《东京公约》、《海牙公约》和《蒙特利尔公约》虽然都属于防止危害国际民用航空安全的公约，但并不都是反劫机的国际公约，只有《海牙公约》是专门规定“制止非法劫持航空器”的公约。《东京公约》第四章虽然专门对“非法劫持航空器”行为进行了规定，但并没有将劫机行为宣布为刑法上的犯罪或者国际法上的犯罪，而是由实际行使管辖权的国家，依照其国内法的规定来判断这些行为的非法性。④《蒙特利尔公约》是作为《海牙公

① 参见《最高人民法院公报》，1986年第2期。

② 参见王勇：《条约在中国适用之基本理论问题研究》，北京大学出版社2007年版，第90～91页。

③ 笔者作为专门研究国际刑事条约在我国适用的学者，得出这样的结论尤为遗憾。

④ 参见［日］栗林忠男：《航空犯罪与国际法》，袁晓利译，法律出版社1988年版，第13页。

约》的补充公约而制定的，旨在制定一个制止非法劫机之外的非法干预国际民用航空安全的其他行为的公约。尽管国际法委员会的多数成员认为，《蒙特利尔公约》第1条的犯罪定义不应包括非法劫持航空器的行为，但当行为人在飞机内实施了针对飞行中航空器内人员的暴力行为时，只要其目的在于劫持或控制航空器，该行为就符合非法劫持的犯罪（未遂）定义。[①] 所以在反劫机方面，两公约有交叉之处。

鉴于奥格雷已经成功将飞机劫持到我国，所以本案如果依据公约，也只能依据《海牙公约》第4条确立我国的刑事管辖权。但实际上，该判决只是笼统地说，因为我国已加入三个反劫机公约，所以对外国人劫持外国飞机降落到我国的事件享有管辖权，但并没有具体到哪个公约，更没有具体到哪个条款。所以，本案并不是直接适用公约行使管辖权的例证。

从判决书的表述也可明确看出，该判决实际依据的是我国刑法的属地管辖原则。

那么，对这个案子或今后可能发生的类似事件，我国适用属地原则进行管辖是否正确呢？

笔者认为，我国不能适用结果地国的属地管辖原则对本案进行管辖。劫持航空器罪不属于结果犯，只要有劫持航空器的行为就可构成犯罪。劫持航空器致危害结果发生的，一般属于加重处罚的情节。因劫持航空器而发生的危害结果，正如我国刑法第121条规定的，应为“致人重伤、死亡或者使航空器遭受严重破坏的”情形，而非该被劫持的航空器降落在我国的情形。在奥格雷案中，显然没有发生这样的实害后果。被劫持的飞机降落在我国，不等于劫持航空器的危害后果发生在我国。也正因如此，许多公约才在属地原则之外，规定了具有独立存在价值的“航空器降落地国原则”。

① 参见［日］栗林忠男：《航空犯罪与国际法》，袁晓利译，法律出版社1988年版，第84页。

那么，我国是否属于行为地国呢？笔者认为，劫持航空器犯罪属于持续犯。从劫机犯实际控制飞机之时起，劫机行为就已经既遂，但它并没有结束，而是一直处于继续状态。劫持航空器的行为虽然也是用暴力或用暴力相威胁，或用任何其他恐吓方式，非法劫持或控制航空器，[①] 但它不同于用暴力或胁迫手段抢劫普通财物的行为。劫持航空器罪的实行行为是劫持和控制飞机的行为，而抢劫罪的实行行为是抢劫行为。后者钱财到手，抢劫行为即告结束，没有持续状态；而劫机犯在实际劫持和控制飞机后，该飞机和机上人员仍在罪犯的控制和支配之下，其劫持和控制行为并未因其掌控飞机而结束，而是一直处于继续状态。就以奥格雷案为例，只有当被劫持的航空器降落在我国黑龙江省的农田里，劫机犯离机后，该劫持行为才告结束。

既然劫持航空器罪属于持续犯，那么，被劫持飞机的飞行途经国都可以看做行为地国，都可以依据国内法上的属地管辖原则确立本国的刑事管辖权。所以，我国对奥格雷案依照属地原则予以管辖是正确的。

因为劫持航空器罪属于持续犯，所以，对该罪适用属地原则，显然可以将管辖义务最大化。而从《海牙公约》第 4 条规定来看，专门制止非法劫持航空器的《海牙公约》并没有规定传统的属地原则。这是因为，对于只是飞过其领空的国家来说，该国若以领土主权为理由要求管辖，其根据显然不足。实际上，大多数飞经国也不愿管辖。“从与犯罪之间的利害关系或者逮捕、处罚犯罪人及证据的搜集等刑事程序方面考虑，规定实施犯罪行为之后的降落地国或者航空器登记国享有管辖权更切合实际。”[②] 所以《海牙公约》第 4 条并没有规定所有飞经国的管辖义务，而只规定了最后一个飞

---

① 参见《海牙公约》第 1 条。

② 参见［日］栗林忠男：《航空犯罪与国际法》，袁晓利译，法律出版社 1988 年版，第 14～15 页。

经国，也即航空器降落地国的强制管辖义务。从立法理论上讲，降落地国也是能够采取最有效安全措施的国家，由它来行使管辖权，具有不容忽视的理由。[①]

虽然航空器降落地国可以以飞经该国为理由，依据传统的属地原则对劫持航空器的行为进行管辖，但笔者认为，航空器降落地国原则仍有其存在的独立价值。这主要是因为，属地原则强调的是主权国家对其领域内发生的事件有权管辖，国家依据属地原则对刑事案件进行管辖是其行使国家主权的重要表现；而后者强调的是，作为能够对罪犯和被劫持的航空器采取最有效、最安全措施的国家，当航空器降落在本国而罪犯仍在该航空器上时，它有义务进行管辖。所以笔者建议，应在我国刑法中增设“航空器降落地国”的管辖原则，以与公约接轨。

第四节 国际条约在我国国际刑事司法合作中的直接适用

一、国际条约在我国引渡合作中的直接适用

(一) 我国能够直接以多边公约为依据开展引渡合作

在国内法允许的前提下，国际刑事条约能否在国内得到直接适用，与条约本身的规定有很大关系。

有的条款本身就明确要求缔约国直接适用条约规定。这时，直接适用条约规定，是缔约国的履约义务。

在对我国生效的21项多边国际刑事条约中，大约有2/3的条约载有引渡条款，而在这些引渡条款中，都有一共同条款，即：如果一个以订有条约为引渡条件的缔约国收到未与其订有引渡条约的

① 参见［日］栗林忠男：《航空犯罪与国际法》，袁晓利译，法律出版社1988年版，第15页。

另一缔约国的引渡要求时，被请求国可以自行决定视本公约为就公约所述罪行进行引渡的法律依据。它们分别规定在：《禁止酷刑公约》第 8 条第 2 款、《关于制止非法劫持航空器的公约》第 8 条第 2 款、《关于制止非法危害民用航空安全的非法行为的公约》第 8 条第 2 款、《关于防止和惩处侵害应受国际保护人员包括外交代表的罪行的公约》第 8 条第 2 款、《反对劫持人质国际公约》第 10 条第 2 款、《制止危及海上航行安全非法行为公约》第 11 条第 2 款、《联合国禁止非法贩运麻醉品和精神药物公约》第 6 条第 3 款、《制止恐怖主义爆炸事件的国际公约》第 9 条第 2 款、《制止向恐怖主义提供资助的国际公约》第 11 条第 2 款、《联合国人员和有关人员安全公约》第 15 条第 2 款、《联合国打击跨国有组织犯罪公约》第 16 条第 4 款、《〈儿童权利公约〉关于买卖儿童、儿童卖淫和儿童色情制品问题的任择议定书》第 5 条第 2 款、《联合国反腐败公约》第 44 条第 5 款、《核材料实物保护公约》第 11 条第 2 款和《制止核恐怖主义行为国际公约》第 13 条第 2 款。

笔者认为，多边国际刑事条约完全能够成为我国开展引渡合作的直接法律依据。

1. 根据我国法律规定，多边条约可以作为引渡的法律依据

我国引渡法第 6 条规定：“‘引渡条约’是指中华人民共和国与外国缔结或者共同参加的引渡条约或者载有引渡条款的其他条约。”该条明确将我国与外国共同参加的载有引渡条款的多边条约作为引渡依据。我国刑事诉讼法第 17 条同样规定：“根据中华人民共和国缔结或者参加的国际条约，或者按照互惠原则，我国司法机关和外国司法机关可以相互请求刑事司法协助。”引渡法颁行之前，指导引渡事项的内部文件《关于办理引渡案件若干问题的规定》第 4 条规定：“根据我国缔结或者参加的国际引渡条约或者载有引渡条款的其他国际条约，或者按照对等原则，我国可以与外国在引渡方面开展下列合作：……”可见，在引渡事项上，我国一贯承认载有引渡条款的多边国际条约能够成为引渡的法律依据。

2. 直接以多边国际刑事条约为依据开展引渡合作，是我国应该履行的条约义务

从众多国际条约的一致性规定可以看出，鼓励缔约国直接以公约为依据开展引渡合作，是国际社会多年来的一贯导向。国际社会通过在公约中规定“可将本公约视为引渡依据”，寻求在多边框架下开展引渡合作，以解决因没有双边引渡条约或双边引渡条约数量少而给引渡合作带来的困难。这一努力，在近年来通过的《联合国打击跨国有组织犯罪公约》和《联合国反腐败公约》中表现得尤为突出。这两个公约在以往公约规定条款的基础上，又增加了一款规定，即：以订有条约为引渡依据的缔约国应在交存本公约批准书、接受书、核准书或加入书时通知联合国秘书长，说明其是否将把本公约作为与本公约其他缔约国进行引渡合作的法律依据。在两公约生效后，缔约国大会又通过决定，鼓励缔约国进一步利用公约作为开展国际合作的法律依据。《联合国打击跨国有组织犯罪公约》缔约方会议在第 3/2 号决定中强调：本公约正在得到一些国家的成功运用，将之作为对请求引渡、司法协助和没收事宜国际合作给予准许的一个依据。缔约方会议认识到公约可提供的合作范围广泛，因而鼓励各缔约国进一步利用这一文书作为开展国际合作的法律依据。缔约国大会还准备建立数据库，鼓励缔约各国提交以公约为依据开展国际合作的案例。

因此，尽管公约规定的这款义务是任择性的，对缔约国并无强制拘束力，但我国还是应该响应缔约国大会的号召，积极履行这样的条约义务。

3. 以多边条约为引渡依据对我国严峻的“追逃”形势具有重要意义

根据我国引渡法第 3 条规定，我国与外国开展引渡合作的基础是平等互惠，也就是说，我国并不是以条约为引渡前置条件的国家，没有条约，也可以开展引渡合作。但以条约为基础开展引渡和刑事司法协助的好处在于，条约通常规定了详细的程序性合作条

款，与没有条约的特别安排相比，更清楚、更具体。① 引渡条约的缔结使得引渡合作从国际礼让变为必须遵守的国际义务，使得这种合作有章可循，并且不受外交风波或者功利因素的影响，使得引渡成功率大为提高。② 因此，绝大多数国家都在国内法上规定适用已经缔结的条约进行引渡合作。③ 实际上，我国也是根据我国与外国缔结或者参加的国际条约，或者按照互惠原则，开展引渡合作的。特别是在我国追回外逃人员的主动引渡程序中，当被请求国家奉行严格的条约前置主义时，如果没有条约可循，引渡的成功率几乎为零。从1993年8月26日我国与泰国缔结第一个双边引渡条约开始，我国一直努力寻求与外国通过缔结双边引渡条约的途径，编织一个严密的引渡外逃人员的法网，至2010年4月底已与32个国家缔结了双边引渡条约。但这个数字相对于世界上的194个法域来说，还只是很少的一部分。由于双边条约谈判耗时费力，加上欧美发达国家对我国法律制度的怀疑和不信任态度，在短时间内不可能与大多数国家缔结双边引渡条约。在这种情况下，上述包含有引渡条款的多边公约，无疑为我国与奉行条约前置主义的国家开展引渡合作提供了一个很好的平台。以《联合国反腐败公约》为例，该公约目前有162个缔约国，如果我国与外国能以该公约为依据开展引渡合作，那无疑为我国成功引渡外逃贪官创造了极为有利的条件。

---

① Asian Development Bank and Organization for Economic Co - operation and Development, *Mutual Legal Assistance, Extradition and Recovery of the Proceeds of Corruption in Asia and the Pacific*(2007), p. 27. http://www. adb. org/Documents/Books/MLA - Extradition - Thematic - Report/default. asp(2010/1/16 访问)。

② 参见黄风：《境外追逃问题研究》，载黄风、赵林娜主编：《国际刑事司法合作：研究与文献》，中国政法大学出版社2009年版，第4页。

③ Asian Development Bank and Organization for Economic Co - operation and Development, *Mutual Legal Assistance, Extradition and Recovery of the Proceeds of Corruption in Asia and the Pacific*(2007), p. 27. http://www. adb. org/Documents/Books/MLA - Extradition - Thematic - Report/default. asp(2010/1/16 访问)。

实际上，在《联合国打击跨国有组织犯罪公约》和《联合国反腐败公约》的谈判过程中，包括中国代表团在内的一些国家代表团曾极力主张使用具有强制约束力的措辞将国际公约规定为开展引渡合作的法律依据。[①] 所以，直接以多边公约为依据开展引渡合作，对我国来说，是求之不得的事情，完全能行得通。实践中，能否以公约为依据开展引渡合作，主要是看被请求国是否也能以公约为依据。

4. 直接以多边公约为依据开展引渡合作已成为近年来的一种国际趋势

近年来，海外取证、缉捕逃犯、追回被转移到国外的犯罪收益，引渡和司法协助比任何以往时候都显得更为重要，加上双边条约谈判的耗时费力，越来越多的国家倾向于以多边公约为国际刑事司法合作的依据。

以往到底有多少缔约国以多边国际刑事公约作为引渡依据，没有具体统计数字。但从各国的引渡法可以看出，许多国家都规定，能够依据多边国际公约进行引渡。例如，《1999 年加拿大引渡法》第 2 条规定，“引渡协议”是指已经生效的、加拿大是缔约国并且包含了与引渡有关的条款的协议。《1988 年澳大利亚引渡法》（2002 年修正）第 5 条规定，引渡条约是指澳大利亚和对方都为缔约国的、全部或部分与移交被控诉或被判有罪的人有关的条约，而不论是否有其他缔约国。《1962 年印度引渡法》（1993 年修正）第 2 条规定，引渡条约是指印度和外国缔结的关于引渡逃犯的条约，并且包括任何对印度有拘束力的与引渡逃犯有关的条约。当印度与外国没有缔结双边引渡条约时，中央政府可以发布命令，把印度和外国同为缔约国的多边公约作为印度与该外国缔结的就公约规定的犯罪进行引渡的条约。《1979 年巴巴多斯引渡法》第 39 条规定，引渡条约是指国家之间缔结的关于移交逃犯或包含有移交逃犯条款

① 参见黄风等著：《国际刑法学》，中国人民大学出版社 2007 年版，第 178 页。

的条约、公约、协定或安排。《1996年经修正的南非引渡法》第1条规定，引渡协定是指根据第二节有效或被认为有效的协定，包括与该协定有相同效力的共和国签署或加入的多边公约。《1982年马耳他引渡法》第2条规定，引渡条约包括与送回逃犯有关的与外国缔结的或同为缔约国的任何条约、公约或协议。《1988年尼泊尔引渡法》第2条规定，“犯罪”是指与外国缔结的引渡条约中规定的犯罪或尼泊尔是缔约国的规定了应予引渡被指控人或被判刑人的国际公约中规定的犯罪，“外国”是指尼泊尔与之订有双边引渡条约的国家或同为规定有引渡事项的公约的缔约国的国家，“公约”是指尼泊尔为缔约国的、规定引渡被指控犯罪人或被判刑人的国际公约。《1954年以色列引渡法》第2条规定，引渡条约包括双边引渡条约和包含有引渡条款的多边公约。《1968年赞比亚引渡法》(1983年修正)第3条规定，引渡条约是指赞比亚是缔约国的为了从一个国家将逃犯移交到另一个国家的国际协议或公约。《1982年津巴布韦引渡法》第3条规定，可以基于任何公约、条约或协议安排引渡事项。《1991年马来西亚引渡法》第2条对引渡协议的类型没有明确规定，但从该国负责刑事调查的警察官员的介绍性文章中可以看到，双边条约和多边条约都可以成为引渡的法律依据。①

在印度引渡史上具有里程碑意义的案件就是依据多边国际公约进行的。1993年3月12日，阿布·萨利姆在孟买先后制造了9起爆炸案，共造成317人死亡，1200人受伤。2002年9月17日，阿布·萨利姆在葡萄牙里斯本机场被警方逮捕。但是，由于印度和葡萄牙之间没有双边引渡条约，葡萄牙政府以印度存在死刑为由，拒

① Abdul Jalal Bin Mohd Yunus, International Cooperation in Criminal Matters on Extradition and Mutual Legal Assistance in Malaysia, http://www.unafei.or.jp/english/pdf/PDF_rms/no57/57-12.pdf(2010/1/18访问)，但据亚太经合组织网站上公布的一份资料，马来西亚在加入《打击跨国有组织犯罪公约》时申明，该公约不能成为它与其他缔约国开展引渡合作的法律依据，http://www.oecd.org/dataoecd/31/18/39984984.pdf(2010/1/18访问)。

绝了印度引渡萨利姆的请求。但后来印度以两国都是《制止恐怖主义爆炸事件的国际公约》缔约国为由，并以该公约为依据向葡萄牙寻求引渡，在作出不判处死刑承诺的前提下，最终于 2005 年 11 月 10 日成功地将萨利姆引渡回国。①

据亚洲开发银行/经济合作与发展组织亚太地区反腐败行动计划②秘书处对亚太地区 27 个国家和地区③的一份研究报告称，越来越多的国家把重点放在利用多边公约开展引渡合作上，可以以多边公约进行引渡的国家和地区有：澳大利亚、孟加拉、中国、中国香港、中国澳门、印度、印度尼西亚、日本、哈萨克斯坦、朝鲜、吉尔吉斯斯坦、马来西亚、蒙古、尼泊尔、巴基斯坦④、巴布亚新几内亚、菲律宾⑤、新加坡、斯里兰卡、瓦努阿图。⑥

截至 2008 年 8 月 12 日，已有 26 个国家通知秘书处，将以

---

① Preeta Balakrishnan, Extradition and International Law, http://india. smetoolkit. org/india/en/content/en/39328/Extradition - and - International - Law - By - Preeta - Balakrishnan(2010/1/26 访问)。

② 该计划的目标是基于《联合国反腐败公约》、《联合国打击跨国有组织犯罪公约》和 1998 年《经济合作发展组织反贿赂公约》，利用亚太各国现有法律体系和其他国际公约，在亚太地区建立一个高效便捷的引渡、刑事司法协助和犯罪收益返还的合作框架。

③ 这 27 个国家和地区分别是澳大利亚、孟加拉、柬埔寨、中国、中国香港、中国澳门、库克群岛、斐济岛、印度、印度尼西亚、日本、哈萨克斯坦、朝鲜、吉尔吉斯坦、马来西亚、蒙古、尼泊尔、巴基斯坦、帕劳、巴布亚新几内亚、菲律宾、萨摩亚、新加坡、斯里兰卡、泰国、瓦努阿图和越南。

④ 巴基斯坦的情况比较特殊：条约在该国都是非自动执行的，要通过立法并入国内法体系，条约只有被联邦政府在官方公报上公布后才能适用。但对于《联合国反腐败公约》，它申明可以直接作为引渡的依据。

⑤ 菲律宾是《联合国反腐败公约》缔约国，但申明不能依据该公约进行引渡。它也是《打击跨国有组织犯罪公约》缔约国，可以依据该公约开展引渡。

⑥ 根据亚开发行和经合组织对 27 个国家的分析资料整理，参见 Asian Development Bank and Organization for Economic Co - operation and Development , *Mutual Legal Assistance, Extradition and Recovery of the Proceeds of Corruption in Asia and the Pacific*(2007), http://www. adb. org/Documents/Books/MLA - Extradition - Thematic - Report/default. asp(2010/1/16 访问)。

《联合国打击跨国有组织犯罪公约》作为引渡依据，它们分别是：亚美尼亚、阿塞拜疆、白俄罗斯、伯利兹、玻利维亚、布基纳法索、古巴、爱沙尼亚、拉脱维亚、立陶宛、马拉维、马耳他、毛里求斯、墨西哥、摩尔多瓦、摩洛哥、荷兰、巴拿马、巴拉圭、罗马尼亚、俄罗斯联邦、斯洛文尼亚、前南斯拉夫的马其顿共和国、乌克兰、乌兹别克斯坦和委内瑞拉玻利瓦尔共和国。① 但实际上，能以公约为依据开展引渡的国家远远大于这个数字。早在 2006 年，各缔约国在一份履约调查问卷中，对"如无引渡条约，是否以本公约为引渡依据"作出肯定回答的国家，除了上述部分国家外，还有阿尔及利亚、比利时、巴西、保加利亚、柬埔寨、中国、克罗地亚、塞浦路斯、捷克、厄瓜多尔、埃及、萨尔瓦多、危地马拉、意大利、牙买加、哈萨克斯坦、科威特、立陶宛、马达加斯加、菲律宾、波兰、瑞典、土耳其、突尼斯和坦桑尼亚。② 2008 年 6 月 3 日，中国政府向联合国秘书长提交声明称，中国是在互惠基础上开展引渡合作的，并不以存在引渡条约为引渡的条件，但是，本公约可以成为中国与其他缔约国开展引渡合作的法律基础。③

《联合国打击跨国有组织犯罪公约》缔约国大会秘书处从美国收到的报告称，美国依据该公约提出了 13 项引渡请求。这类案例中有大型诈骗，也有非法武器交易，涉及《打击跨国有组织犯罪公约》的数个缔约国，其中包括中南美洲国家和东西欧国家。在许多情形下，被请求国都准予引渡，没有因为《打击跨国有组织

① 联合国毒品和犯罪问题办公室为促进执行《联合国打击跨国有组织犯罪公约》中关于国际合作的条款而开展的工作：区域讲习班——秘书处的报告，CTOC/COP/2008/5，第 28 段。

② Conference of the Parties to the United Nations Convention against Transnational Organized Crime, Information submitted by States in their responses to the questionnaires for the first reporting cycle, CTOC/COP/2006/CRP. 2(28/08/ 2006), see question 44.

③ STATUS AS AT:01 - 04 - 2010 06:14:31 EDT, Notifications made under articles 5 (3), 16 (5), 18 (13) and (14), and 31 (6). http://treaties. un. org/Pages/ViewDetails. aspx? src = TREATY&mtdsg_no = XVIII - 12&chapter = 18&lang = en(2010/3/20 访问)。

犯罪公约》范围方面的理由或因援引《打击跨国有组织犯罪公约》为法律依据有所欠缺而予以拒绝的现象。

《联合国打击跨国有组织犯罪公约》缔约国大会秘书处通过自己的研究还发现，在加拿大，如果某些犯罪，特别是议定书所规定的犯罪，未包括在现有的双边条约的适用范围内，则以公约为法律依据进行国际司法合作。委内瑞拉玻利瓦尔共和国最高法院将公约视为引渡的有效法律依据作出过判决，对立陶宛的引渡请求，以涉及组织和领导犯罪集团罪的引渡请求与公约无关为由，拒绝了引渡，对奥地利的请求作出准予引渡的判决。①

截至2006年11月10日，有10个缔约国通知秘书长，将《联合国反腐败公约》视为进行引渡合作的法律依据，它们分别是：阿尔巴尼亚、阿塞拜疆、白俄罗斯、玻利维亚、克罗地亚、拉脱维亚、巴拿马、巴拉圭、波兰和南非。萨尔瓦多、毛里求斯和塞舌尔特别指出不将公约用作进行引渡合作的法律依据。俄罗斯联邦在对等基础上接受对公约作此使用。②

截至2008年1月21日，有20个缔约国通知秘书长，将《联合国反腐败公约》视为进行引渡合作的法律依据，它们分别是：阿尔巴尼亚、阿塞拜疆、白俄罗斯、玻利维亚、加拿大、智利、哥斯达黎加、克罗地亚、危地马拉、科威特、拉脱维亚、立陶宛（本国国民除外）、卢森堡、摩尔多瓦（受制于本国法）、黑山、巴拿马、巴拉圭、波兰、南非和乌拉圭。古巴、萨尔瓦多、毛里求斯、巴基斯坦、菲律宾、塞舌尔和美国声明不适用公约作为引渡的

---

① 联合国毒品和犯罪问题办公室为促进执行《联合国打击跨国有组织犯罪公约》中关于国际合作的条款而开展的工作：区域讲习班——秘书处的报告，CTOC/COP/2008/5，第30段。

② 截至2006年11月10日对《联合国反腐败公约》的批准情况以及对其作出的通知、声明和保留，CAC/COSP/2006/4（30/10/2006），第4页。

法律依据。俄罗斯联邦在对等基础上接受对公约作此使用。[①]

截至2010年2月10日，根据联合国网站公布的最新数据统计，有28个国家通知秘书长，将《联合国反腐败公约》视为引渡合作的法律依据，它们分别是：阿尔巴尼亚、阿塞拜疆、白俄罗斯、比利时、玻利维亚、加拿大、智利、哥斯达黎加、克罗地亚、格鲁吉亚、危地马拉、科威特、拉脱维亚、立陶宛（本国国民除外）、卢森堡、马里、蒙古（本国国民除外）、摩尔多瓦（受制于本国法）、黑山、莫桑比克（本国国民不引渡、死刑不引渡、可能遭受酷刑或其他不人道待遇不引渡）、巴拿马、巴拉圭、波兰、斯洛文尼亚、南非、马其顿、乌兹别克斯坦和乌拉圭。古巴、萨尔瓦多、肯尼亚、马耳他、毛里求斯、巴基斯坦、菲律宾、塞舌尔和美国声明不适用公约作为引渡的法律依据。以色列声明，对现在与以色列存在引渡条约的其他缔约国，公约可以作为引渡依据，但对现在与以色列没有引渡条约的缔约国，是否以公约为依据，要逐案分析决定，或依据国内引渡法，或基于互惠原则。瑞典声明，该国不以引渡条约为引渡的前置条件，引渡主要依据的是国内法。俄罗斯联邦在对等基础上接受对公约作此使用。[②]

而在2007年的一份统计资料中，以提交自我评估报告的44个缔约国为统计基数，自认为可以依据公约开展引渡的国家有加拿大、西班牙、英国、美国[③]、法国、孟加拉、吉尔吉斯斯坦、白俄罗斯、克罗地亚、拉脱维亚、立陶宛、黑山、波兰、罗马尼亚、俄罗斯联邦、玻利维亚、巴西、智利、哥斯达黎加、萨尔瓦多、巴拉

---

① Status of ratification of the United Nations Convention against Corruption as at 20 January 2008 and notifications, declarations and reservations thereto, CAC/COSP/2008/CRP. 1(21/01/2008), p. 5.

② Declarations and Reservations about United Nations Convention against Corruption, http: //www. unodc. org/unodc/en/treaties/CAC/signatories - declarations - reservations. html (2010/2/10 访问)。

③ 美国在随后提交给秘书长的通知中，申明不能以公约为依据开展引渡。

圭、墨西哥和秘鲁。[①]

从以上统计数字可以看出，以公约为依据开展引渡的国家在逐年增加。

从以上资料也可以看到，中国政府没有向联合国秘书长正式提交可以以《联合国反腐败公约》为引渡依据的通知，这是因为，公约要求以条约为引渡前置条件的国家提交上述通知，而根据我国引渡法的相关规定，我国开展引渡合作是以互惠为基础的，并不以条约为必要条件。在中国提交给联合国关于是否以《联合国打击跨国有组织犯罪公约》为引渡依据的声明中，也作此解释。从中国政府提交给国际组织的有关资料来看，中国政府一直都承认，我国是可以依据该公约开展引渡合作的。

以多边公约为依据，并不排除双边条约，相反，公约鼓励各国，应谋求缔结双边和多边条约、协定或安排，以增强根据本条进行的国际合作的有效性。例如《禁毒公约》第5条第4款（g）项即作如是规定。

但正如亚洲开发银行和亚太经合组织在上述研究中指出的，多边公约虽然为引渡和其他形式的司法协助提供了广泛的合作框架，但各国实践很少。在这种低水平实践的基础上，很难对这种多边合作模式的效果作出准确评估。

（二）我国能够直接以双边引渡条约为依据开展引渡合作

截至2010年4月底，我国已与32个国家缔结了双边引渡条约，其中有22项已经生效。双边条约的优势在于，有针对性，能满足缔约双方的需要，内容比多边公约具体和详细，容易修正，对缔约双方的约束力更强，更容易被缔约双方遵守。因此，依据双边条约开展的司法合作是最为常态的合作方式。

---

① 《联合国反腐败公约》实施情况自我评估——秘书处的报告，CAC/COSP/2008/2（07/12/2007），p. 38～39.

1. 在国内法缺位的情况下，双边引渡条约是开展引渡合作的唯一法律依据

我国是先有双边引渡条约后有引渡法的。1993 年 8 月 26 日，我国与泰国签订了第一个双边引渡条约。在引渡法颁布之前，我国已与 12 个国家签订了双边引渡条约。可以说，我国的引渡立法起始于引渡条约的制定。引渡的许多规则都是通过引渡条约的拟订、谈判、合意和批准而一步步得到定型和确认的。我国从 20 世纪 90 年代初开始的缔结引渡条约的实践使得我国立法者认识、理解、研究和接受了大量国际通行的引渡规则。① 在国内法缺位的情况下，这些引渡条约成为当时我国开展引渡事项的唯一法律依据。尽管外交部、最高人民法院、最高人民检察院、公安部、司法部于 1992 年 4 月 23 日发布了一个《关于办理引渡案件若干问题的规定》，但该规定属于内部文件，并不具有法律效力。

2. 在已有引渡法的情况下，双边引渡条约也应该直接适用

2000 年 12 月 28 日我国引渡法颁行以后，双边引渡条约照样能够直接适用。理由如下：

首先，在我国已有引渡法的情况下，我国之所以还要继续与其他国家签订双边引渡条约，是因为引渡法只具有国内法的效力，而对其他国家没有拘束力。而引渡属于国际司法合作范畴，需要与其他国家进行合作。在没有引渡条约的情况下，其他国家与我国进行引渡合作是基于国际礼让，容易受国家间关系和外交风波的影响。双边引渡条约能够让引渡成为国际义务，可以使引渡合作的程序定型、义务规范、路径通畅。从国际实践来看，各国都比较重视双边条约下的国际义务。在与签订有双边条约的外国开展引渡合作时，对双方具有法律效力的只有条约，所以应该直接适用条约规定，而不能适用国内法。

---

① 参见黄风：《〈中华人民共和国引渡法〉评注》，中国法制出版社 2001 年版，第 24～25 页。

其次，因为引渡条约是有关缔约国法律制度相互求同存异的结晶，尤其是在法律制度明显不同的国家之间，每一方都不应当也不可能严守各自的国内法规范不做灵活应变。双边引渡条约正好可以起到灵活应变的作用，通过缔结双边条约，一方面能够引进新的合作规则，补充和完善引渡法；另一方面又实现了与各国法律制度在国际合作领域内的适当衔接。[①] 当引渡条约规定了引渡法没有的新内容时，当然应该直接适用这些不同规定，否则订立条约就没有任何意义。在我国，随着形势的变迁和利弊的权衡，我国签订的双边引渡条约中出现了许多引渡法没有规定的新内容。例如，（1）我国引渡法没有规定死刑不引渡原则，而现在越来越多的国家把“死刑不引渡”看成“刚性”不引渡条款，没有任何通融。当我国向这些国家发出引渡请求后，我国现存的死刑制度就成为引渡合作中不可逾越的障碍。在这种情况下，我国变通地在《中华人民共和国和西班牙王国引渡条约》、《中华人民共和国和法兰西共和国引渡条约》与《中华人民共和国和澳大利亚引渡条约》中都规定了该原则。例如，《中华人民共和国和法兰西共和国引渡条约》第3条“应当拒绝的理由”第7项规定：“引渡请求所针对的犯罪依照请求方的法律应当判处死刑，除非请求方作出被请求方认为足够的保证不判处死刑，或者在判处死刑的情况下不予执行。”（2）关于简易引渡：我国引渡法中目前尚不存在关于简易引渡的规定。但传统引渡制度耗时费力的特点已经不适合当代社会的需要，许多国际公约中都要求加快和简化引渡程序，我国与一些国家缔结的双边引渡条约也是如此。我国与莱索托、秘鲁和南非的双边引渡条约中都可以找到关于简易引渡的条款。例如，《中华人民共和国和秘鲁共和国引渡条约》第13条规定：“如果被请求引渡人同意被移交给请求方，被请求方可以在其法律允许的范围内尽快移交该人，而

---

① 参见黄风：《〈中华人民共和国引渡法〉评注》，中国法制出版社2001年版，第24~26页。

无需任何后续程序。”（3）拒绝引渡的理由：特别法庭。我国引渡法没有提及特别法庭问题。而《中华人民共和国和柬埔寨王国引渡条约》第4条规定，如果“被请求引渡人已在请求方境内被特别或临时法院或法庭判刑，或可能受到特别或临时法院或法庭的审判或判刑”，被请求方则可以拒绝引渡。（4）关于部分引渡：我国引渡法没有规定部分引渡，我国与外国缔结的一些双边条约中则包含相关表述。例如，《中华人民共和国和南非共和国引渡条约》第13条规定：“被请求国应根据本国法律规定的程序处理引渡请求，在对引渡请求作出决定后，应尽快将该决定通知请求国。对于引渡请求的任何完全或部分的拒绝均应说明理由。”（5）关于执行时效：我国引渡法只规定了犯罪的追诉时效，因为我国刑法只规定了追诉时效制度，但由于一些国家存在执行时效制度，因而，某些双边引渡条约也将执行时效已过列为拒绝引渡的理由，例如，《中华人民共和国和白俄罗斯共和国引渡条约》第3条规定，如果“在收到引渡请求时，由于被请求的缔约一方法律所规定的起诉或者处罚的时效已过，不可能对被请求引渡人进行刑事追诉或者执行刑事判决”，应当拒绝引渡。（6）关于“或引渡或起诉”的义务。我国引渡法并没有规定该原则，但我国与外国缔结的双边引渡条约通常都规定：被请求缔约方在基于某种正当理由不予引渡被请求引渡人的情况下，应当将有关案件提交本国主管机关，以便进行追诉。但并不是所有拒绝引渡的情形都承担了提交国内主管机关进行追诉的义务。双边引渡条约中的不引渡就移交，主要有三种情形：一是当因被请求引渡人为本国国民而不引渡时，《中华人民共和国和南非共和国引渡条约》第5条3款规定：“如果仅仅因为被请求引渡人的国籍而拒绝引渡，被请求国就根据请求国的请求将此案提交其公诉机关。”《中华人民共和国和吉尔吉斯共和国引渡条约》第5条、《中华人民共和国和柬埔寨王国引渡条约》第5条、《中华人民共和国和俄罗斯联邦引渡条约》第5条，等等，许多双边条约都对不引渡本国国民作了如此补充规定。二是当因被请求方对本案具有管辖权而不引渡时，《中华人民共和国和保加利亚共和国引渡条约》第5条规定，如果被请求方以根据本国法律对引渡请求所依据的犯罪具有管辖权为由不同意引渡，则应根据请求方的请求，将被请求引渡人转交主管机关，以便予以追诉。《中华人民共和国和乌兹别克斯坦共和国引渡条约》第3条则比较具体地规定，如果请求引渡的犯罪全部或部分是在被请求方境内发生，包括在挂有被请求方国旗的船上或根据被请求方法律注册的航空器上，被请求方有权不予引渡，但被请求方应根据请求方的请求，将被请求引渡人转交其主管机关提起刑事诉讼。为此目的，请求方应向被请求方移交与该案有关的文件、证据和赃物。三是当基于人道主义的原因不引渡时，《中华人民共和国和乌克兰引渡条约》第5条规定，如果被请求方认为“因被请求引渡人的年龄、健康或其他个人原因，引渡该人不符合人道主义原则”而不予引渡的，应当根据请求按照本国法律追究该人的刑事责任。

第三，双边引渡条约能否在我国直接适用，应从行政机关和司法机关在处理引渡事宜时或个人在引渡诉讼中主张个人权利时能否直接援引引渡条约来判断。如果行政机关在对引渡请求书和相关材料审查时或司法机关在对引渡案件进行裁定时，或被请求引渡人在主张个人权利时，能够直接援引相关引渡条约作为依据，那就说明引渡条约在我国可以直接适用，反之则不然。实际上，在与签订有双边引渡条约的国家开展引渡合作时，无论是进行行政审查的行政机关，还是进行司法审查的司法机关，主要是依据引渡条约开展工作的。我们也可以作一个逆向思维：如果不能直接适用，则必然要通过专门的国内法立法程序将引渡条约转化为国内法来间接适用。而在我国的引渡立法中，却从来没有过这样的转化性立法程序，也不见有这种性质的法律规范。因此得出的结论就只能是，我国多年来正常开展的引渡工作一直是直接适用条约而无须转化的。

3. 双边引渡条约在我国直接适用的实践分析

由于行政机关的引渡审查很少见诸公开出版的文件材料，笔者无法举出实例来佐证自己的观点，但法院关于引渡案件的裁定书是公开的，下面就以法院的引渡裁定书为例来说明双边引渡条约在我国的直接适用。

2006年9月19日，上海市高级人民法院对俄罗斯联邦请求引渡沙宾科夫的裁定书中，直接援引了《中华人民共和国和俄罗斯联邦引渡条约》的规定，说明引渡沙宾科夫符合该引渡条约的规定，该案中不存在该引渡条约中可以或应当拒绝引渡的理由。[①] 2006年12月18日辽宁省高级人民法院在对韩国人卞仁镐的引渡裁定书中也直接援引了中韩引渡条约说明卞仁镐被指控所犯的诈骗类犯罪符合双重犯罪的原则，同时也不具有应当拒绝或可以拒绝引渡的理由，所以裁定准许引渡。[②] 2007年4月2日，最高人民法院在核准引渡韩国公民卞仁镐的引渡裁定书中，也直接援引了中韩引渡条约的规定，说明该案符合引渡条件，应予引渡。[③] 这就直接表明，引渡条约可以作为我国司法机关判案的直接依据，在裁定书中被直接援引。

但笔者同时也注意到，在云南省高级人民法院引渡法国人马尔丹·米歇尔的裁定书[④]和最高人民法院关于此案的核准裁定书[⑤]、

---

① 详见（2006）沪高刑引字第1号《中华人民共和国上海市高级人民法院引渡裁定书》，转引自薛淑兰著：《引渡司法审查研究》，中国人民公安大学出版社2008年版，第498～501页。

② 详见（2006）辽刑二引字第1号《中华人民共和国辽宁省高级人民法院引渡裁定书》，转引自薛淑兰著：《引渡司法审查研究》，中国人民公安大学出版社2008年版，第506页和第509页。

③ 详见最高人民法院公报2007年第8期（总第130期）。

④ 详见（2001）云高法引字第1号中华人民共和国云南省高级人民法院引渡裁定书，转引自薛淑兰著：《引渡司法审查研究》，中国人民公安大学出版社2008年版，第490～491页。

⑤ 详见（2001）法引字第1号《中华人民共和国最高人民法院引渡裁定书》，转引自薛淑兰著：《引渡司法审查研究》，中国人民公安大学出版社2008年版，第492～493页。

辽宁省高级人民法院引渡韩国人林植的裁定书[①]和最高人民法院关于此案的核准裁定书[②]中，都只引用了我国引渡法，而没有援引有关的双边引渡条约。

笔者认为，这种现象，一来只能说明我国司法机关在制作引渡案件的法律文书时还不规范，二来也正好可以说明，在理论上明确在办理引渡案件时，到底是优先适用引渡条约还是引渡法，对办理引渡案件的机关的重要性。有些机关在实际办理引渡案件时运用最多的是引渡条约，而在制作法律文书时，却不敢或疏于把引渡条约作为正当法律依据写入引渡裁定书。一个针对存在双边引渡条约国家国民的引渡裁定书，却只依据了我国引渡法，而没有运用相关引渡条约，这是一件多么不符合常理、常识的事情。所以，在引渡裁定书中没有援引引渡条约，并不说明引渡条约在我国不可以直接适用，而正好说明在立法上、理论上有必要明确引渡条约在国内法上的适用问题，给引渡条约在行政、司法工作中的直接运用一个名正言顺的理由。

二、国际条约在我国狭义刑事司法协助中的直接适用

在我国，直接依据国际条约开展刑事司法协助的国内依据最为充分。如前所述，我国刑事诉讼法、多个司法解释、司法性文件、公安部的行政规章和国务院办公厅的行政规范性文件，都明确而详细规定了：我国与外国相互请求刑事司法协助，依据国际条约，或者按照互惠原则。有的更为明确强调，只有在没有条约的情况下，才按照平等互惠原则进行，例如，最高人民检察院《人民检察院

① 详见（2003）辽刑一他字第50号《中华人民共和国辽宁省高级人民法院引渡裁定书》，转引自薛淑兰著：《引渡司法审查研究》，中国人民公安大学出版社2008年版，第494～495页。

② 详见（2002）刑引字第1号《中华人民共和国最高人民法院引渡裁定书》，转引自薛淑兰著：《引渡司法审查研究》，中国人民公安大学出版社2008年版，第496～497页。

刑事诉讼规则》第437条规定："人民检察院进行司法协助，有我国参加或者缔结的国际条约规定的，适用该条约规定，但是我国声明保留的条款除外；无相应条约规定的，按照互惠原则通过外交途径办理。"另外，我国至今没有一部规范司法协助的法律，如果不以国际条约为依据，开展司法协助将无法可依，无章可循。自1988年中法司法协助协定生效以来，我国与外国相互提出并执行的司法协助请求数量大幅度上升，从20世纪80年代末和90年代初每年几件、几十件，21世纪初每年1500余件，发展到2008年3000余件。[①] 这么多的司法协助，在没有国内法明确规定的情况下，基本上都是依据条约开展的。

（一）我国能够直接以多边公约为依据开展刑事司法协助

刑事司法协助的条件不像引渡那样严格，即使以条约为引渡前置条件的国家，也不一定必须在条约框架下进行刑事司法协助。所以，在多边国际公约中，要求以公约为依据开展刑事司法协助的，以往并不多见。但近年来，随着刑事司法协助的迅猛发展，国际社会越来越重视将多边公约作为开展各种司法协助的法律依据，在重要的国际刑事公约中，要求以公约为依据开展司法协助的范围，越来越广，几乎涵盖了刑事司法协助的所有形式。如果说以双边条约为依据开展刑事司法协助是对请求国的一种限制，那么，要求以多边公约为依据开展刑事司法协助则是为请求国打开了一扇方便之门。

1988年《禁毒公约》是第一个要求以公约为依据相互协助没收犯罪所得的国际公约。该公约第5条第4款（f）项规定："如某一缔约国要求采取本款（a）项和（b）项所述措施必须以存在一项有关的条约为条件，则该缔约国应将本公约视为必要而充分的条

① 赵阳：《中外司法合作加快加深，司法协助请求去年超过3000件》，载司法部网站，http://www.moj.gov.cn/sfxzws/content/2009-01/05/content_1013079.htm?node=7380（2010/2/12访问）。

约依据。”公约用了“应当”字样，意味着该义务是强制性的。

《联合国打击跨国有组织犯罪公约》首次将这一要求扩展到全部的刑事司法协助。该公约第18条第3款规定：“可为下列任何目的请求依据本条[①]给予司法协助：（a）向个人获取证据或陈述；（b）送达司法文书；（c）执行搜查和扣押并实行冻结；（d）检查物品和场所；（e）提供资料、物品以及鉴定结论；（f）提供有关文件和记录的原件或经核证的副本，其中包括政府、银行、财务、公司或营业记录；（g）为取证目的而辨认或追查犯罪所得、财产、工具或其他物品；（h）为有关人员自愿在请求缔约国出庭提供方便；（i）不违反被请求缔约国本国法律的任何其他形式的协助。”该条第7款规定：“如果有关缔约国无司法协助条约的约束，则本条第9至29款应适用于根据本条提出的请求。如果有关缔约国有这类条约的约束，则适用条约的相应条款，除非这些缔约国同意代之以适用本条第9至29款。大力鼓励缔约国在这几款有助于合作时予以适用。”这里用的是“可以”字样，意味着该义务是非强制性的。该公约第13条第6款就“没收事宜的国际合作”规定：“如果某一缔约国以存在有关条约作为采取本条第1款和第2款所述措施的条件，则该缔约国应将本公约视为必要而充分的条约依据。”

《联合国反腐败公约》第46条第3款也规定了“可以为下列任何目的而请求依照本条给予司法协助”，且其前9项规定与《联合国打击跨国有组织犯罪公约》完全相同，只是增加了第10项“根据本公约第五章的规定辨认、冻结和追查犯罪所得；”和第11项“根据本公约第五章的规定追回资产。”该条第7款规定与《联合国打击跨国有组织犯罪公约》第18条第7款的规定相同，即提倡将该条第9至29款的规定应用于刑事司法协助。该公约第55条第6款就“没收事宜的国际合作”规定：“缔约国以存在有关条约

---

① 着重号为笔者所加。

作为采取本条第一款和第二款所述措施的条件时，应当将本公约视为必要而充分的条约依据。”

据《联合国打击跨国有组织犯罪公约》缔约国就一份调查问卷提交的资料统计，在接受调查的192个国家和地区中，包括中国在内的58个国家和地区自认能够以公约第18条为依据开展司法协助。[①]

《联合国打击跨国有组织犯罪公约》缔约国大会秘书处鼓励各缔约国将各国以公约为依据开展国际刑事司法合作的情况上报，将来建成数据库，以供各缔约国参考和借鉴。目前，秘书处已收到巴西提供的9个案例的详细资料，这9个从许多案例中精选出来的案例，都成功援引了《联合国打击跨国有组织犯罪公约》为法律依据请求司法协助，也使巴西高等法院考虑准许外国引渡请求和司法协助请求。例如，这9个案例中有1个案例涉及一次重大的洗钱调查，当时贩毒所得已经转移到多个外国法域。调查期间需要向23个国家提交司法协助请求，以便聆讯证人、出示银行记录并冻结银行账户。这些国家中有13个国家以《联合国打击跨国有组织犯罪公约》作为法律依据开展刑事司法协助。向这13个国家提出的请求全部获准，虽有一些请求仍有待执行，但对5个国家的请求已经得到充分执行，收集到了必要的证据并冻结了外国银行中的几百万美元涉案资金。巴西报告说，利用《联合国打击跨国有组织犯罪公约》的机制还有一个好处，即巴西能够借此与有关的中央机关建立直接联系，而不像不以《联合国打击跨国有组织犯罪公约》为依据的大多数请求那样需要经过冗长的外交渠道。[②]

---

① Conference of the Parties to the United Nations Convention against Transnational Organized Crime, Information submitted by States in their responses to the questionnaires for the first reporting cycle, CTOC/COP/2006/CRP.2(28/08/ 2006), see question 65.

② 联合国毒品和犯罪问题办公室为促进执行《联合国打击跨国有组织犯罪公约》中关于国际合作的条款而开展的工作：区域讲习班——秘书处的报告，CTOC/COP/2008/5，第29段。

秘书处从美利坚合众国收到的报告称，美国依据《联合国打击跨国有组织犯罪公约》提出了 13 项引渡请求和 5 项司法协助请求。这类案例中有大型诈骗，也有非法武器交易，涉及《联合国打击跨国有组织犯罪公约》的 10 个缔约国，其中包括中南美洲国家和东西欧国家。在许多情形下，这些国家都准予引渡或协助，没有因为《联合国打击跨国有组织犯罪公约》范围方面的理由或因援引《联合国打击跨国有组织犯罪公约》为法律依据有所欠缺而予以拒绝的现象。①

秘书处通过自己的研究还发现，在加拿大，如果某些犯罪，特别是议定书所规定的犯罪，未包括在现有的双边条约的适用范围内，则以公约为法律依据进行国际司法合作。②

我国近年来也曾有过依据多边公约开展刑事司法协助的成功案例。2008 年，作为《联合国打击跨国有组织犯罪公约》中方中央机关，司法部收到英方中央机关——英国内政部依据上述公约就“卡斯特行动”案向我提出的刑事司法协助请求。这是我国在公约框架下收到的第一起刑事司法协助请求。该请求涉及英国执法机关正在就一起巨额增值税欺诈和洗钱案进行的刑事调查。英方请求派员来华调查取证。司法部收到该请求后，进行认真审查，并与英方密切磋商，就取证程序及技术细节达成一致。2008 年 4 月 14 日，在司法部官员的主持下，海关总署缉私局、深圳海关具体执行，对证人顺利地提取了证词和相关证明材料。英国皇家税收及海关总署对证人的作证表示满意。③

① 联合国毒品和犯罪问题办公室为促进执行《联合国打击跨国有组织犯罪公约》中关于国际合作的条款而开展的工作：区域讲习班——秘书处的报告，CTOC/COP/2008/5，第 29 段。

② 联合国毒品和犯罪问题办公室为促进执行《联合国打击跨国有组织犯罪公约》中关于国际合作的条款而开展的工作：区域讲习班——秘书处的报告，CTOC/COP/2008/5，第 30 段。

③ 详见司法部网站：《我国受理英国首份刑事司法协助请求》，http://www.moj.gov.cn/sfxzws/content/2008-07/25/content_909694.htm? node=7380（2010/2/2 访问）。

（二）我国能够直接以双边条约为依据开展刑事司法协助

自1987年6月我国与波兰签订我国第一个含有刑事司法协助内容的双边司法协助条约到2009年底，据笔者统计，我国与外国共签订了46项双边刑事司法协助条约和包含有刑事司法协助的双边司法协助条约，其中生效的有38项。双边司法协助条约是开展刑事司法协助的主要依据。

1988年2月1日，最高人民法院在《中华人民共和国和波兰人民共和国关于民事和刑事司法协助的决定》即将于1988年2月13日生效之际，专门下发了《关于执行中外司法协助协定的通知》，要求承办司法协助的法院必须严格按照与该国缔结的司法协助协定的内容认真负责办理。这是我国首个专门为执行双边司法协助条约作出的司法解释。该通知明确要求各级法院严格按照双边司法协助条约的内容认真办理司法协助事宜。1994年5月10日，最高人民法院办公厅为执行双边司法协助条约，再次下发了《转发外交部条约法律司〈关于我与有关国家司法协助条约生效情况的通知〉的通知》。该通知指出，“到目前为止，我国与下列九个国家缔结的司法协助条约或协定已经生效”，“请在上述条约或协定的基础上，开展我国与这些国家在司法领域的合作，并根据条约或协定的有关规定相互提供司法协助以及处理有关案件。”

在其他关于司法协助条约的国内法规定中，虽然没有专门对双边司法协助条约进行规定，但都包含我国缔结的双边条约。

我国与外国开展刑事司法协助，大到司法协助的规则，细到具体程序，每一项都是由条约加以规定的。例如，《中华人民共和国和加拿大关于刑事司法协助的条约》，第1条规定了“司法协助”的含义，第2条规定了司法协助的内容，第3条规定了中央机关，第4条规定了适用的法律，第5条规定了使用的语言，第6条规定了司法协助的费用，第7条规定了拒绝协助的理由，第9条规定了请求司法协助的内容，第13条规定了在押人员作证，第14条规定了在请求方境内作证或协助调查，第15条规定了对证人和鉴定人的保护，第17条规定了对赃款赃物的查明、冻结、扣押、没收和移交等。第20条规定了犯罪记录的提供，第21条规定了保密和使用的限制。如此等等。这样的条约具有很强的可适用性和针对性，直接适用毫无障碍。

三、我国直接依据国际条约开展的其他形式的国际刑事司法合作

我国所有关于国际司法合作的立法突破都是先从缔结国际条约的实践开始的。[①] 前面的引渡和狭义刑事司法协助如此，刑事诉讼移管、相互承认和执行刑事判决和被判刑人移管，也是如此。直到目前为止，刑事诉讼移管和被判刑人移管制度，在国内法上都是空白。我国刑法第10条只规定了有条件地承认外国的刑事判决，与相互承认和执行外国刑事判决还有很大差距。我国目前开展的这三项刑事司法协助事项，都是依据国际条约，或者按照互惠原则通过个案合作进行的。

（一）我国能够直接依据条约进行刑事诉讼移管

刑事诉讼移管，是指一国或数国根据另一国的请求或者根据有关的协议将由本国管辖的刑事案件移交给该另一国审理，并为此向该另一国提供必要的司法协助。[②] 我国已加入的多边公约中含有关于刑事诉讼移管的条款。例如，《禁毒公约》第8条“移交诉讼”规定：“缔约国应考虑对于按第三条第1款确定的犯罪的刑事起诉相互移交诉讼的可能性，如果此种移交被认为有利于适当的司法处置。”《联合国打击跨国有组织犯罪公约》第21条“刑事诉讼的移交”规定：“缔约国如认为相互移交诉讼有利于正当司法，特别是在涉及数国管辖权时，为了使起诉集中，应考虑相互移交诉讼的可

① 参见黄风：《〈中华人民共和国引渡法〉评注》，中国法制出版社2001年版，第24～25页。

② 黄风：《国际刑事司法合作规则与实践》，北京大学出版社2008年版，第181页。

能性，以便对本公约所涵盖的某项犯罪进行刑事诉讼。”《联合国反腐败公约》第47条作了相同规定。我国与土耳其于1992年9月28日缔结的关于民事、商事和刑事司法协助的协定第一次写进了关于开展刑事诉讼移管合作的条款。该条约第39条“诉讼的转移“规定：“一、缔约一方有义务根据请求，按照其本国法律，对于在提出请求的缔约一方境内犯罪的本国国民提起刑事诉讼。二、移交诉讼的请求应附有关于事实调查结果的现有文件。三、被请求的缔约一方应将刑事诉讼的结果通告提出请求的缔约一方，并在已作出判决的情况下附送一份最终判决的副本。”《中华人民共和国和希腊共和国关于民事和刑事司法协助的协定》第41条“刑事诉讼的转移”的规定基本相同，只是在移交诉讼的请求书应附的材料上有所不同，不仅要求附关于事实调查结果的证明文件，还要求附现有的所有证明材料以及根据请求方现行法律适用该罪行的刑法条款。诉讼移管也可能发生在引渡不能的情况下。例如，《中华人民共和国和突尼斯共和国引渡条约》第5条就规定了在拒绝引渡的情形下，根据请求方的请求，被请求方应依本国法律对被请求引渡人就引渡请求所涉及的犯罪行为进行刑事诉讼。

（二）我国能够直接依据条约开展被判刑人移管

《联合国打击跨国有组织犯罪公约》第17条“被判刑人员的移交”规定：“缔约国可考虑缔结双边或多边协定或安排，将因犯有本公约所涉犯罪而被判监禁或其他形式剥夺自由的人员移交其本国服满刑期。”目前，我国已分别与乌克兰、俄罗斯、西班牙、葡萄牙、韩国和澳大利亚6国签订了双边被判刑人移管条约，其中4个条约已经生效。双边移管被判刑人条约是我国开展此类合作的主要依据，此外，我国也通过个案磋商的形式开展此类合作。我国于1997年首次与乌克兰开展了被判刑人移管的个案合作，将两名在哈尔滨犯罪并被判刑的乌克兰人移交给乌克兰监狱主管机关，以便在乌克兰境内继续执行由中国法院判处的刑罚。随后，我国又分别与俄罗斯、喀麦隆、也门、蒙古等国家开展了被判刑人移管的个案合作。

（三）我国能够直接依据公约提供、交换、分享与犯罪有关的信息

与犯罪有关的信息，包括两大类：一类是各国履行公约的法律法规和司法实践的资料；另一类是关于犯罪的统计数字、分析数据、犯罪记录、被判刑的情况等资料。许多国际公约要求缔约国向联合国秘书长或相关国际机构提供关于在其领土内执行本公约的情报，或者将犯罪情报与其他国家共享，这样的条款能够在我国直接适用。

《禁毒公约》第 20 条规定，缔约国应通过秘书长向国际麻醉品管理委员会提供关于在其领土内执行本公约的情报，特别是：(a) 为实施本公约而颁布的法律和法规的文本；(b) 在其管辖范围内发生的非法贩运案件中缔约国认为因其涉及所发现的新趋势、所涉及的数量、获得有关物质的来源或从事非法贩运的人使用的手段而具有重要性的案件的详情。《联合国打击跨国有组织犯罪公约》第 28 条规定，各缔约国均应考虑在同科技和学术界协商的情况下，分析其领域内的有组织犯罪的趋势，活动环境以及所涉及的专业团体和技术，并考虑通过国际和区域组织研究和分享与有组织犯罪活动有关的分析性专门知识。《联合国反腐败公约》第 61 条规定，各缔约国均应当考虑在同专家协商的情况下，分析其领域内腐败方面的趋势以及腐败犯罪实施的环境，并尽可能拟定共同的定义、标准和方法而相互并通过国际和区域组织发展和共享统计数字、有关腐败的分析性专门知识和资料，以及有关预防和打击腐败的最佳做法的资料。

在我国与外国缔结的双边刑事司法协助条约中，大多包含了“提供犯罪记录”和“交流法律资料”的任择性义务。例如，《中华人民共和国和泰王国关于刑事司法协助的条约》第 16 条规定，如果在请求方境内受到刑事侦查或者起诉的人在被请求方境内曾经受过刑事追究，则被请求方应当根据请求，向请求方提供有关该人

的犯罪记录和对该人判刑的情况，被请求方可以自由裁量完全或部分拒绝该项请求。该条约第 17 条规定，双方可以根据请求，相互交流各自国家或者曾经实施的与履行本条约有关的法律和司法实践资料。

四、我国直接依据国际条约开展国际刑事司法合作存在的问题

国际刑事公约中有关开展国际刑事司法合作的条款，大多都具有可直接适用性，但在我国，却由于我国国内不具有执行某些条款的配套立法，而导致这些条款暂时无法直接适用。在这种情况下，这类条款本身并未失去直接适用力，而只是因国内立法的不完善暂时处于被搁置状态，从而大大影响了我国执行条约的能力。

（一）关于没收犯罪收益的条款

1988 年禁毒公约第 5 条第 4 款（a）项、《联合国打击跨国有组织犯罪公约》第 13 条第 1 款 b 项和《联合国反腐败公约》第 55 条第 1 款第 2 项都作了相同的规定：缔约国在收到另一缔约国关于没收位于被请求缔约国领域内的犯罪所得、财产、设备或者其他工具的请求后，应当将该缔约国法院签发的没收令提交本国主管机关，“以便按请求的范围予以执行”。我国对外缔结的双边刑事司法协助条约一般都有根据请求没收犯罪所得的规定，例如，《中华人民共和国和加拿大关于刑事司法协助的条约》第 17 条规定：“一方可以根据请求，尽力确定因发生在另一方境内的犯罪而产生的赃款赃物是否在其境内，并将调查结果通知该另一方。”“被请求方一旦发现前款所述赃款赃物，则应采取其法律所允许的措施对赃款赃物予以冻结、扣押或没收。”

这些公约和条约对我国生效后，有的国家已经开始依据公约和条约向我国提出“没收事宜”的刑事司法合作请求。

但我国刑法仅规定了我国法院判决没收财产的程序和被没收财产归国家所有，对外国没收令的承认和执行及归还程序等都没有涉及。当外国主管机关依据公约的规定请求我国承认和执行由该外国

司法机关针对处于我国境内的犯罪所得发出的没收令时，我国应当遵循怎样的原则、条件、程序来履行公约所规定的国际合作义务呢？具体来说，我国应由哪一机关负责审查该请求并作出相关决定？在审查中应当遵循怎样的标准和程序？哪些人员可以在这种审查中针对外国的没收令提出异议或权利主张？这些问题的解决目前仍然无法可依，从而使我国无法切实履行《联合国反腐败公约》为“资产的追回”所确立的主要国际合作义务。在我国无法切实承认和执行外国没收令的情况下，我国主管机关签发的没收令也将因对等原则的适用而在有关外国受到搁置甚至拒绝。①

（二）关于对外国刑事判决的承认与执行的条款

1997年9月，两名在哈尔滨犯罪并被判处刑罚的乌克兰籍囚犯被我国司法机关移交给乌克兰政府监狱主管机关，以便在乌克兰监狱继续执行由中国法院判处的刑罚。这是我国首次以个案合作的方式向外国主管机关移管被判刑人。但是，我国国内法却缺乏有关被判刑人移管合作的配套立法。例如，相互承认与执行判决应当以遵守“一事不再理”原则为前提条件，而我国刑事立法不仅没有规定该原则，反而在刑法第10条规定了消极的对外国刑事裁决的承认；当外国向我国移管中国公民时，应当依循怎样的规则和程序才能将外国的刑事判决转换为在我国具有法定执行效力的裁决，在我国法律中也没有规定。国内规范的缺位，不仅制约着被判刑人移管个案合作的开展，而且会使从外国向中国移管被判刑人继续面临重重法律困难，同样也会影响我国与外国缔结移管被判刑人双边条约的进程。②

由于我国刑事法律没有承认与执行外国刑事裁决的规定，我国司法机关在实际中对外国法院发布的“没收令”或者罚金判决无

---

① 参见黄风：《刑诉法应增加承认与执行外国判决的制度》，载《现代法学》2007年3月第29卷第2期。

② 参见黄风：《刑诉法应增加承认与执行外国判决的制度》，载《现代法学》2007年3月第29卷第2期。

法承认，从而导致其无法协助外国主管机关追缴在中国境内发现的犯罪资产并且返还给请求方。

《反洗钱法草案》和《禁毒法草案》都曾包含有为追缴犯罪所得和犯罪收益而开展国际合作的条款，但是，在我国不存在承认与执行外国刑事判决的规定的情形下，上述法律草案中的有关条款在实践中都将无法操作。因此，正式通过的《反洗钱法》第五章“反洗钱国际合作”删除了原草案中关于根据外国请求没收和处置犯罪收益的内容，正式通过的《禁毒法》第五章“禁毒国际合作”仅仅保留了原草案中关于分享查获的非法所得的内容。显然，这最后的立法处理与我国法律制度中尚缺乏承认与执行外国刑事判决的制度有关。①

根据我国缔结的被判刑人移管双边条约以及加入的《联合国打击跨国有组织犯罪公约》和《联合国反腐败公约》，承认与执行外国刑事判决已成为我国在一定条件应当履行的国际义务。有专家建议，我国应在《刑事诉讼法》中尽快建立承认与执行外国刑事判决的制度，并确认“国际条约规范优先适用”、“一事不再理”和不加重处罚等基本原则，同时确定与此相关的条件、程序等基本规范，② 并且建议制定一部专门的《国际刑事司法协助法》。最近几年，中纪委等部门开始把刑事司法协助立法作为推进《联合国反腐败公约》实施的重大法律衔接问题加以研究，司法部根据相关委托于2008年起草了《国际刑事司法协助法（草案)》。该草案已提交全国人大外事委员会，正式列入近年的立法规划。

（三）关于被判刑人移管条款

目前，我国开展的被判刑人移管主要是向国外移交犯人，而很

① 参见黄风：《刑诉法应增加承认与执行外国判决的制度》，载《现代法学》2007年3月第29卷第2期；黄风：《国际刑事司法合作规则与实践》，北京大学出版社2008年版，第214页。

② 参见黄风：《刑诉法应增加承认与执行外国判决的制度》，载《现代法学》2007年3月第29卷第2期。

少从国外把我国公民移交回本国。当这样的情况发生时，可能有几个难点问题在国内法上还没有规定。例如，监狱如何执行这样的外国判决，将无法可依。再如，《中华人民共和国和俄罗斯联邦关于移管被判刑人的条约》第10条和《中华人民共和国和乌克兰关于移管被判刑人的条约》第11条以及其他的移管被判刑人条约都规定，如果判刑国所判处的刑罚的种类或者期限不符合执行国的法律，执行国在征得被判刑国同意后，可以将该刑罚转换为本国法律对同类犯罪规定的刑罚予以执行。对于从外国移管回国的被判刑人，中国法院应当如何将其外国刑罚转化为中国刑罚？在我国现有法律制度下，法院根本没有本国法可以依据。因此，如前所述，被判刑人移管与相互承认与执行其他形式的外国刑事判决一样，还需要国内立法的完善和补充才能更好地开展。

（四）其他条款

此外，一般的双边刑事司法协助条约都规定可以相互请求扣押、冻结财产，但对于外国根据双边司法协助条约提出的冻结和扣押财产的请求，应当按照怎样的条件和程序进行审查与执行？我国国内法上也没有相关规定。

又如，我国司法协助的“中央机关”与主管机关应当如何分工处置并且在怎样的期限内处理外国提出的调查取证请求？等等，这些问题在我国现行的国内立法中都找不到答案，因而可能导致有关的合作在实践中难以有效开展，甚至可能使国际条约中的相关条款成为一纸空文。①

---

① 黄风教授就国际刑事司法协助问题接受《方圆·法治》采访：《国际刑事司法协助需要国内立法支持》，载京师刑事法治网，http://www.criminallawbnu.cn/criminal/info/showpage.asp?ProgramID=&pkID=22366&keyword=%BB%C6%B7%E7。

第五节　国际条约在我国涉外刑事案件中的直接适用

一、涉外刑事案件的范围

1995 年外交部等《关于处理涉外案件若干问题的规定》（以下简称“规定”）规定，本规定中“涉外案件”是指在我国境内发生的涉及外国、外国人（自然人及法人）的刑事、民事经济、行政、治安等案件及死亡事件。

关于“涉外刑事案件”的范围，有关解释并不一致。1998 年最高人民法院《关于执行〈中华人民共和国刑事诉讼法〉若干问题的解释》（以下简称《解释》）第 313 条规定，“涉外刑事案件”是指：（一）在中华人民共和国领域内，外国人犯罪的或者我国公民侵犯外国人合法权利的刑事案件；（二）在中华人民共和国领域外，符合刑法第 8 条、第 10 条规定情形的外国人对中华人民共和国国家和公民犯罪和中国公民犯罪的案件；（三）符合刑法第 9 条规定的情形，中华人民共和国在所承担国际条约义务范围内行使管辖权的案件。这个范围显然大于“规定”中的范围。

广义的刑事司法协助有相当一部分属于涉外刑事案件，但也有一些称不上是涉外刑事案件。比如，某外国人因在外国犯普通罪行而逃匿在我国，外国请求从我国引渡该人，这个请求引渡的案件按以上哪个定义，都不属于涉外刑事案件。

本节讨论的涉外刑事案件不包括国际刑事司法合作事项在内。

二、直接适用条约已成为我国处理涉外刑事案件的一贯主张

从我国颁发的关于处理涉外刑事案件的各种文件和一贯精神，我们可以看出，我国在处理涉外刑事案件时，一贯主张，如果我国与外国签订有条约，则应直接适用条约规定，在无条约的情况下，

依据国内法的规定或在平等互惠的基础上进行协商解决。

这种主张既有一般性的原则性规定，也有具体事项上的特别性规定。

一般性的原则性规定，体现如下：1987 年《关于处理涉外案件若干问题的规定》第 1 条强调，涉外案件应依照我国法律规定办理，以维护我国主权。同时亦应恪守我国参加和签订的多边或双边条约的有关规定。当国内法以及某些内部规定同我国所承担的条约义务发生冲突时，应适用国际条约的有关规定。1995 年同名文件第 1 条“总则”第 3 款同样规定：“处理涉外案件，在对等互惠原则的基础上，严格履行我国所承担的国际条约义务。当国内法或者我内部规定同我国所承担的国际条约义务发生冲突时，应当适用国际条约的有关规定（我国声明保留的条款除外）。各主管部门不应当以国内法或者内部规定为由拒绝履行我国所承担的国际条约规定的义务。”1998 年公安部《公安机关办理刑事案件程序规定》第 320 条规定：“办理外国人犯罪案件，应当严格依照我国法律、法规、规章，以及维护国家主权和利益，并在对待互惠原则的基础上，严格履行我国所承担的国际条约义务。当国内法或者规定同我国所承担的国际条约义务发生冲突时，应当适用国际条约的有关规定，但我国声明保留的条款除外。”1998 年最高人民法院《解释》第 18 大节用了 24 个条文专门规定了“涉外刑事案件审理程序”，涉及条约适用的共有 7 个条文，其中 6 个是明确针对刑事司法协助请求时直接适用条约的规定，只有第 317 条不限于刑事司法协助，该条规定：“中华人民共和国缔结或参加的国际条约中有关于刑事诉讼程序具体规定的，适用该国际条约的规定，但是，我国声明保留的条款除外。”这样的规定具有普遍指导意义。

特定事项上的特别规定，体现如下：《关于处理涉外案件若干问题的规定》在规定处理涉外案件的各种情形时，都作如是规定：有双边条约的，适用双边条约，没有双边条约的，适用共同参加的多边公约，这两种条约都没有的，才依据国内法或通过互惠和对等原则处理。如其第3条第1款在关于通知外国驻华使、领馆问题上规定："凡与我国订有双边领事条约的，按条约的规定办理；未与我签订双边领事条约，但参加《维也纳领事关系公约》的，按照《维也纳领事关系公约》的规定办理；未与我国签订领事条约，也未参加《维也纳领事关系公约》，但与我国有外交关系，可按互惠和对等原则，根据有关规定和国际惯例办理。"2010年"两高"、"两部"《关于依法惩治拐卖妇女儿童犯罪的意见》第34条规定，"依照我国缔结或者参加的国际条约的规定"，"及时请求或者提供各项司法协助，有效遏制跨国、跨境拐卖妇女、儿童犯罪。"这种表述，非常清楚地表明了在处理这些特定事项上应该直接适用条约规定。

以上规定清楚地表明了我国处理涉外刑事案件的一贯主张，那就是，当订立有条约时，应当直接适用条约规定。

三、人民法院原则上可直接适用条约规定的具体程序审理涉外刑事案件

《解释》第317条规定实际上是人民法院在审理涉外刑事案件时的一个总则性规定。因为其余条文都是具体规定如何办理涉外刑事案件审理程序的具体规则和程序的，例如，公开审理原则，被告人有权获得翻译、辩护原则，对涉案人员限制出境的规定，向我国领域外居住的当事人送达诉讼文书的方式、送达费用的收取，以及涉案外国籍被告人死亡的通知，等等，都属于国内审理涉外案件的具体规定。第317条就是总则性的规定，在审理涉外刑事案件时，我国缔结或参加的国际条约中有关于刑事诉讼程序具体规定的，如果我国无相关规定，则直接适用该国际条约的规定，如果我国有相关规定，则优先适用该国际条约的规定。所以尽管"解释"规定了比较详细的规则和程序，但如果国际条约有规定，应直接并优先适用条约规定。

四、直接适用条约处理涉外刑事案件的具体情形

根据《关于处理涉外案件若干问题的规定》，直接适用条约办理涉外刑事案件的具体情形，主要有以下几种：

1. 关于通知外国驻华使、领馆问题

《关于处理涉外案件若干问题的规定》第 3 条第 1 款规定，凡与我国订有双边领事条约的，按条约的规定办理；未与我签订双边领事条约，但参加《维也纳领事关系公约》的，按照《维也纳领事关系公约》的规定办理。其第 3 条第 3 款规定，通知时限，双边领事条约明确规定期限的（4 天或 7 天），应当在条约规定的期限内通知；如无双边领事条约规定，也应当根据或者参照《维也纳领事关系公约》和国际惯例尽快通知，不应超过 7 天。其第 3 条第 4 款第 7 项规定，外国边民在我国边境地区死亡或者被取保候审、监视居住、拘留审查、拘留、逮捕的，按双边条约规定办理。如无双边条约规定的，也可考虑通过边防会晤的方式通知有关国家。

2. 关于探视被监视居住、拘留审查、拘留、逮捕或正在监狱服刑的外国公民以及与其通信问题

《关于处理涉外案件若干问题的规定》第 5 条第 1 款规定，外国驻华外交、领事官员要求探视被监视居住、拘留、拘留审查、逮捕或正在服刑的本国公民，我主管部门应在双边领事条约规定的时限内予以安排，如无条约规定，亦应尽快安排。其第 5 条第 4 款规定，外国驻华外交、领事官员与其本国在华被监视居住、拘留审查、拘留、逮捕或者正在服刑的本国公民往来信件，我主管部门应按有关领事条约及《维也纳领事关系公约》的规定迅速转交。

3. 旁听问题

《关于处理涉外案件若干问题的规定》第 6 条第 1 款规定，外国驻华使、领馆官员要求旁听涉外案件的公开审理，应向各省、自治区、直辖市高级人民法院提出申请，有关法院应予安排。旁听者应遵守人民法院的法庭规则。对于依法不公开审理的涉外案件，外

国驻华使、领馆官员要求旁听的，如有关国家与我国已签订的领事条约中明确承担有关义务的，应履行义务；未明确承担有关义务的，应根据我国法律规定，由主管部门商同级外事部门解决。

4. 外国人死亡（包括在刑事羁押中死亡）后的通知问题

《关于处理涉外案件若干问题的规定》附件1“外国人在华死亡后的处理程序”第2条第1款规定，根据《维也纳领事关系公约》或双边领事条约的规定，以及国际惯例，外国人在华死亡后应尽快通知死者家属及其所属国家驻华使、领馆。其第4款规定，关于通知时限，如死者所属国家已同我国签订领事条约，应按条约规定办理；如条约中没有规定，或无双边领事条约，应按《维也纳领事关系公约》的规定和国际惯例尽快通知，但不应超过7天。

第六节　国际刑事条约可以在我国直接适用的其他条款

判断某个条约或某个条款究竟是否具有自动执行性的问题，在采用“纳入”式的国家都属于非常复杂的问题，需要通过多年的判例法实践不断摸索和总结。在我国，谁有权认定某个条款是否具有直接适用力，没有明确规定。对某个条款是否能直接适用有争议时，谁有权作出终局性解释，也是立法空白。笔者在此，只是在研读公约的基础上，略举数类完全可以直接适用的其他条款，借此说明，除了我国国内法的明确规定，有些条款依据其自身的特点，无须凭借国内法就可直接适用。

一、要求“报告”、“通知”、“送达”类的条款

公约明确要求缔约国“报告”的条款，比如，1970年《关于制止非法劫持航空器的公约》第11条规定，各缔约国应遵照其本国法尽快地向国际民用航空组织理事会就下列各项报告它所掌握的任何有关情况：（甲）犯罪的情况；（乙）根据第九条采取的行动；

（丙）对罪犯或被指称的罪犯所采取的措施，特别是任何引渡程序或其他法律程序的结果。

公约明确要求缔约国"通知"的条款，比如，《联合国打击跨国有组织犯罪公约》第16条第5款规定，以订有条约为引渡依据的缔约国应在交存本公约批准书、接受书、核准书或加入书时通知联合国秘书长，说明其是否将把本公约作为与本公约其他缔约国进行引渡合作的法律依据。《关于防止和惩处侵害应受国际保护人员包括外交代表的罪行的公约》第6条第1款规定，嫌疑犯所在地的缔约国确信情况有此需要时，就采取其国内法所规定的适当措施保证嫌疑犯留在其领土内，以便进行起诉或引渡。这种措施应该立即或经由联合国秘书长通知，（A）犯罪地国家；（B）嫌疑犯隶籍的一国或数国，如为无国籍人士时，其永久居住地国；（C）有关的应受国际保护人员隶籍的一国或数国，或其代表执行职务的国家；（D）所有其他有关国家；（E）有关的应受国际保护人员充任官员或代理人的国际组织。

公约明确要求缔约国"送达"的条款，比如，上述公约第11条规定，对嫌疑犯提起刑事诉讼的缔约国应将诉讼的最后结果送达联合国的秘书长。

这类条款简洁明了，根本不需要国内法加以补充，都能在缔约国直接适用。

二、有关领事保护权的条款

我国并没有制定领事保护法，但在许多国际公约中都规定了被羁押人员的领事保护权。例如，《关于防止和惩处侵害应受国际保护人员包括外交代表的罪行的公约》第6条第2款规定，对任何人员采取本条第1款规定的拘留措施时，此种人员有权：（A）立即与其隶籍国，或有权保护其权利的其他国家，或如为无国籍人时经其请求而愿意保护其权利的国家距离最近的适当代表取得联络；（B）并由该国代表前往探视。被羁押人员国籍国就可直接依据公约请求探视。

这种领事保护权在双边领事条约中得到进一步的明确。在我国与外国签订的双边领事条约中，都无一例外地都规定了遭刑事羁押人员应享有的领事保护权。

英国籍毒贩阿克毛在新疆被逮捕后，英国领事几次要求前去探视，其行使的就是被刑事羁押的外籍人员依据国际公约或双边条约所享有的领事保护权。

三、指定中央机关和设立相关机构的条款

《联合国打击跨国有组织犯罪公约》第 18 条第 13 款规定，各缔约国均应指定一中心当局，使其负责和有权接收司法协助请求并执行请求或将请求转交主管当局执行。我国指定司法部为《联合国打击跨国有组织犯罪公约》的中方中央机关。

《联合国反腐败公约》第 6 条规定，各缔约国均应当根据本国法律制度的基本原则，确保设有一个或酌情设有多个机构通过诸如下列措施预防腐败：……各缔约国均应当将可以协助其他缔约国制定和实施具体的预防腐败措施的机关的名称和地址通知联合国秘书长。我国于 2007 年 9 月 6 日成立的中华人民共和国预防腐败局就是根据公约的要求设立的预防腐败犯罪的专职机构。①

《联合国打击跨国有组织犯罪公约》第 7 条第 1 款规定，各缔约国均应考虑“建立作为国家级中心的金融情报机构，以收集、分析和传播有关潜在的洗钱活动的信息。”《联合国反腐败公约》多处对金融情报机构的性质和地位作出规定，如该公约第 14 条第 1 款规定，各缔约国均应当“在国家和国际一级开展合作和交换信息，并应当为此目的考虑建立金融情报机构，作为国家中心收集、分析和传递关于潜在洗钱活动的信息。”第 58 条专条对金融情报机构作了规定：“缔约国应当相互合作，以预防和打击根据本公约

---

① 在该公约的声明和保留中，各国都将此机关通知了秘书长。

确立的犯罪而产生的所得转移，并推广追回这类所得的方式方法。为此，缔约国应当考虑设立金融情报机构，由其负责接收、分析和向主管机关转移可疑金融交易的报告。”根据这一公约义务，2004年中国反洗钱监测分析中心正式成立。

四、不引渡应迅速移交本国主管当局的条款

许多国际公约规定了缔约国不引渡就毫不迟延地移交本国主管当局的义务。[①] 例如，《制止危及海上航行安全非法行为公约》第10条规定，在本国领土内发现罪犯或被指称的罪犯的缔约国，在第6条适用的情况下，如不将罪犯引渡，则无论罪行是否在其领土内发生，应有义务毫无例外地立即将案件送交其主管当局，以便通过其国内法律规定的程序起诉。主管当局应以与处理本国法中其他严重犯罪案件相同的方式作出决定。

我国刑事诉讼法和引渡法都没有规定“或引渡或起诉”原则，也没有规定“不引渡就起诉或就移交”原则。但依据我国参加的国际公约，我国承担了公约下的“不引渡就移交”义务。如果因为被指控的嫌犯属于本国公民或基于其他原因而作出不予引渡的决定，就应该毫不迟延地将被请求引渡人移交我国主管当局，以便使其以处理我国国内法中其他严重犯罪案件相同的方式作出是否起诉的决定。

---

① 而不是不引渡就起诉的义务。公约只是要求缔约国移交本国主管当局，按照处理本国法中其他严重犯罪案件相同的方式作出决定，而没有明确规定“起诉”义务。

第五章　国际刑事条约在中国的适用方式之二：间接适用

国际刑事条约因其规定的犯罪与刑罚等与人身权和财产权密切相关，决定了这类性质的条约被接受为国内法后，有的还须再通过国内立法加以执行，才能由国内司法或行政机关予以适用。在国际义务越来越具有普遍性的当代社会，越来越多的条约明确规定缔约国须以立法予以履行条约义务。此外，有些条约条款因内容抽象、要求不明确而不具有可适用性，需要国内立法加以细化完善，才能得到有效适用。

第一节　国际刑事条约规定缔约国须以立法予以执行的情形

我们通常说，条约在国内的执行有立法执行、司法执行和行政执行。国际刑事条约明文规定缔约国须以立法予以执行的情形，就是立法执行的情形。

一、国际刑事条约明文规定缔约国须以立法予以执行的情形

目前，对我国生效的 21 项国际刑事条约和 27 项规定有附属刑事条款的国际条约，都在不同程度上对国内立法有明文要求。大致可以归纳为几下几种：

（1）要求缔约国采取有效的立法措施，防止在其管辖的任何领域内出现公约禁止的行为。例如，《禁止酷刑公约》第 2 条第 1 款规定：“每一缔约国应采取有效的立法、行政、司法或其他措

施，防止在其管辖的任何领土内出现酷刑的行为。”《关于防止和惩处侵害应受国际保护人员包括外交代表的罪行的公约》第4条规定，各缔约国应采取一切切实可行的措施，以防止在各该国领土内策划在其领土以内或以外实施公约规定的罪行。

（2）要求将公约禁止的行为规定为犯罪，并规定适当的惩罚措施。例如，1949年《改善战地武装部队伤者病者境遇之日内瓦公约》第49条第1款规定：“各缔约国担任制定必要之立法，俾对于本身犯有或令人犯有下条所列之严重破坏本公约之行为之人，处以有效之刑事制裁。”《改善海上武装部队伤者病者及遇船难者境遇之日内瓦公约》第50条第1款、《关于战俘待遇之日内瓦公约》第129条第1款、《关于战时保护平民之日内瓦公约》第146条第1款都规定了相同内容。《禁止酷刑公约》第4条规定：“1. 每一缔约国应保证将一切酷刑行为定为刑事罪行。该项规定也应适用于施行酷刑的企图以及任何人合谋或参与酷刑的行为。2. 每一缔约国应根据上述罪行的严重程度，规定适当的惩罚。”《联合国禁止非法贩运麻醉品和精神药物公约》第3条“犯罪和制裁”第1款规定：“各缔约国应采取可能必要的措施将下列故意行为确定为其国内法中的刑事犯罪：……”

（3）要求将某些行为的预备、未遂、中止行为或教唆、共谋等犯罪的未完成形态或帮助行为规定为犯罪。因为许多国家在刑法总则中对犯罪的未完成形态不作普遍性定罪惩罚，所以许多国际刑事公约明确要求，对公约禁止的严重危害行为的未完成形态予以犯罪化并进行相应惩罚，并不以其最终是否实施公约禁止行为为前提。《联合国打击跨国有组织犯罪公约》第5条“参加有组织犯罪集团行为的刑事定罪”规定：“1. 各缔约国均应采取必要的立法和其他措施，将下列故意行为规定为刑事犯罪：（a）下列任何一种或两种有别于未遂或既遂的犯罪的行为：……（b）组织、指挥、协助、教唆、便利或参谋实施涉及有组织犯罪集团的严重犯罪。……”《联合国反腐败公约》第27条“参与、未遂和中止”

规定："一、各缔约国均应当采取必要的立法和其他措施，根据本国法律将以共犯、从犯或者教唆犯等任何身份参与根据本公约确立的犯罪规定为犯罪。二、各缔约国均可以采取必要的立法和其他措施，根据本国法律将实施根据本公约确立的犯罪的任何未遂和中止规定为犯罪。三、各缔约国均可以采取必要的立法和其他措施，根据本国法律将为实施根据本公约确立的犯罪进行预备的行为规定为犯罪。"2010年2月8日对我国生效的《联合国打击跨国有组织犯罪公约关于预防、禁止和惩治贩运人口特别是妇女和儿童行为的补充议定书》第5条第2款规定："各缔约国均应采取必要的立法和其他措施，（a）在符合本国法律制度基本概念的情况下，把实施根据本条第1款所确立的犯罪未遂定为刑事犯罪；（b）把作为共犯参与根据本条第1款所确立的犯罪定为刑事犯罪；以及（c）把组织或指挥他人实施根据本条第1款所确立的犯罪定为刑事犯罪。"

（4）要求对公约禁止的行为确立刑事管辖权，特别是确立域外刑事管辖权，将缔约国的刑事管辖权效力延伸于传统的领域以外，要求在传统的属地原则或属人原则之外，确立域外管辖的航空器或船舶上犯罪的管辖原则、营业地国或永久居所地国、惯常居所地国管辖原则、保护管辖原则、被害人国籍国原则和有限的普遍管辖原则，等。例如，《禁止酷刑公约》第5条规定："1. 每一缔约国对下列情况中的罪行应采取一些必要的措施，以确立第四条中的管辖权：…… 2. 每一缔约国同样应采取必要的措施，确立其对在下列情况中发生的罪行的管辖权：被指控的罪犯在该国管辖的任何领土内，该国不按第八条规定将其引渡至本条第1款所述的任何国家。"《关于制止危害民用航空安全的非法行为的公约》第5条第1款规定："在下列情况下，各缔约国应采取必要措施，对罪行实施管辖权：……"《关于防止和惩处侵害应受国际保护人员包括外交代表的罪行的公约》第3条规定："1. 每一缔约国应采取必要措施，以确定其在下列情况下对第2条第1款所列举的罪行的管辖权：…… 2. 每一缔约国应同样采取必要措施，于嫌疑犯在本国领土内而本国不依第 8 条规定将该犯引渡至本条第 1 款所指明的国家时，对这些罪行确定其管辖权。”

(5) 要求对严重犯罪规定一个较长的追诉期限，甚至要求在被指控犯罪的人逃避司法处置时规定更长的追诉期限。例如，《禁止酷刑公约》第 3 条第 8 款规定：各缔约国应酌情在其国内法中对于按本条第 1 款确定的任何犯罪，规定一个长的追诉时效期限，当被指称的罪犯已逃避司法处置时，期限应更长。《联合国打击跨国有组织犯罪公约》第 11 条“起诉、判决和制裁”第 5 款规定：“各缔约国均应在适当情况下在其本国法律中对于本公约所涵盖的任何犯罪规定一个较长的追诉时效期限，并在被指控犯罪的人逃避司法处置时规定更长的期限。”《联合国反腐败公约》第 29 条的规定与此相同。

(6) 要求建立犯罪记录。《联合国打击跨国有组织犯罪公约》第 22 条“建立犯罪记录”规定：“各缔约国均可采取必要的立法或其他措施，按其认为适宜的条件并为其认为适宜的目的，考虑到另一个国家以前对被指控人作出的任何有罪判决，以便在涉及本公约所涵盖的犯罪的刑事诉讼中加以利用。”

(7) 要求建立保护证人和被害人的制度。《联合国打击跨国有组织犯罪公约》第 24 条“保护证人”第 1 款规定，各缔约国均应在其力所能及的范围内采取适当的措施，为刑事诉讼中就本公约所涵盖的犯罪作证的证人并酌情为其亲属及其他与其关系密切者提供有效的保护，使其免遭可能的报复或恐吓。该公约第 25 条“帮助和保护被害人”规定：“1. 各缔约国均应在其力所能及的范围内采取适当的措施，以便向本公约所涵盖的犯罪的被害人提供帮助和保护，尤其是在其受到报复威胁或恐吓的情况下。2. 各缔约国均应制定适当的程序，使本公约所涵盖的犯罪的被害人有机会获得赔偿和补偿。……”

(8) 要求追究法人的刑事责任。《〈儿童权利公约〉关于买卖儿童、儿童卖淫和儿童色情制品问题的任择议定书》第3条第4款规定："在不违反其国内法规定的情况下，每一缔约国应采取适当措施确定法人对本条第1款中规定的罪行的责任。在不影响缔约国的法律原则的情况下，可将法人的这一责任定为刑事、民事或行政责任。"

（9）不得将公约规定的罪行以政治、思想、意识形态、人种、民族、宗教及其他相似性质的原因而被开脱罪责。《打击恐怖主义、分裂主义和极端主义上海公约》第3条规定："各方应采取必要措施，包括适当时制定国内立法，以使本公约第一条第一款所指行为在任何情况下不得仅由于政治、思想、意识形态、人种、民族、宗教及其他相似性质的原因而被开脱罪责，并使其受到与其性质相符的处罚。"《制止向恐怖主义提供资助的国际公约》第6条规定："每一缔约国应酌情采取措施，包括适当时制定国内立法，以确保本公约范围内的犯罪行为，在任何情况下都不可引用政治、思想、意识形态、种族、族裔、宗教或其他类似性质的考虑因素为其辩解。"

（10）在国际人权公约中，还普遍要求国内法采取立法措施以实现公约所确认的权利。国际人权公约全面规定了公民在刑事诉讼中享有的各种权利和最低刑事司法准则，例如：任何人不受非法或任意剥夺自由、无罪推定原则、正当程序、不得自证有罪、一事不再理原则、公开审判、有权获得辩护原则、有权获得司法救济、免受酷刑或残忍、不人道或有辱人格的待遇或处罚、错案赔偿、未满18周岁不得被判死刑、移徙工人及其家庭成员有权获得国民待遇原则、儿童等易受伤害人群的特别审理程序、对证人和被害人的保护，等等。各缔约国有义务在国内法中全面贯彻。例如，《公民权利和政治权利国际公约》第2条规定，本公约每一缔约国承担尊重和保证在其领土内和受其管辖的一切个人享有本公约所承认的权利。凡未经现行立法或其他措施予以规定者，本公约每一缔约国承担按照其宪法程序和本公约的规定采取必要步骤，以采纳为实施本公约所承认的权利所需的立法或其他措施。《儿童权利公约》第4条规定："缔约国应采取一切适当的立法、行政和其他措施以实现本公约所确认的权利。……"《消除对妇女一切形式歧视公约》第2条规定，缔约各国应采取适当立法和其他措施，包括适当时采取制裁，禁止对妇女的一切歧视。应采取一切适当措施，包括制定法律，以修改或废除构成对妇女歧视的现行法律、规章、习俗和惯例。同意废止本国刑法内构成对妇女歧视的一切规定。第3条规定，缔约各国应采取一切适当措施，包括制定法律，力谋妇女的充分发展和进步，以保证她们在男子平等的基础上，行使和享有人权和基本自由。

（11）要求通过立法建立最新的国际刑事司法合作制度。近年来，出于打击犯罪、追回犯罪收益的需要，国际公约中出现了一些新的国际刑事司法合作的制度，并要求缔约国采取措施在国内法中予以贯彻。例如，《联合国反腐败公约》第12条要求尽最大可能采取必要措施能够没收犯罪所得或价值与其相当的财产，第50条要求建立控制下交付制度，第52条要求建立预防和监测犯罪所得转移的金融监管措施，第53条要求建立通过在其他缔约国提起民事诉讼的方式直接追回资产的制度，第54条要求建立通过没收事宜追回资产的机制，第57条要求建立有关犯罪资产的返还和处分制度，等等。

（12）要求采取必要措施建立不经定罪的没收制度和民事没收制度。为了解决在犯罪嫌疑人在逃、失踪或者死亡情况下对犯罪所得或收益的没收问题，《联合国反腐败公约》第54条第1款（三）呼吁各国"考虑采取必要的措施，以便在因为犯罪死亡、潜逃或者缺席而无法对其起诉情形或者其他有关情形下，能够不经过刑事定罪而没收这类财产。"

（13）要求通过立法相互承认刑事前科。例如，《联合国反腐败公约》第41条规定："各缔约国均可能采取必要的立法或者其他措施，按其认为适宜的条件并为其认为适宜的目的，考虑另一国以前对被指控罪犯作出的任何有罪判决，以便在涉及根据本公约确立的犯罪的刑事诉讼中利用这类信息。”

（14）要求制定简易引渡程序。例如，《联合国打击跨国有组织犯罪公约》第16条第8款和《联合国反腐败公约》第44条第9款都规定：“对于本条所适用的任何犯罪，缔约国应在符合本国法律的情况下，努力加快引渡程序并简化与之有关的证据要求。”该条除了可以直接适用外，实际上也可以理解为，缔约国需要在国内引渡立法中对引渡简易程序加以规定。

二、立法执行的特点

（1）立法执行，要求缔约国在各个领域进行立法活动，不仅仅是刑事法领域，也包括政治、行政、民事等领域的履约立法。当代国际社会打击犯罪的措施，不再仅仅局限于刑事领域，而是体现为全方位和跨领域。例如，打击跨国洗钱犯罪的措施，既要求缔约国在刑事立法上予以定罪，又要求缔约国通过行政立法，建立金融监管机制和边境合作机制等，对洗钱犯罪进行犯罪前、犯罪中和犯罪后的全面预防和制裁。

（2）立法执行并不意味着国内必须要有新的立法活动。当现存的国内法与公约规定完全一致时，就没有必要进行新的立法活动。只有当缔约国的国内法中缺乏条约规定，或与条约规定不相一致，或与条约规定相比不够完善时，才有必要进行新的立法活动。

（3）国际刑事条约要求的立法执行，既有强制性义务，也有任择性义务。例如，《制止危及大陆架固定平台安全非法行为议定书》第3条：“1. 在下列情况下，每一缔约国应采取必要措施，确定其对第二条所述罪行的管辖权：…… 2. 在下列情况下，缔约国亦可以对任何此种罪行确定管辖权：……”该条第1款是强制性义务，第2款是任择性义务。但对于定罪与处罚的规定，一般都是强制性的。对缔约国而言，强制性义务属于履约的最低要求，应切实有效地全面贯彻。对于任择性义务，属于建议性的，可以考虑执行。体现了国际刑事条约既有刑事法的“硬法”性质，也有国际法的“软法”特点。

（4）国际刑事条约明文要求以立法形式执行公约规定，其内容既有实体性的，也有程序性的。实体方面的要求，主要体现在定罪和量刑方面；程序方面的要求，主要体现在为保护人权而确立的正当程序规则和具体程序设置以及国际刑事司法合作的规则和程序。体现了国际刑法综合性的特点。

（5）国际刑事条约对国内立法的要求，近年呈递增趋势，可以说要求越来越多，越来越具体。除了传统上对定罪、处罚、刑事管辖权的要求，还增加了许多保障人权、国际司法合作的要求。例如，许多公约要求缔约国建立或完善证人和被害人的保护制度，通过刑事或民事程序没收和追缴犯罪收益制度、情报信息的交换和共享制度、边防控制制度、刑事司法协助制度，等等，

（6）国际刑事条约对缔约国的立法要求，应为各缔约国国内立法的最低标准，国内立法只能高于不能低于公约要求。《联合国禁止非法贩运麻醉品和精神药物公约》第 14 条第 1 款规定：“缔约国遵照本公约采取的任何措施，其严厉程度应不低于《1961 年公约》、经修正的《1961 年公约》和《1971 年公约》中适用于根除非法种植含有麻醉药品或精神药物成分的植物以及消除对麻醉药品和精神药物的非法需求的规定。”其第 24 条“执行较本公约规定更为严格的措施”规定：“缔约国可采取较本公约规定更为严格或严厉的措施，如果它认为这种措施对防止或制止非法贩运是可取的或必要的。”《联合国打击跨国有组织犯罪公约》第 34 条第 3 款规定：“为预防和打击跨国有组织犯罪，各缔约国均可采取比本公约的规定更为严格或严厉的措施。”《联合国反腐败公约》第 65 条第 2 款规定：“为预防和打击腐败，各缔约国均可以采取比本公约的规定更为严格或严厉的措施。”

（7）缔约国的国内立法是否符合条约规定，在国际层面和国内层面可能会依据不同的判断标准给出不同的结论，但其最终的判

断和解释权归条约执行机构而非缔约国自己。有的国家在履约报告中坚称条约在本国已得到全面履行，但条约监督机构经过评估认为，其国内立法措施与条约要求还有很大距离。在国际法层面看来，最好的立法执行就是国内立法与条约规定完全一致。最好的国内立法执行方法就是复制条约，比如将条约对犯罪的定义原文照搬进国内刑法中，[①] 或将条约以附件形式附在国内执行条约的法令后面。这样的立法执行，其效果与直接适用条约等同，为国际机构所推荐使用。[②]

（8）缔约国的国内立法，不能简单地理解为仅仅是一种被动的、消极的履行条约义务的行为。首先，缔约国通过国内立法活动，为本国的法律工作者奠定了开展工作的法律基础。其次，对缔约国来说，按照条约提供的立法模式进行立法活动，也有明显益处。国际刑事条约为缔约国提供了一种可资借鉴的较为全面和有效地打击犯罪的立法模式和合作模式，可以加强各缔约国打击犯罪的能力。缔约国按照条约提供的立法模式进行立法活动，既可以有效利用已有的高水准立法资源，又可以将本国预防犯罪、惩罚犯罪的标准与国际社会接轨，还可以得到国际社会的立法援助，可谓一举多得。按照国际条约提供的立法模式进行国内立法，还有助于各国刑法的趋同，消除因各国法律制度的不同而带来的履约差异，使条约在执行中能够保持一致性。近年来，联合国越来越致力于对履约立法的指导，连续颁布了几个关于公约立法执行的指导性文件，例如，2006 年联合国毒品和犯罪问题办事处颁布了《联合国反腐败

---

① 有的学者认为，直接援引条约在国内刑法中给犯罪下定义，就是直接适用国际刑事条约的一种方式，参见 Ward N. Ferdinandusse, *Direct Application of International Criminal Law in National Courts*, p. 31, T · M · C · Asser Press 2006. 但笔者认为，它仍然是间接适用方式，因为这种情况下，条约已“隐身”而退，国内司法机关直接适用的是国内法律，而非条约。

② 联合国人权事务高级专员办事处：《关于促进对〈残疾人权利公约〉的认识和了解的专题研究》，A/HRC/10/48，26/01/2009，第 9 页。

公约实施立法指南》和《对一般性国际反恐条约的立法执行指南》，开通在线咨询，甚至还提供人员、财政和技术上的援助，以支持缔约国的国内立法活动。在联合国专门机构指导下的国内履约立法，其结果必定是双赢的——既有利于国际社会，又有利于各个缔约国。

三、我国立法执行国际刑事条约的具体实践

（一）我国立法执行国际刑事条约的方式

具体来看，我国立法执行国际刑事条约有以下几种方式：

1. 以特别立法的形式履行条约义务

这主要体现于1981年至1995年间，全国人大常委会以单行刑事法律的形式对我国缔结或加入的国际刑事条约进行的特别立法，其中较为典型的有：1981年《中华人民共和国惩治军人违反职责罪暂行条例》对日内瓦四公约规定的战争罪进行了部分规定；1989年我国加入《联合国禁止非法贩运麻醉品和精神药物公约》后，1990年12月28日，全国人大常委会第17次会议通过了《关于禁毒的决定》，对毒品犯罪予以规定；我国分别于1979年、1980年和1988年加入了三个有关制止危害民用航空安全行为的国际公约，1992年全国人大常委会通过了《关于惩治劫持航空器犯罪分子的决定》，对劫持民用航空器的犯罪进行了补充规定；随着我国加入一系列的世界知识产权国际公约，1993年和1994年全国人大常委会分别通过了《关于惩治假冒商标犯罪的补充规定》和《关于惩治著作权的犯罪的决定》；为了履行我国加入的国际刑事条约中规定的管辖义务，1987年6月23日全国人大常委会通过了《关于对中华人民共和国缔结或者参加的国际条约所规定的罪行行使刑事管辖权的决定》。

联合国毒品与犯罪办公室在其公布的《反恐立法指导》中推荐道，包含了公约所需全部要素的独立的立法方式是最快和最简单

的立法方式。[①] 但遗憾的是，我国的特别立法形式，并不属于这样的立法方式。我国的特别刑法虽然是为履行条约义务而颁布实施的，但有些并没有包含公约所需的全部要素。

2. 制定新的法律、法规

例如，为履行《禁止酷刑公约》的立法要求，2005 年 8 月 28 日，第十届全国人大常委会第十七次会议通过了《中华人民共和国治安管理处罚法》，2006 年 2 月 14 日，司法部颁布了《监狱人民警察六条禁令》和《劳教人民警察六条禁令》；2006 年 7 月 26 日，最高人民检察院颁布了《关于渎职侵权犯罪案件立案标准的规定》，重点防止拘留和调查中的虐待。为了履行《禁止化学武器公约》的义务，中国政府先后颁布实施了《中华人民共和国监控化学品管理条例》（1995 年）、《各类监控化学品名录》（1996 年）、《〈中华人民共和国监控化学品管理条例〉实施细则》（1997 年）及《列入第三类监控化学品的新增品种清单》（1998 年），确立了中国履行公约的法律保障体系，并形成了一整套对附表化学品的生产、经营、使用、储存及进口等的有效管理体系。中国政府还颁布实施了《有关化学品及相关设备和技术出口管制办法》（含出口管制清单，2002 年），进一步改进完善了对有关化学品及双用途化学设备和技术的出口管制。为了预防和惩治利用有毒化学品等实施恐怖活动的行为，全国人大常委会于 2001 年 12 月通过了《〈中华人民共和国刑法〉修正案（三）》，明确将非法制造、运输、储存或投放毒害性物质等危害公共安全的行为定为犯罪，并规定了相应的刑事处罚。[②]

---

① United Nations Office on Drugs and Crime, Guide for the Legislative Incorporation and Implementation of the Universal anti－Terrorism Instruments (2006), p. 6.

② 参见《中华人民共和国政府在〈禁止化学武器公约〉第一次审议大会上提交的履约报告》（2003/12/23），载外交部网站：http://swedenembassy.fmprc.gov.cn/chn/pds/wjb/zzjg/jks/zclc/t56751.htm（2010/1/11 访问）。

3. 修改、补充现行法律、法规

例如，为了履行《禁止酷刑公约》的义务，2004 年 3 月 14 日，中国第十届全国人民代表大会第二次会议通过了《中华人民共和国宪法修正案》，在原第 33 条增加一款作为第 3 款，明确规定“国家尊重和保障人权”。从禁止酷刑的角度看，人权入宪，将进一步推动保护刑事犯罪嫌疑人、被告人和罪犯合法权益的观念、制度和工作的发展，从而有利于进一步采取措施落实公约的各项要求。2007 年 10 月，全国人大常委会通过了《律师法》修订案。修订后的律师法中吸纳了禁止酷刑委员会提出的相关合理建议，对律师在侦查阶段会见犯罪嫌疑人的权利、与犯罪嫌疑人和被告人交流的权利、律师的调查取证权、辩护权以及律师职业豁免等相关权利进一步作了明确规定，以更加有效地保护犯罪嫌疑人和被告人的合法权益，以及加强对侦查、起诉、审判及刑罚执行各阶段司法权力的制约，防止诉讼参与人受到酷刑和其他不人道待遇。[①] 此外，公安部还修订了《公安机关办理行政案件程序规定》和《公安机关办理刑事案件程序规定》，规范了警察的办案程序，对违反规定的行为予以行政处罚。

（二）存在的问题

1. 国内立法如何才能符合公约的立法要求？

从国际法角度看，最理想的国内执行立法应该符合完全性、及时性和一致性的要求，即内容上能全面反映公约的各项立法要求，时间上不拖延，各缔约国之间的立法内容基本一致，以保证在各缔约国之间无差别地执行条约。而从各缔约国自身的利益和政治立场考虑，对条约的履行实际上呈现出多面性，有全面履行、部分履行和不违反条约规定三种情形。

---

① 参见《中国代表团团长李保东大使在禁止酷刑委员会审议中国第四、五次履约报告会议上的介绍性发言》，载外交部网站：http://www.mfa.gov.cn/chn/gxh/tyb/wjbxw/t523680.htm(2010/1/9 访问)。

评价一国的执行立法是否符合公约要求，缔约国的自我评价和国际机构的评估结论可能截然相反。因为许多重要的国际刑事公约的禁止事项，已经成为国际习惯规则，公约要求缔约国的国内执行立法是多方面的、全方位的，不仅仅是刑事入罪这么简单。从一些条约机构给出的一般意见和评估意见中可以看出，公约要求的国内立法，既可以是修改现行宪法，也可以是对现行刑事法律的废、改、立，还可以是对其他非刑事类法律法规的废、改、立。就国际实践来看，相当一部分缔约国都不能全面贯彻条约的立法要求。据禁止化学武器组织 2000 年年度报告称，自 1997 年 4 月 29 日《禁止化学武器公约》生效到 2000 年末，只有 53 个缔约国（约占缔约国总数的 38%）按照公约第 7 条第 5 款的要求完成了国内执行立法。①

国内立法不能及时有效完成的原因，可能有以下几点：第一，公约对有的规定没有进行适当定义；第二，公约缺乏对刑事定罪和量刑监督方面的程序性指导；第三，公约没有规定执行立法的最后期限。由于以上原因，导致了以下问题或后果的产生：第一，构成“完全”执行立法的标准是什么？第二，在不同的国家之间，“完全的”执行立法是否一致？对这些问题的答案是：虽然国家执行立法的一致性对无差别执行来说很重要，但由于公约缺乏明确和具体的指导，真正做到无差别或相一致，即使不是根本不可能的，也是相当困难的。缺乏明确和具体的指导，不仅为国家之间的立法措施创造了不一致的条件，而且为某些缔约国不遵守条约义务和逃避违约责任提供了现实可能性。② 但是，从另一方面来说，这并不能成为缔约国不进行国内立法的借口或抗辩理由。

---

① Report of the OPCW on the Implementation of the Comvention on the Prohibition of the Development, Production, Stockpiling, and Use of Chemical Weapons and on their Destruction in the year 2000, C－VI/5(17 May 2001) at. 5. 2.

② Rodrigo Yepes－Enriquez and Lisa Tabassi (eds.), *Treaty Enforcement and International Cooperation in Criminal Matters*, T·M·C·Asser Press (2002), p. 372.

对许多公约来说，国内的执行立法是公约在国内得以执行的前提或基础，许多公约非常明智地特地把立法的任务留给缔约国。虽然各缔约国在履约立法上不可能做到完全一致，大多数公约也没有就国内立法给出具体的要求，[①] 但从技术面来看，一个比较好的国内执行立法，是它能解决所有最基本的问题，能给本国的政策提供立法支持，并且在需要时为落实政策而采取预先措施。[②]

当缔约国没有完成国内履约任务时，国家的责任往往是不明确的和非强制性的，在一般性多边国际刑事条约的情形下，尤其如此。

2. 罪名不一样，是否符合条约规定?

有的缔约国在回复条约机构的立法要求时，认为本国国内法中已经有相关规定，不需再进行新的立法。如有的国家认为，本国刑法中已经有谋杀罪、重伤害罪、强奸罪等，没有必要再在国内法中规定危害人类罪。

我国在履行公约要求的立法义务时，存在国内刑法上的罪名与公约不一致的情况。以《禁止酷刑公约》为例，该公约规定的酷刑罪，在我国刑法中找不到相同罪名。我国在提交禁止酷刑委员会的定期报告中声明，所有根据该公约第 1 条可被定义为“酷刑”的行为在中国都将受到刑事处罚，而禁止酷刑委员会一直认为，我国尚未将完全符合公约所载定义的酷刑定义纳入国内法。

联合国禁止酷刑委员会在 2007 年对缔约国给出的“一般性意见”中，要求缔约国必须至少按照该公约第 1 条所界定的酷刑行为要素和第 4 条的要求，将酷刑行为定义为根据其刑法须加以惩罚

---

① 也有的国际刑事条约对缔约国的国内立法提出了详细要求，如《罗马规约》第 88 条就要求各缔约国应确保其国内法中已有可供采用的程序，以执行本编规定的各种形式的合作。该条就是要求各缔约国把本编有关国际刑事合作的形式都规定在本国的国内法中。这个要求，就是具体的。

② Rodrigo Yepes - Enriquez and Lisa Tabassi (eds.), *Treaty Enforcement and International Cooperation in Criminal Matters*, T · M · C · Asser Press(2002), p. 375.

的罪行。如果国内法中关于“酷刑”的定义与公约中的定义有重大差距，就会出现实际或可能的漏洞，从而导致有罪不罚。在某些情况下，尽管用语也许相近，但国内法或司法解释可能对其含义作了限定。因此，委员会要求每一缔约国确保政府所有部门都根据公约中的定义来界定国家义务。如果本国的定义至少包含公约的标准并且按照公约的标准予以适用，则更广泛的本国定义也可促进公约的宗旨和目标。委员会特别要强调的是，第1条的旨意和目的并不包括要对行为者的动机进行主观探究，而是必须根据有关情况进行客观裁判。有必要调查和确定各级指挥人员以及直接行为者的责任。

委员会确认，大多数缔约国在其刑法典中将某些行为确定为或界定为虐待。与酷刑相比，虐待可能在疼痛或痛苦的程度上有差别，而且无须证明施行虐待是为了不被准许的目的。委员会强调，如果也存在酷刑行为的要素，则仅以虐待罪名起诉有关行为就违反了《禁止酷刑公约》。

委员会还认为，缔约国若将酷刑行为界定为有别于普通攻击行为或其他犯罪行为的罪行，将可直接促进公约防止酷刑和虐待的总目标。将酷刑行为称为酷刑并加以界定，有助于实现公约的目标，特别是可促使每一个人——包括行为者、受害者和公众——都认识到酷刑罪行的特别严重的性质。将这种行为定为罪行，还可：（a）突出按罪行的严重程度加以适当惩罚的必要性；（b）加强禁止规定本身的威慑作用；（c）使负责官员更能够追查具体的酷刑行为；和（d）使公众有能力和有权力对违反公约的国家行为和国家不行为进行监督和在必要时提出质疑。①

联合国毒品和犯罪问题办事处条约事务司在《联合国反腐败

① Committee Against Torture：General Comment No. 2 – Implementation of article 2 by States parties，CAT/C/GC/2，24/01/ 2008，p. 3，另见《国际人权文书第二卷：各人权条约机构通过的一般性意见和一般性建议汇编》HRI/GEN/1/Rev. 9（Vol. II）27/05/2008，pp. 376 – 377.

公约实施立法指南》中指出，对一些在整个公约中重复使用的关键术语，国家立法可能包括更广泛的定义，但至少应涵盖公约所要求的内容。缔约国无须将公约中的定义原封不动地照搬到本国的立法中。第 2 条中所界定的术语均涉及公约的实质性条文和立法要求或其他要求。因此，要求对这些术语进行充分考虑，以确保在国家立法和措施中充分涵盖第二条界定为“公职人员”的人的整个范围。各缔约国可选择规定比第 2 条的最低要求更为宽泛或范围更广的定义。由于已有很多反腐败的区域性文书和其他文书（以及打击跨国有组织犯罪和恐怖主义的文书），所以鼓励缔约国也将这些文书考虑在内，并确保其国家立法与这些文书相一致。[①]

3. 国内法上的罪名与公约罪名不一致可能带来的法律后果

当国内法上的罪名与公约的罪名不相一致时，已经在国内受过刑事审判的行为人可能还会在国际刑事法庭上被再次审判，由此可能带来国家司法主权在客观上被干涉的法律后果。

《前南国际刑事法庭规约》第 10 条和《卢旺达国际刑事法庭规约》第 9 条规定：任何人若犯有严重违反国际人道主义法行为并已根据规约受到国际法庭的审判，就不应再受国内法院的审判。行为人如果犯有严重违反国际人道主义法的行为而受到国内法院审判的，在两种情况下还可受到国际法庭的再审判：（a）他受审的行为被国内法院定性为普通罪行；或（b）国内法院的诉讼程序不公正或不独立，或是为了庇护被告免予承担国际刑事责任，或该案未被尽力起诉。在此原则下，卢旺达国际刑事法庭审理了博拉索高案。被告援引“一罪不二审”原则，主张卢旺达国际刑事法庭对其没有管辖权，因为比利时法院已经按照国内法对他的行为进行了起诉。如果卢旺达国际刑事法庭对他的行为再次起诉，就违背了“一罪不二审”原则。卢旺达国际刑事法庭驳回了他的主张，指

① 参见联合国毒品和犯罪问题办事处条约事务司：《联合国反腐败公约实施立法指南》（2006），第 24、29、30 段。

出，由于比利时国内法中没有灭绝种族罪和危害人类罪的罪名，法院只能按谋杀罪和严重违反《日内瓦公约》起诉被告，所以卢旺达国际刑事法庭还可按照法庭管辖的国际罪行来起诉被告。①

《罗马规约》第20条规定的“一事不二审”原则，考虑到对国际犯罪的惩罚主要依赖于国内法院，所以采取了与前两个国际刑事法庭不同的做法。根据该条规定，并结合第17条补充管辖原则的内容，当国际法院对行为人作出无罪或有罪判决后，国内法院仍可按照国内法上的其他罪名进行审判，② 与之相反的是，国内法院即使以普通罪名对行为人作出了判决，国际刑事法院也不能再对同一行为提起诉讼。但是，如果国内的判决在定罪和量刑方面过于轻缓，有包庇罪犯、重罪轻判之嫌，则不排除国际刑事法院以补充管辖原则为依据对该行为人再次提起审判。③

4. 在刑事处罚方面，如何判断国内处罚是否符合条约要求？

国际刑事条约的最大特点之一，就是对刑事处罚只有原则性要求，而并无具体规定。《防止及惩治灭绝种族罪公约》第5条规定，缔约国应规定有效的惩治。《关于制止非法劫持航空器的公约》第2条规定，各缔约国承允给予严厉惩罚。《反对劫持人质国际公约》第2条规定，每一缔约国应按照罪行的严重性处以适当的惩罚。《联合国禁止非法贩运麻醉品和精神药物公约》第3条第4款（d）项规定，缔约国可以规定对罪犯采取治疗、教育、善后护理、康复或回归社会的措施，以作为定罪或惩罚的替代办法，或作为定罪或惩罚的补充。第5条第6款规定，缔约国在行使其国内

---

① 参见刘大群：《“一罪不二审”原则及其在国际刑法中的适用》，载《法律适用》2004年第10期。

② 这是因为国际刑事法院规定的一些罪行，如灭绝种族罪和危害人类罪中的迫害罪，需要证明被告的“特定意图”。如果检察官不能证明被告具有特定意图，即使其从事了违法行为，也不能按《罗马规约》定罪。这时，国内法院就可以按国内法上的普通犯罪定罪量刑。

③ 参见李世光、刘大群、凌岩主编：《国际刑事法院罗马规约评释》（上册），北京大学出版社2006年版，第243~246页。

法规定的法律裁量权时，应努力确保对这些罪行的执法措施取得最大成效，并适当考虑到需要对此种犯罪起到威慑作用。该条第7款规定，缔约国应确保其法院或其他主管当局对于已判定有罪之人，在考虑其将来可能的早释或假释时，顾及这种罪行的严重性质。《联合国打击跨国有组织犯罪公约》第10条规定了“法人责任”：法人责任可包括刑事、民事或行政责任，各缔约国均应特别确保有责任的法人受到有效、适度和劝阻性的刑事或非刑事制裁，包括金钱制裁。该公约第11条第1款规定，各缔约国均应使公约所列犯罪受到与其严重性相当的制裁。第11条第3款规定，在考虑早释或假释被判犯有本公约之罪的人时，应顾及此种罪行的严重性。

从公约规定来看，因为国际刑事公约规定的犯罪都是最严重的犯罪，所以公约要求国内法院对此类罪行进行处罚时，应当考虑到罪行的严重性，判处的刑罚应当与其严重性相当。在考虑适用假释等措施时，应顾及公约所列罪行的严重性。对一些犯罪，明确要求追究法人的刑事责任。对一些特殊的罪行，应设立刑罚的替代措施。这就意味着，既不能重罪轻罚，更不能有罪不罚，即对公约规定的罪行，要符合罪刑均衡的原则。有罪必罚的前提是，缔约国应确保及时、有效和公正地调查和起诉所有犯罪行为。罪刑相当的要求是，要按国内法上的重罪来处罚，不能将公约规定的罪行视为“轻罪”，或对此类行为只施以纪律或行政处分。[①] 而衡量是否罪刑相当的标准，是要和国内法上的其他同类型重罪的处罚相当，最起码不能明显轻于其他重罪。

---

① 参见禁止酷刑委员会审议中国提交的第四次定期报告后作出的《结论性意见》，CAT/C/CHN/CO/4，12/11/2008，第31段。

第二节　在中国不具有直接执行力的条款需国内立法实施

除了条约本身要求立法执行以外，有些条款因自身内容过于原则，或内容不明确，不具有可操作性，而无法直接适用。这类条款也需要先经过国内立法予以具体化、明确化，才能被国内的司法、行政机关予以适用，或被公民个人据以援引。

一、刑事制裁条款

如前所述，国际刑事条约的最大特点之一就是只要求严惩犯罪，而没有具体规定量刑标准。例如，《反对劫持人质国际公约》第2条规定："每一缔约国应按照第一条所称罪行的严重性处以适当的惩罚。"《制止危及海上航行安全非法行为公约》第5条规定："每一缔约国应使第三条所述罪行受到适当惩罚，这种惩罚应考虑到罪行的严重性。"《关于制止危害民用航空安全的非法行为的公约》第3条规定："各缔约国承允对第一条所指的罪行给予严厉惩罚。"国际公约中这种有关刑事制裁的条款，一般都不具有直接适用性，需经过国内的实施立法才能具体适用。

二、人权公约中的刑事条款

有学者认为，《公民权利和政治权利国际公约》一旦批准就与国内法具有同等地位，并能够在国内直接适用。① 但也有学者认为，人权公约不能在国内法院直接适用。② 另有学者认为，为了法律的统一适用和正确理解，不宜直接适用人权公约，但律师可以在

① 参见朱晓青：《〈公民权利和政治权利国际公约〉的实施机制》，载《法学研究》2000年第2期。

② 参见陈立虎、黄洞秋：《国际人权公约与人权保护——国内司法实施的分析》，载《现代国际关系》2003年第3期。

辩护中引用公约规定，对于律师引用国际人权公约辩护的理由，法官应认真听取，在作出裁决时予以考虑，以使裁决不违反公约要求。①

从传统国际法角度来看，国际公约适用的对象是国家而非个人，因此，个人不能成为直接适用条约的主体。但随着现代人权观念的勃兴和国际人权运动的影响，在人权问题上，欧盟和其他一些国家已经突破了传统国际法的做法，承认个人可以成为国际人权公约的适用主体，可以直接依据人权公约到国际人权机构申诉。

作为一种特殊类型的公约，人权公约能否在一国直接适用，不仅在我国争议较大，就是在其他国家也存在争议。② 人权公约能否在国内得到直接适用，一般需要国内法的明确规定。我国目前并无有关人权公约适用的立法或司法解释，但为了贯彻国际人权公约的规定，制定了许多国内立法，例如《中华人民共和国妇女权益保障法》、《中华人民共和国未成年人保护法》、《中华人民共和国残疾人保障法》、《中华人民共和国老年人权益保障法》等。但国际人权公约中规定的犯罪嫌疑人在刑事诉讼中享有的许多重要权利，如无罪推定、反对强迫自证其罪、禁止双重危险、不受秘密关押等，在我国国内法中还不能找到直接依据，在我国刑事诉讼中还没有被直接援引的先例。虽然我国外交代表在答复《禁止酷刑公约》缔约情况时，多次重申，有关的国际条约一经中国政府批准或加入

---

① 参见陈光中、张建伟：《〈联合国公民权利与政治权利公约〉与我国刑事诉讼》，http://www.360doc.com/content/08/0301/10/53395_1083475.shtml（2010/2/12 访问）。

② 20 世纪 80 年代以来，条约在美国的自动执行问题越来越多地被美国联邦下级法院表述为个人所援引的条约是否给予了一项“个人诉权”。在向最高法院提交的法庭之友意见中，美国政府明确声称“条约不创设个人可在法院实施的权利，这是一项长期确立的推定。”美国的判例倾向于否定条约赋予个人可以直接依据条约到法院起诉的权利。参见陈卫东：《论美国对自动执行条约与非自动执行条约的区别》，载《法学评论》2009 年第 2 期。

并对中国生效后，中国政府就承担了相应的义务，不再为此另行制定国内法。但笔者认为，这样的表述并不严谨，更不具有法律拘束力。公约一经生效，即自动纳入我国法律体系，但能否直接适用，还需结合国内法的规定和条约本身的特点加以考虑。有的学者指出，因为人权公约既非双边的也非互利的，所以我国要在人权公约里承担绝对责任和绝对承诺，而我国目前的国内立法与人权公约还有相当的差距，所以出于国家主权和国家整体利益的考虑，我国可以把我国参加的人权条约作为“非自动执行”条约。① 总之，无论从实质层面分析，还是从司法实践来看，目前，国际人权条约中的刑事条款在我国不具有直接适用力，不能得到直接适用。

三、其他公约中涉及个人人身权和财产权等私权利的刑事条款

根据我国2000年《立法法》第8条和第9条规定，有关犯罪和刑罚、对公民政治权利的剥夺和限制人身自由的强制措施和处罚、诉讼制度等事项，只能由国家法律予以规定。据此，限制和剥夺人身自由的强制措施以及扣押、冻结和没收财产的强制方法只能依据我国法律进行。同时，国际刑事条约在规定限制和剥夺人身自由的强制措施以及冻结、扣押、没收财产等强制方法时，也要求各缔约国在本国法律制度的范围内进行。例如，《关于制止非法劫持航空器的公约》第6条第1款规定，罪犯或被指称的罪犯所在的任一缔约国在判明情况有此需要时，应将该人拘留或采取其他措施以保证该人留在境内。这种拘留和其他措施，应符合该国的法律规定。再如，《联合国反腐败公约》第12条规定，缔约国应在本国法律制度的范围内尽最大可能采取一切可能采取必要措施，以便能够对犯罪资产进行扣押和没收。《禁毒公约》第5条“没收”第4款（c）项规定，被请求国按本款作出的对犯罪收益和犯罪工具的

① 参见王勇:《条约在中国适用之基本理论问题研究》，北京大学出版社2007年版，第178页。

没收，均应符合并遵守其国内法的规定及其程序规则。这是因为，国际刑事司法协助的执行一般都应当遵循被请求国刑事司法合作法规或者刑事诉讼法规确定的程序，或者依照请求方所要求采用的程序，否则，有关的协助行为或结果可能是无效的或者不可能使用的。所以，一般的刑事司法协助条约只规定协助的范围、拒绝的理由、接收和途径等，而从不规定执行的具体措施，这些都应由国内法规定。

第六章 国际刑事条约与我国国内法的冲突及条约优先适用

第一节 条约与我国国内法的冲突及其解决概述

一、条约与国内法的冲突概述

（一）条约与国内法的冲突的含义

条约与国内法的冲突，是指对于同一事项，条约和国内法都有规定，如果条约的规定和国内法律的规定不同，就发生条约与国内法的冲突。条约一经有效订立，即对缔约国产生拘束效力，条约即成为缔约国应当遵守的规则。国家既要遵守条约，又要遵守自己制定的国内法。因此，对于条约所规定的同一事项，如果国内法律有不同的或相反的规定，国家以及国家机关就需要决定适用条约的规定抑或适用国内法的规定。

（二）条约与国内法的冲突的预防措施

原则上，国家缔结条约或制定法律时，宜参照过去已订立而继续有效的条约和考虑国家的立法政策，使条约与法律不致发生冲突。根据各国的实践，预防条约与国内法冲突的方法有以下几种：（1）保留的方式，即在加入条约时作出声明，摒除某些条约规定对该国适用。（2）修改国内法，即在参加某个条约前，对与条约相冲突的本国国内法进行修改，使其符合条约规定。（3）暂时不批准条约，即在签署条约后，如果发现其与本国的立法存在多处不一致时，可以暂时不批准该条约。

（三）条约与国内法冲突在国际上的法律后果

条约一旦与国内法发生冲突，在国际法范围内与在国内法范围内，会产生不同的法律后果。

在国际范围内，问题比较简单，缔约国法律违反条约的规定，已有一般公认的国际法规则可以适用。此即《维也纳条约法公约》第26规定的“条约必须信守原则”：一个合法缔结的条约，在其有效期间内，当事国有依约善意履行的义务。依此原则，除非基于合法的理由，国家不得单方废弃条约，也不能于条约继续有效期间以单方行为违反条约的规定，否则，国家将负国际法上的违约责任。国家制定与条约规定相冲突的法律并在国内予以实施，就是破坏条约的行为，对其他缔约国应负违约责任。任何缔约国都不得以国内立法的方法，单方解除国际条约的义务，否则，国际法本身将无生存的可能。①

国际法院的法官无条件地坚持条约优先的原则。国际常设法院在“威布尔敦号”案咨询意见中，指明各缔约国共同接受的原则是，“国内法律的规定不能优越于条约的规定”；另一方面，国家也不得以国内无法律为理由，拒绝履行条约规定的义务。在“但泽法院的管辖权”案咨询意见中，国际常设法院判称，波兰不得以它自己不立法为理由避免波兰在国际条约上所承担的义务，这种理由等于拒绝履行国际义务，是法院所不能接受的。在关于“希腊与土耳其人民交换”案的咨询意见中，常设法院称，“一个国家已经订立有效的国际义务，就应该在它的立法内作必要的修正，使它能够履行它所担负的义务。”在“但泽的波兰人”案件中，常设法院甚至认为，“一个国家不得对于他国提出它自己的宪法以避免它在国际法上或在有效的条约上所担负的义务。”这些意见均证

① 参见王铁崖：《条约与国内法律的冲突》，载邓正来主编：《王铁崖文选》，中国政法大学出版社1993年版，第553页。

明，国内法律不得与条约相冲突。①

《维也纳条约法公约》第 27 条规定："一当事国不得援引其国内法规定为理由而不履行条约。"

国家的法律不得与条约规定相冲突，既然已成为一项国际法基本原则，那么，在国际法的范围内，条约的效力优于国内法。从一般法理而言，条约是国家的双方行为或多方行为，而国内法律是国家的单方行为，双方行为或多方行为的效力当然应高于单方行为。进而言之，条约是国家的双方行为或多方行为，国际法给予条约以法律的效力，即发生拘束缔约国的效力，而国内法律是国家的单方行为，在国际法上并无任何法律效力，它只在本国国内具有拘束力，而并无拘束任何国际人格者的效力。依此，则国内法律在国际法范围内并非法律，而系单纯事实。② 如果国内法律在国际法范围内是"单纯事实"，并无法律效力，那么，它们与条约的冲突，与国家的其他违反条约行为是一样的。在国际法范围内，国内法不能与条约的效力相比较。③

（四）国内法解决条约与国内法冲突的方法

在国内法范围内，因各国法律制度不尽相同，所以条约与国内法冲突的情形比较复杂。

1. 只有采用"纳入"式的国家才发生条约与国内法冲突的问题

条约与国内法的冲突，是假定条约在国家内具有法律效力。在采取"转化"方式接受条约的国家，条约与国内法的冲突是"虚

---

① 参见王铁崖：《条约与国内法律的冲突》，载邓正来主编：《王铁崖文选》，中国政法大学出版社 1993 年版，第 553 ~ 555 页。

② Dickinson, *Cases and other Readings on the Law of Nations*, 1929, pp. 828 - 834，转引自王铁崖：《条约与国内法律的冲突》，载邓正来主编：《王铁崖文选》，中国政法大学出版社 1993 年版，第 556 页。

③ 参见王铁崖：《条约与国内法律的冲突》，载邓正来主编：《王铁崖文选》，中国政法大学出版社 1993 年版，第 556 页。

假的冲突”。[①] 因为在采取“转化”式的国家，条约并不直接发生法律效力，条约经立法转化后，以国家法律的形式体现出来，在国内法上已无条约可适用，所以，条约与国内法无冲突的可能，法律所冲突的是另一个法律，而非条约本身。[②]

但在采取“纳入”式的国家，情形则不然。在采取“纳入”式的国家，条约不经转化即自动成为国内法的一部分，条约本身在国内具有法律的效力，当条约与法律在同一事项上规定不同时，就发生条约与法律的“真正冲突”。[③] 但是，在采取“纳入”式的国家，条约又往往区分为能够直接适用（或自动执行的）的条约与只能间接适用（或非自动执行）的条约，间接适用的条约须经国内制定法律方可执行，所以也不发生条约与国内法的冲突问题。

在采用“纳入”式的国家，条约一经有效签订即在国内法上具有法律效力，但这并不是说，条约因此而变为或等同于国家法律。在性质上，条约是国家之间的约定，与国内法律不同，不能因其在国家内具有法律效力，而改变其性质。在国家内，条约不是法律。条约是国家行使缔约权的结果，而法律则是立法机关行使立法权的结果。立法机关对于条约的批准，是对于缔约权行使的一种限制，这种同意，不能使条约成为法律。有时，条约的订立并不需要立法机关的同意，条约的终止也不需要立法机关的同意。因此，条约与法律是明显不同的。条约在国内具有法律效力，是指国家机关以对待法律的态度对待条约，以适用法律的方式适用条约。

---

① 参见王勇：《条约在中国适用之基本理论问题研究》，北京大学出版社 2007 年版，第 183 页。

② 例如，波兰、德国和塞浦路斯三国为执行《关于欧洲逮捕令和欧盟成员国之间移交程序的框架决定》，都在国内制定了执行立法，并在国内立法中规定了可以移交本国国民给其他欧盟国家。它们的宪法法院都裁定，这与三国宪法中规定的“本国国民不引渡”是冲突的。后来，三国都修改了本国宪法。这种冲突就属于国内法之间的冲突，而非条约与国内法的冲突。

③ 参见王铁崖：《条约与国内法律的冲突》，载邓正来主编：《王铁崖文选》，中国政法大学出版社 1993 年版，第 558 页。

2. 条约与国内法冲突的解决办法

条约与国内法的冲突，分为条约与宪法的冲突以及条约与普通法律的冲突，这两种冲突各有不同的解决办法。

（1）条约与宪法冲突的解决办法。

条约与宪法的冲突，是指条约的内容是否违反宪法的规定。[①] 如果宪法本身认可条约可以违背宪法规定时，没有什么大问题。基于国际组织的发展，1946 年法国宪法“前言”、1948 年意大利宪法第 11 条和 1949 年联邦德国基本法第 24 条承认缔结限制国家主权或改变国内权力平衡的条约。当今现代国家为适应国际组织的发展，尤其是欧共体的发展，更加明确地规定了修正宪法的可能性。例如，荷兰宪法第 63 条规定，如国际法律秩序发展必要时，可缔结与宪法规定相抵触的协定。第 67 条规定，根据协定可将立法、行政、司法权转移给国际组织。1970 年比利时宪法第 25 条第 2 项，1953 年丹麦宪法第 20 条第 1 项也规定了同样的内容。

在国内法范围内，条约与宪法的冲突，有三种解决方法：其一，宪法优先原则。目前世界上多数国家采取这种方法。其二，由议会投票决定条约是否高于宪法。如果议会以 2/3 的多数票通过，条约将优先适用。目前仅由荷兰、葡萄牙和佛得角三国宪法所采用。其三，在宪法中规定“修改宪法之前不批准条约”或“或修改宪法或不批准条约”。[②]

（2）条约与普通法冲突的解决方法。

条约与宪法之外的一般国内法的冲突大量存在，从各国立法和实践来看，有五种解决方法：

---

① 条约与宪法的冲突不包括条约的订立违反宪法所规定的缔约程序的情况，因为这种情形属于国内机关是否越权订约的问题，它涉及的是违反程序订立的条约是否有效的问题。参见王铁崖：《条约与国内法律的冲突》，载邓正来主编：《王铁崖文选》，中国政法大学出版社 1993 年版，第 552 页。

② 参见王勇：《条约在中国适用之基本理论问题研究》，北京大学出版社 2007 年版，第 185 页。

第一，国内法优越于条约。国内法明文规定的比较罕见，如阿根廷法律规定条约的位阶低于国内法，当条约与国内法冲突时，优先适用国内法。法国法院的判例也曾予以认同。[①] 英国苏格兰高级法院曾作出判例称，对法院来说，议会法案是最高的必须执行的法律。即使它是违反国际法的，也必须适用。[②] 需要注意的是，优先适用的国内法并不能废止条约在国内的法律效力，国家也不能因此免除其条约义务。法院适用国内法而不适用条约，其结果不过使条约不能实现它们的效力而已。条约在这种情况下仍然有效。后法律对于前条约的影响与后法律废止前法律不一样，后条约不能废止前法律，同样地，后法律也不能废止前条约，因为“废止”的概念只适用于同一机关或上下级机关所做的两个前后互相冲突的行为，而条约与法律并不如此。[③]

第二，国内法与条约地位相等，适用“后法优于前法”的原则，来决定谁优先适用。如美国和德国。

第三，国内法与条约地位相等，适用“解释一致”的原则使条约与法律不相冲突。各国国内法律体系通常包含一系列推定，为了法院和有关机关适用条约，可推定条约规定与国内法规定不存在冲突。因为，既然条约是经缔约国的同意为依据的，一个国家就不至于故意制定与国际条约规定相抵触的规则。所以，国内法的一项规则虽然在表面上似乎与国际法相抵触，但是，如果可能，总应按照符合条约规定解释国内法。[④] 另一方面，在多数情况下，法院并不愿公开承认条约与法律相冲突，而常用严格解释的方法，使条约

① 参见王铁崖：《条约与国内法律的冲突》，载邓正来主编：《王铁崖文选》，中国政法大学出版社 1993 年版，第 567 页。

② 参见［美］汉斯·凯尔森著：《国际法原理》，王铁崖译，华夏出版社 1989 年版，第 350 页。

③ 参见王铁崖：《条约与国内法律的冲突》，载邓正来主编：《王铁崖文选》，中国政法大学出版社 1993 年版，第 570 页。

④ 参见［英］詹宁斯、瓦茨修订：《奥本海国际法》（第 1 卷第 1 分册），王铁崖等译，中国大百科出版社 1995 年版，第 46 页。

符合法律的规定。美国最高法院曾作出过宣示，认为国会的法律应解释为促进条约的执行，而非破坏条约的规定，法院应该不解释国会法律为修改或废止与外国所订立的条约，除非法律的文字显然有这样的解释。①

第四，条约的地位低于宪法而优越于国内法，适用上位法优越于下位法的原则，优先适用条约规定。②

第五，国内法与条约地位相等，适用特别法优于普通法的原则，将条约视为特别法，优先适用条约。③

现代大部分发达国家宪法明文承认条约优先。④

“上位法优于下位法”的原则必须以确定条约在国内法中的地位为前提，而国内法优越于条约的原则和不加限制地适用“后法优于前法”的原则将会导致制定在后的国内法优于缔结在先的条约，国家要承担因违反条约而引起的国际责任，同时也违背了“善意履行条约义务”的国际法基本原则。⑤ 因此前四种解决冲突的方法都各有弊端，唯有最后一种方法较为可行。

二、我国关于条约与国内法冲突的解决方法

我国解决条约与国内法冲突的方法有三种：第一种方法是优先适用条约。第二种方法是解释一致原则。目前只见于一个司法解释。最高人民法院于2002年8月27日公布的《关于审理国际贸易行政案件若干问题的规定》第9条规定，人民法院审理国际贸易

---

① 参见王铁崖：《条约与国内法律的冲突》，载邓正来主编：《王铁崖文选》，中国政法大学出版社1993年版，第571～572页。

② 参见李兆杰：《条约在我国国内法效力若干问题之探讨》，载中国国际法学会主编：《中国国际法年刊》（1993年），中国对外翻译出版公司1994年版，第278页。

③ 参见王铁崖：《国际法引论》，北京大学出版社1998年版，第203页。

④ 参见［韩］柳炳华著：《国际法》（上卷），朴国哲、朴永姬译，中国政法大学出版社1997年版，第178页。

⑤ 参见李兆杰：《条约在我国国内法效力若干问题之探讨》，载中国国际法学会主编：《中国国际法年刊》（1993年），中国对外翻译出版公司1994年版，第278页。

行政案件所适用的法律、行政法规的具体条文存在两种以上的合理解释，其中有一种解释与中华人民共和国缔结或者参加的国际条约的有关规定相一致的，应当选择与国际条约的有关规定相一致的解释，但中华人民共和国声明保留的条款除外。这是我国首次在司法解释中明文规定“解释相一致”原则。第三种方法是优先适用国内法。只存在于个别法律规定。例如，1996 年《红十字标志使用办法》第23 条、1999 年《个人所得税法》第4 条第9 项，2004 年《对外贸易法》第 16 条第 11 项等，都有类似规定：“本法有规定的，适用本法的规定，本法没有规定的，适用国际条约的规定。”这就意味着，即使国内法的规定与条约规定不同，也适用国内法的规定。

在这三种方法中，最普遍、最常用、最主要的是第一种“优先适用条约”的方法。

第二节 我国的“条约优先适用”规定

一、我国法律中的“条约优先适用条款”

由于宪法没有明文规定，所以不能说在中国法律体制中完全确立了条约优先适用的原则，但是，正如王铁崖先生指出的，随着一系列法律规定范围的扩大，就表明了立法倾向于承认条约的优先适用效力。这种倾向始于20 世纪 80 年代初我国改革开放之时，而随着改革开放的深入发展，越来越明显，并可能使这项原则成为普遍适用的原则。①

我国法律中的“条约优先适用条款”包含两大类。

① 参见王铁崖：《条约在中国法律制度中的地位》，载中国国际法学会主编：《中国国际法年刊》（1994 年），中国对外翻译出版公司 1996 年版，第 13～14 页。

1. 大家公认的用以解决条约与国内法冲突的“条约优先适用条款”

在中国，对于条约与国内法的冲突问题，历次宪法都没有明确规定。但是，自从20世纪80年代以来，有一系列的法律对这个问题作了规定。第一部法律是1982年《民事诉讼法（试行）》，该法第189条规定：“中华人民共和国缔结或者参加的国际条约同本法有不同规定的，适用该国际条约的规定。但是，我国声明保留的条款除外。”这一表述成了以后立法的规范用语，被许多法律所沿用。例如，1985《涉外经济合同法》第6条、1985年《民法通则》第142条第2款、1989年《行政诉讼法》第72条、1992年《海商法》第268条第1款、2007年《民事诉讼法》第236条、1995年《民用航空法》第184条、2004年《票据法》第95条和1989年《环境保护法》第46条，都使用了相同的表述方法。这样的规定，还出现在一部分行政管理法律中。例如，《税收征收管理法》第91条规定，我国同外国缔结的有关税收的条约、协定同本法有不同规定的，依照条约、协定的规定办理。《核出口管理条例》第22条规定，中华人民共和国缔结或者参加的国际条约同本条例有不同规定的，适用国际条约的规定；但是，中华人民共和国声明保留的条款除外。

综观这一系列的法律规定可以看出，它们所涉及的范围十分广泛，包括民法、民事诉讼法、行政诉讼法、渔业法、邮政、商标、涉外经济合同、外国人出入境、国境卫生、内河交通、税收、环境保护以及野生动物保护等各个方面。在刑事法律中，只有2000年《引渡法》第4条第2款属于这样的条款，该款规定：“引渡条约对联系机关有特别规定的，依照条约规定。”其他刑事法律并无这类条款。

据统计，这种条款存在于32部法律法规中，共计33个条款。[①] 这一定式化的条款可以被称之为我国典型的“条约优先适用条款”。但这类条款以条约规定与国内法规定不同为前提，把条约规定看做国内法的补充，适用范围受到限制。

2. 规定在特定事项上直接适用国际条约的条款。它们也属于“条约优先适用条款”

据统计，这样的条款共67个，包含在53部法律法规中。[②]

这类条款，正如笔者在第五章所分析的，实际上包含的意思就是，在特定事项上，如果没有国内法，那么就直接以国际条约为依据；如果既有国内法，又有国际条约，不管国内法与国际条约的规定是否冲突，都直接并优先适用国际条约。

这种优先适用，没有“条约与国内法规定不同”的限制，范围比第一类的优先适用更为广泛和彻底，是真正的“条约优先适用条款”。但人们往往容易只认识到其直接适用条约的依据，而忽略其优先适用条约的价值。

如果说第一类“优先适用条款”是专门为解决条约与国内法的冲突问题而设立，那么第二类条款则是在某个领域确立条约直接适用原则的前提下，一并解决了条约与国内法的冲突问题，具有更高的立法价值和更深远的指导意义。

我国刑法、刑事诉讼法和引渡法中规定条约直接适用的条款大都属于这样真正意义上的“条约优先适用条款”。

二、我国刑事司法领域的“条约优先适用”规定

如前所述，条约优先适用的前提是条约能够直接适用。第五章述及，我国先后共有59款关于条约在刑事司法领域直接适用的国

---

① 参见王勇：《条约在中国适用之基本理论问题研究》，北京大学出版社2007年版，第146页。

② 参见王勇：《条约在中国适用之基本理论问题研究》，北京大学出版社2007年版，第146页。

内规定，这其中，哪些只属于条约直接适用条款，而哪些既属于条约直接适用条款，同时也属于条约优先适用条款，需要确定一个鉴别标准。

“优先适用”，顾名思义，就是在国内法与条约两者相比较的基础上选择其一，以优先适用。“直接适用”不存在谁和谁比较以供选择的问题。直接适用条约指的是不管有没有国内法，直接适用条约就可以了。而优先适用往往指的是，当存在国内法的相关规定时，条约与国内法相比，谁应当优先适用。所以，优先适用常常用来解决条约与国内法的冲突问题。实际上，正如前所述，即使国内法与条约规定相同，也存在一个谁优先适用的问题。只不过当国内法与条约规定相同时，无论谁优先适用，都没有违背条约必须信守的原则，所以不涉及国家违约的问题。在本章中，“条约优先适用”只限于那种既有国内法规定，也有条约规定的情形。它既包括国内法与条约规定相冲突的情形，也包括国内法与条约规定相同的情形。条约有规定而国内法无规定的情形，应包括在第五章条约的直接适用当中。能够直接适用的条约规定，包括了国内法无规定而条约有规定的种种情形。

根据这个标准，1980 年国务院办公厅《关于我国加入海牙公约和蒙特利尔公约的通知》、1987 年全国人大的《关于对中华人民共和国缔结的或者参加的国际条约所规定的罪行行使刑事管辖权的决定》和刑法第 9 条专门是针对国内法无相关规定的情况而订立的，它们只属于直接适用条款，而不属于优先适用条款。

其他的直接适用条款都同时属于条约优先适用条款。其中，属于第一类优先适用条款的只有 4 个条款：引渡法第 4 条第 2 款、1987 年和 1995 年《关于处理涉外案件若干问题的规定》第 1 条和 1992 年 4 月 23 日《关于加强引渡案件若干问题的规定》第 2 条第 2 款，剩余的 51 个条款都属于第二类优先适用条款。由此可以看出，我国刑事司法领域的条约优先适用条款主要以第二类条款为主。这就说明，条约在我国刑事司法领域的优先适用，较少人为限制，范围相当宽泛。

同条约的直接适用范围一样，条约在我国刑事司法领域的优先适用，主要存在于广义的刑事司法协助领域即国际刑事司法合作领域和处理其他涉外刑事案件。

第三节　国际条约在我国国际刑事司法合作领域的优先适用

一、国际刑事条约在我国国内法中的位阶

目前，我国关于国际刑事司法合作的专门性法律仅有《中华人民共和国引渡法》这一部法律。在刑事诉讼法、禁毒法、反洗钱法中仅有开展国际刑事司法协助的原则性规定。我国开展国际刑事司法合作的最主要和最具体的法律依据是我国缔结或者参加的国际条约。明确这些条约在我国国内法上的法律地位，对解决其与我国国内法的冲突及条约能否优先适用的问题，至关重要。

在国内法上，关于条约与国内法的相互地位问题，各国的现行制度大致可以分为四类：国内法优于条约；国内法与条约的地位相等；条约优于国内法；条约优于宪法。[①] 我国学者关于条约在我国国内法中的法律位阶的观点主要有：（1）条约的法律位阶低于宪法而优于其他国内法；[②]（2）须经全国人大常委会批准的条约的位阶低于宪法和基本法律，与全国人大常委会制定的一般法律的效力相同；[③]（3）条约在我国国内法中的地位低于宪法，而与一般国内

① 参见李浩培：《条约法概论》，法律出版社2003年版，第324页。

② 参见李浩培：《条约法概论》，法律出版社2003年版，第326页；梁淑英：《条约在国内的适用和中国实践》，载朱晓青、黄列主编：《国际条约与国内法的关系》，世界知识出版社2000年版，第176页。

③ 参见吴慧：《条约在我国国内法上的地位及与国内法冲突的预防和解决》，载朱晓青、黄列主编：《国际条约与国内法的关系》，世界知识出版社2000年版，第127页。

法相同；[1]（4）中国只是在有些国内法中规定了在国内法与国际法冲突时以条约优先，这只代表了中国法律制度的一种倾向，但还未形成宪法性规定。广义上的条约是否都优于国内法是有疑问的。[2]可见，由于我国缺乏宪法性法律文件对于国际法与国内法的关系（即国际习惯法与条约在国内的效力）作出明文规定，致使学界对该问题长期争论，至今未果。因而，条约在中国法律体系中的地位只能从中国法律实践中寻找根据，[3] 只能具体问题具体分析。

关于国际条约在中国国内的法律地位，在我国现行宪法中找不到原则性规定。我国宪法仅仅在第 67 条第 14 项、第 81 条和第 89 条第 9 项规定了缔结条约的具体程序包括三个阶段：国务院缔结条约；全国人民代表大会常务委员会决定条约的批准和废除；中华人民共和国主席根据全国人民代表大会常务委员会的决定批准和废除条约。根据《中华人民共和国缔结条约程序法》的规定，引渡条约、司法协助条约和被判刑人移管条约，都属于须经全国人大常委会批准的条约，其缔结程序是：国务院缔结条约；全国人大常委会决定条约的批准和废除；中华人民共和国主席根据全国人大常委会的决定批准和废除条约。从这些规定可以看出，条约的缔结程序和全国人大常委会制定的法律在程序上是基本相同的。另外，根据我国宪法第 64 条的规定，宪法的修改须经全国人民代表大会以全体代表的 2/3 以上的多数通过，方为有效。而根据宪法、缔结条约程序法和全国人民代表大会组织法的有关规定，条约和重要协定签署后，报请国务院审核，以国务院议案的形式，提请全国人大常委会审议批准；而待批准的、以议案形式提出的条约和重要协定及制定法律的议案均由全国人民代表大会或其常委会以全体代表或全体组

---

① 参见朱晓青：《〈公民权利与政治权利国际公约〉的实施机制》，载《法学研究》2000 年第 2 期。

② 参见王铁崖：《国际法引论》，北京大学出版社 1998 年版，第 210 页。

③ 参见王铁崖：《条约在中国法律制度中的地位》，载中国国际法学会主编：《中国国际法年刊》（1994），中国对外翻译出版公司 1996 年版，第 5 页。

成人员的过半数通过。这就表明，条约在中国国内法上的地位应该低于宪法，而与一般国内法同等。

因此，用于国际刑事司法合作领域的须经全国人大常委会批准的条约与全国人大及其常委会制定的法律在中国国内具有同等效力，是法律位阶相同的法律。

应当注意的是，我国许多法律法规中规定的条约与国内法冲突时优先适用条约的规定，并不是对条约地位优越于国内法的规定，而是在条约适用问题上，谁优先适用的问题。那种认为这些法律确认了条约具有优越于国内法地位的观点，是不正确的。

二、国际条约在我国国际刑事司法合作领域的优先适用

作为我国开展国际刑事司法合作主要法律依据的国际刑事条约，与我国国内法的冲突普遍存在。

例如，我国刑法第 10 条规定："凡在中华人民共和国领域外犯罪，依照本法应当负刑事责任的，虽然经过外国审判，仍然可以依照本法追究，但是在外国已经受过刑罚处罚的，可以免除或者减轻处罚。"根据这条规定，我国对外国的刑事裁决不予承认，经过外国审判的刑事案件，我国仍可追诉。但是，在国际刑事司法合作中，要求各国充分尊重和承认其他国家司法机关已作出的司法裁决，不得因一行为，针对同一人再次进行审判、定罪和处罚。这已经作为一项基本人权保障写入联合国《公民权利和政治权利国际公约》。该公约第 14 条第 7 款明确规定："任何已依一国的法律及刑事程序被最后定罪或宣告无罪者，不得就同一罪名再予审判或惩罚。"同时它也被国际社会和各国立法普遍接受并确立为国际刑事司法领域的一项基本原则——"一罪不再罚"原则，或称"禁止双重危险原则"。

在我国与外国缔结的 32 项双边引渡条约中，无一例外地包含了关于"一罪不再罚"原则的规定。在双边引渡条约中，被请求方已经对被请求引渡人就引渡请求所针对的犯罪作出终审判决或者

终止司法程序，已成为各国普遍认可的强制性拒绝引渡理由。被请求方对被请求引渡所针对的犯罪正在进行刑事诉讼甚至准备起诉的，是大多数国家承认的任择性的拒绝引渡理由。例如，中国和阿联酋引渡条约第3条第（六）项规定，“被请求方已经对被请求引渡人就引渡请求所针对的犯罪作出终审判决或者终止司法程序”的，应当拒绝引渡。《中华人民共和国和阿塞拜疆共和国引渡条约》第3条第（六）项规定与此相同。其第4条第（一）项规定，被请求方对被请求引渡人就引渡请求所针对的犯罪正在进行刑事诉讼或者准备提起刑事诉讼的，可以拒绝引渡。《中华人民共和国和白俄罗斯共和国引渡条约》第3条第（六）项规定，“在收到引渡请求时，被请求的缔约一方主管机关已对被请求引渡人就同一犯罪行为作出发生法律效力的判决或者诉讼程序已经终止”的，应当拒绝引渡。其第4条第（三）项规定，“被请求的缔约一方正在对被请求引渡人就同一犯罪行为进行刑事诉讼”的，可以拒绝引渡。《中华人民共和国和澳大利亚引渡条约》第3条第（四）项规定，“该人就请求引渡他的犯罪已被最终定罪、无罪释放或者被赦免，或者已接受被请求方法律规定的处罚”的，应当拒绝引渡。其第4条第（一）项规定，被请求方正在对被请求引渡人就引渡请求所针对的犯罪进行刑事诉讼，或者准备提起刑事诉讼的，可以拒绝引渡。《中华人民共和国和法兰西共和国引渡条约》第3条第（三）项规定，被请求方已经对被请求引渡人就引渡请求所针对的犯罪作出有罪或者无罪的终审判决、大赦或者赦免的，应当拒绝引渡。其第5条规定，当被请求方司法机关根据本国法律对引渡请求所针对的犯罪具有管辖权并且被请求引渡人已经由于该犯罪受到起诉，或者被请求方司法机关已经决定终止诉讼，或者第三国已经对被请求引渡人就引渡请求所针对的犯罪作出无罪或者有罪的终审判决；如果是有罪判决，被请求引渡人已经服刑完毕的，可以拒绝引渡。

关于“一罪不再罚”原则最典型的表述出现在我国与西班牙缔结的移管被判刑人条约中，其第10条第（一）项规定：“对于被移管的被判刑人，执行国将根据本国法律继续执行判刑国判处的刑罚，并且不再对判刑国据以判刑的同一罪行重新进行审判。”

双边条约中确立的“一罪不再罚”原则，对我国刑法第 10 条作了重要变通，[①] 是国际条约与刑法这样的国家基本法律相冲突的典型例证。

因为我国国际刑事司法合作领域目前完整的国内法只有一部引渡法，所以条约与国内法的冲突表现，以引渡条约与引渡法的冲突表现得最为明显。在此，以引渡条约与我国引渡法的冲突为例，就冲突的表现、成因、对策进行深度分析。

（一）引渡条约与我国引渡法冲突的表现及成因

仔细研究就会发现，在我国签订的 32 个双边引渡条约和参加的包含有引渡条款的近 20 项多边公约[②]中，绝大多数与《中华人民共和国引渡法》之间存在差异，主要表现如下：

（1）我国引渡法第 8 条规定的国民不引渡属于绝对不引渡，而《中华人民共和国和泰王国引渡条约》第 5 条第 1 款规定该原则为相对不引渡。此外，《中华人民共和国和柬埔寨王国引渡条约》第 5 条、《中华人民共和国和大韩民国引渡条约》第 5 条、《中华人民共和国和菲律宾共和国引渡条约》第 3 条等都有与《中华人民共和国和泰王国引渡条约》相同的规定。

（2）政治犯罪例外原则在我国引渡法第 8 条中是刚性条款，而在许多国际条约中都得到不同程度的变通。有的条约用“行刺条款”对这个原则加以限制，把谋杀、企图谋杀或伤害国家元首、政府首脑或其家庭成员的犯罪排除在政治犯罪之外，不管这类犯罪

① 参见黄风：《国际刑事司法合作的规则与实践》，北京大学出版社 2008 年版，第 217 页。

② 并不是所有多边刑事公约中都载有引渡条款。包含有附属刑事条款的非刑事条约一般不包含引渡条款，刑事条约也有一些不包含引渡条款。所以，包含有引渡条款的公约数量少于我国参加的多边刑事公约。

是否具有政治目的；有的条约规定，恐怖主义犯罪和严重的普通刑事犯罪不得被视为政治犯罪；有的条约以双方参加的国际公约制定的标准来确定政治犯罪的例外。

《防止及惩治灭绝种族罪公约》第7条禁止各国在引渡问题上将该公约所列举的各种危害种族罪行视为“政治性之犯罪”。同时，该公约第4条还要求各缔约国在惩处危害种族罪行时不要考虑行为人的政治身份，“无论其为统治者、公务员或私人，一体罚之”。

《禁止并惩治种族隔离罪行国际公约》第11条规定：“就引渡而言，本公约第二条所列举的罪行不应视为政治罪。”该公约第1条和第2条还宣布：“种族隔离的政策和办法与类似的种族隔离和歧视的政策和办法”是不人道的，属于“违反联合国宪章的宗旨和原则的罪行”，并且属于“种族隔离罪行”。这里明确将某种“政策”宣布为犯罪。

《禁止酷刑公约》虽然未明确宣布酷刑罪不属于政治犯罪，但在第2条第2款中规定：“任何意外情况，如战争状态、战争威胁、国内政局不稳定或任何其他社会紧急状态，均不得作为施行酷刑之理由。”公约明确指出，所谓酷刑正，是指“在公职人员或以官方身份行使职权的其他人所造成或在其唆使、同意或默许下造成的”侵害行为。公约所列举的犯罪在许多情况下是可能具有政治性质的，但这并未影响公约将该种犯罪列为可引渡的犯罪。

《关于防止和惩处侵害应受国际保护人员包括外交代表的罪行的公约》就将“一国元首，包括依关系国宪法行使国家元首职责的一个集体机构的任何成员或政府首长或外交部长，当他在外国境内时，以及他的随行家属”列为应受国际保护人员，并且要求各国将对上述人员“进行谋杀、绑架或其他侵害其人身或自由的行为”列为可引渡的犯罪。

《禁毒公约》第3条第10款规定：“凡依照本条确定的犯罪均不得视为经济犯罪或政治犯罪或认为是出于政治动机。”

《制止恐怖主义爆炸事件的国际公约》第 11 条规定，为引渡或司法协助的目的，不得将在公共场所、国家或政府设施、公共交通系统或基础设施，或针对公用场所、国家或政府设施、公共交通系统或基础设施投掷、放置、发射或者引爆爆炸装置或致死装置的犯罪行为视为政治犯罪、同政治犯罪有关的罪行或由政治动机引起的罪行。

《制止向恐怖主义提供资助的国际公约》第 14 条规定，为引渡或司法协助的目的，不得将以任何手段，直接或间接地非法和故意地提供或募集资金，以资助本公约附件所列公约规定之犯罪或其他恐怖主义行为的犯罪视为政治犯罪。

《联合国反腐败公约》第 44 条第 4 款规定："在以本公约作为引渡依据时，如果缔约国本国法律允许，根据本公约确立的任何犯罪均不应当视为政治犯罪。"

《中华人民共和国和泰王国引渡条约》第 3 条第（一）项规定："但政治犯罪不应包括谋杀、企图谋杀或伤害国家元首、政府首脑或其他家庭成员"的犯罪行为。

《中华人民共和国和巴西联邦共和国引渡条约》第 3 条第 2 款规定："双方均为缔约国的国际公约不视为政治犯罪的罪行在任何情况下均不被认为是政治犯罪。"

《中华人民共和国和西班牙王国引渡条约》第 3 条第（一）项特别规定："恐怖主义犯罪"不视为政治犯罪。

《中华人民共和国和莱索托王国引渡条约》第 3 条第（一）项还规定以下犯罪不构成政治犯罪或政治性质的犯罪：谋杀、严重身体伤害、性攻击、绑架、诱拐、劫持和敲诈，放置或者使用，或者威胁放置或者使用，或者拥有爆炸性、易燃性或者破坏性的、可危及生命或者对身体造成严重伤害或者导致对财产重大损害的装置或者枪械，意图或者共谋上述犯罪，参与上述犯罪，协助、唆使、诱导或者介绍上述犯罪，或者胁从实施上述犯罪。

还有的条约在更宽泛的意义上排除适用"政治犯罪不引渡"

原则。例如，《中华人民共和国与阿拉伯联合酋长国引渡条约》第3条第2款第（二）项规定“缔约双方均为当事方、且规定当事方有‘或者起诉，或者引渡’义务的国际公约中规定的犯罪”不应被视为政治犯罪。因为许多规定国际犯罪的多边公约都规定了“或引渡或起诉”原则，所以这个规定实际上把许多国际犯罪排除在政治犯罪之外。

（3）关于享受特定性原则保护的期限，许多双边引渡条约也作出了与引渡法不同的规定。我国引渡法第14条规定，被引渡人在其引渡罪行诉讼终结、服刑期满或者提前释放之日起30日以内没有离开请求国，将丧失该条所规定的关于特定性原则的保护。而这一法定期限在个别引渡条约中却有明显不同的规定，例如，《中华人民共和国和哈萨克斯坦共和国引渡条约》第15条第2款将这一法定期限确定为15天，而《中华人民共和国和突尼斯共和国引渡条约》第6条则将这一期限规定为45天。这些包含在双边引渡条约中的特殊时间是考虑到不同的国家环境、地理条件和习惯做法而确定的。

（4）关于执行引渡：我国引渡法第7条规定，为执行刑罚而请求引渡的，在提出请求时，被请求引渡人尚未服完的刑期至少为6个月，而《中华人民共和国和巴西联邦共和国引渡条约》第2条规定尚未服完的刑期至少为1年。

（5）关于缺席审判：我国引渡法第8条第（八）项禁止引渡受到缺席审判的人员，规定：“请求国根据缺席审判判决提出引渡请求的”，应当拒绝引渡，除非请求国承诺在引渡后对被请求引渡人重新进行审判。而《中华人民共和国和保加利亚共和国引渡条约》则允许根据缺席审判提出的引渡请求，该条约第2条第3款规定：“如果对被请求引渡人的判决是在其缺席的情况下作出的，则有关的引渡请求应被视为旨在进行追诉的引渡请求。”

（6）关于随引渡请求提交证据材料：我国引渡法第12条要求请求国在出具请求书的同时应当提供“必要的犯罪证据或者证据

材料”。而我国现有的多数引渡条约均未要求引渡请求应附关于犯罪事实的证据材料，例如，《中华人民共和国和俄罗斯联邦引渡条约》第 8 条、《中华人民共和国和保加利亚共和国引渡条约》第 8 条、《中华人民共和国和罗马尼亚引渡条约》第 8 条、《中华人民共和国和哈萨克斯坦共和国引渡条约》第 8 条，等等。

（7）关于提供补充材料的期限：我国引渡法第 18 条规定，在引渡请求所附材料不符合要求的情况下，外交部“可以要求请求国在三十日内提供补充材料。经请求国请求，上述期限可以延长十五日”。请求国未在上述期限内提供补充材料的，外交部应当终止该引渡案件。而我国现有的多数引渡条约则对此有着不同的规定，例如，《中华人民共和国和俄罗斯联邦引渡条约》、《中华人民共和国和保加利亚共和国引渡条约》、《中华人民共和国和哈萨克斯坦共和国引渡条约》将提供补充材料的期限确定为两个月并可加 15 天延长期，《中华人民共和国和罗马尼亚引渡条约》确定为 60 天并可加 15 天延长期，《中华人民共和国和泰王国引渡条约》则规定，被请求方“可以要求请求方在指定的时间内提交补充材料”。

（8）关于在引渡请求竞合情况下的决定权：我国引渡法第 17 条规定，在数个国家针对同一人提出引渡请求的情况下，“应当综合考虑中华人民共和国收到引渡请求的先后、中华人民共和国与请求国是否存在引渡条约关系等因素，决定接受引渡请求的优先顺序”。而我国与一些国家签订的引渡条约则不要求考虑收到引渡请求的先后顺序和是否存在引渡条约的关系，允许被请求国根据任意的标准决定接受引渡请求的优先顺序，例如，《中华人民共和国和哈萨克斯坦共和国引渡条约》第 14 条规定，在引渡请求竞合的情况下，被请求国“有权自主决定将该人引渡给哪个国家”。

（9）关于临时羁押的期限：我国引渡法第 31 条第 2 款规定：“公安机关采取引渡拘留措施后三十日内外交部没有收到外国正式引渡请求的，应当撤销引渡拘留，经该外国请求，上述期限可以延长十五日”。而《中华人民共和国和泰王国引渡条约》第 9 条第 4

款则将临时羁押的期限确定为 60 天内，《中华人民共和国和俄罗斯联邦引渡条约》第 11 条第 4 款将这一期限确定为 30 天内并可加 10 天延长期。

（10）提出临时羁押申请的途径。我国引渡法第 30 条规定，临时羁押的申请可以通过外交途径向我国公安部提出，也可以由请求方直接向公安部提出。而一些双边引渡条约允许通过国际刑警组织提出上述申请。例如，《中华人民共和国和乌克兰引渡条约》第 11 条第 1 款规定，在紧急情况下，缔约一方可请求缔约另一方在收到本条约第 8 条规定的引渡请求前羁押被请求引渡人。书面申请可以通过中央机关、国际刑警组织或外交途径以任何通信手段提出。

（11）提出临时羁押申请的形式要件。我国引渡法第 30 条规定，提出临时羁押申请的请求方要依照我国引渡法第 14 条的规定作出关于特定性原则的保证和关于损害赔偿责任的保证。而现有引渡条约对于临时羁押申请均不要求附带这两项保证。

（12）关于临时引渡的条件：我国引渡法第 43 条第 1 款规定，为进行临时引渡，请求国应当“保证在完成有关诉讼程序后立即无条件送回被请求引渡人”。而《中华人民共和国和泰王国引渡条约》第 11 条第 2 款则允许缔约双方按照“商定的条件”实行临时引渡，《中华人民共和国和哈萨克斯坦共和国引渡条约》第 13 条第 2 款规定，请求国“应在事先商定的期限内归还被临时引渡人”，而不是在完成有关诉讼程序后归还。

（13）关于移交被引渡人的期限：我国引渡法第 40 条规定，请求国在约定的移交之日起 15 日以内不接受被请求引渡人的，应当视为自动放弃引渡请求，该期限可以申请延长，“但最长不得超过 30 日”。而我国现有的大部分引渡条约则将移交被引渡人的期限确定为“15 天内”，并且未直接规定延长期（只规定在特定情况下可以重新确定移交日期）。《中华人民共和国和保加利亚共和国引渡条约》第 12 条第 2 款将该期限确定为“20 天内”且不可延长。

（14）关于再引渡：我国引渡法第 14 条规定，请求国请求引渡应当保证："不对被引渡人在引渡前实施的其他未准予引渡的犯罪追究刑事责任，也不将该人再引渡给第三国。但经中华人民共和国同意，或者被引渡人在其引渡罪行诉讼终结、服刑期满或者提前释放之日起三十日内没有离开请求国，或者离开后又自愿返回的除外"。这里包含关于再引渡制度的规定。《中华人民共和国和菲律宾共和国引渡条约》第 17 条规定的"再引渡"则与我国引渡法的规定有所不同："如果某人已经由被请求方引渡给请求方，该人不应当就引渡前所犯的罪行被引渡或者移交给第三国，除非存在以下情形之一：被请求方同意引渡或者移交；该人有机会离开请求方，但在可自由离境的四十五天内没有离境，或者离境又返回。"两者在离境时间的宽限日上规定不一致。

（15）关于重新引渡：我国引渡法第 41 条规定，在重新引渡的情况下，"无需请求国提交本章第二节规定的文件和材料"，也就是说，"再次提出的相同的引渡请求"，可以不再提供第 12 条列举的文件和材料以及第 14 条和第 15 条所要求的保证与承诺。但是，《中华人民共和国和突尼斯共和国引渡条约》第 19 条规定，在重新引渡的情况下，为对脱逃者进行重新羁押，"需出具刑事拘留证或逮捕证，以及证明该人曾被引渡、并在刑事诉讼终结或应服刑期执行完毕之前脱逃的必要材料"。

（16）关于临时引渡：我国引渡法第 43 条规定，如果暂缓引渡可能给请求国的刑事诉讼造成严重障碍，在不妨碍中华人民共和国领域内正在进行的刑事诉讼，并且请求国保证在完成有关诉讼程序后立即无条件送回被请求引渡人的情况下，可以根据请求国的请求，临时引渡该人。而《中华人民共和国和秘鲁共和国引渡条约》第 12 条第 2 款规定，如果暂缓移交会造成请求方刑事追诉时效丧失或者妨碍对引渡请求所针对的犯罪进行调查，被请求方可以在本国法律允许的范围内，根据双方确定的条件，将被请求引渡人临时移交给请求方。后者的范围显然要比引渡法中规定的条件宽，在本国法律允许的范围内引渡，被请求引渡人“有未了的民事案件”甚至都可以构成妨碍开展临时引渡的理由。

引渡条约与引渡法冲突现象的大量存在具有客观必然性。我国是先有引渡条约后有引渡法的，在引渡法颁布之前，我国已经签订了 12 个双边引渡条约。制定在后的引渡法与签订在前的引渡条约之间存在某些差异是不可避免的。在审议引渡法草案时，全国人大常委会法制工作委员会强调，引渡法通过后，我国在与外国签订引渡条约时，应当遵循引渡法规定的原则，尽量避免这种冲突的发生。但他们同时也清楚地认识到，引渡方面的情况比较复杂，可能会出现有些问题在引渡法中未作规定，而随着情势变迁、社会发展在签订条约时需要规定的情况。① 实际上，在引渡法生效后签订的引渡条约中不仅出现了引渡法未作规定而需要规定的情况，也出现了许多引渡法已有规定而引渡条约中的规定与之不同的情况。引渡条约与引渡法的冲突不仅并未随着引渡法的实施而消失，而且越来越具有普遍性。这是因为，引渡条约是有关缔约国法律制度相互求同存异的结晶，尤其是在法律制度明显不同的国家之间，每一方都不应当也不可能严守各自的国内法规范不作灵活应变。因此，引渡条约与引渡法之间的差异是不可避免的，并且是不应当强求避免的。

引渡条约与引渡法的冲突涉及内容广泛、数量庞大且不可避免，在理论上找出解决冲突的路径和方法，明确何者优先适用，就显得尤为迫切和重要。

（二）引渡条约与引渡法冲突时国际通行的解决方法

从各国的立法实践来看，在引渡条约与本国引渡法有不同规定的情况下，许多国家的立法都对此作出明确回答：引渡条约优先，

① 参见胡康生主编：《中华人民共和国引渡法释义》，法律出版社 2001 年版，第 123 页

即将引渡条约视为规定具体引渡事项的特别法，将国内有关引渡的立法视为一般法，适用“特别法优于一般法”的规则优先适用引渡条约。

1927 年的《法国引渡法》第 1 条规定：“在无条约的情况下，引渡的条件、程序和效力，依本法确定。”该条规定暗含了条约优先的原则。1950 年的《希腊刑事诉讼法典》第 436 条规定：“（1）在无国际条约可循的情况下，引渡外国被告人或被判刑人的条件和程序由以下各条中的规定调整。（2）在有条约的情况下，对于该条约未规定或未涉及的部分，也适用本法的规定，只要它们同该条约不相抵触。”该规定暗含了条约优先适用的原则和国内法与条约冲突无效的原则。1988 年的《意大利刑事诉讼法典》第 696 条以“条约和一般国际法优先”为标题规定，对于引渡等国际刑事司法合作活动，“均由在意大利生效的国际条约规范和一般国际法规范调整”；只有在无上述规范可循的情况下，才适用法典中的有关规定。葡萄牙 1991 年关于国际刑事司法合作的《第 43/91 号法》第 3 条以“国际条约、公约和协定的优先效力”为标题，作出与意大利《刑事诉讼法典》第 696 条类似的规定。1971 年的《罗马尼亚引渡法》第 2 条规定：“如国际条约未做其他规定，在对等的基础上按本法有关条款执行。”1985 年的《西班牙被动引渡法》第 1 条规定：“本法规定被动引渡的条件、程序及效果，但西班牙所加入的条约另有明确规定者不在此限。”1979 年的《泰国引渡法》第 3 条规定：“本法适用于暹罗的所有引渡事宜，但以不与外国缔结的条约、公约或协议的条款或有关引渡问题的皇家训令相抵触为限。”

（三）当引渡条约与引渡法发生冲突时，引渡条约应当且必须在我国优先适用

具体到我国的情况来看，虽然我国的宪法、刑事诉讼法和引渡法都没有明文规定引渡条约优先适用的原则，但无论从有关引渡立法的精神上来分析，还是从引渡条约与引渡法的关系及引渡条约与

引渡法冲突的类型上来分析，都可以得出一个结论，那就是引渡条约应当且必须在我国优先适用。

1. 从有关引渡立法的精神分析

最高人民法院、最高人民检察院、外交部、公安部、国家安全部、司法部分别于1987年和1995年联合发布的《关于处理涉外案件若干问题的规定》都指出，当国内法以及某些内部规定同我国所承担的条约义务发生冲突时，应适用国际条约的有关规定。我国不能以国内法规定为由，拒绝履行所承担的国际条约规定的义务。外交部、最高人民法院、最高人民检察院、公安部、司法部于1992年印发的《关于办理引渡案件若干问题的规定》是引渡法实施之前指导我国引渡工作的一个重要内部文件，其第2条第2款明确规定："我国缔结或者参加的国际引渡条约或者载有引渡条款的其他国际条约同本规定有不同规定的，适用国际条约的规定，但是我国声明保留的条款除外。"

我国引渡法草案曾经规定了类似条款。2000年10月18日全国人大常委会法制工作委员会在《关于〈中华人民共和国引渡法（草案）〉审议结果的报告》中指出："草案第2条第2款规定：'引渡条约同本法有不同规定的，适用引渡条约的规定。'有的常委提出，关于引渡法和引渡条约的关系，是否一律以条约优先，值得研究。法律委员会认为，引渡法通过后，我国在同外国签订引渡条约时，应当遵循引渡法规定的原则，但引渡方面的情况比较复杂，可能会出现有些问题在引渡法中未作规定，而在签订条约时需要规定的情况。考虑到引渡条约生效还要经过全国人大常委会批准，如果引渡条约另有规定的，应当适用其规定。"① 该条后被修改为草案第52条："中华人民共和国与外国缔结或者共同参加的引渡条约或者载有引渡条款的其他条约另有规定的，适用其规定，

① 参见胡康生主编：《中华人民共和国引渡法释义》，法律出版社2001年版，第123～124页。

但中华人民共和国声明保留的条款除外。”

令人惊奇的是，这一条在引渡法草案的最后一审中被删除了。有学者认为，这也许是因为立法者认为这是一个无需特别说明的问题，而且不愿意以如此明确的表述使人对引渡法的权威性产生怀疑。[①] 但对上述条款的删除并不意味着国际条约优先适用原则和“特别法优于一般法”原则的改变。国际条约优先适用原则和“特别法优于一般法”原则仍然体现或暗含在其他一些条款当中。例如，我国引渡法第 4 条在指定外交部为引渡合作的“联系机关”后，又明确补充道“引渡条约对联系机关有特别规定的，依照条约规定。”这实际上就是指当引渡条约对联系机关的规定与引渡法不同时，优先适用条约规定。

2. 从引渡条约与引渡法的关系分析

引渡条约与全国人大常委会制定的引渡法在我国具有同等效力，是法律位阶相同的法律。同一位阶的法律，效力相同。当两者发生冲突时，不能适用“上位法优于下位法”的原则；而如适用“后法优于前法”的原则，当前法为引渡条约、后法为引渡法时，又可能违背“条约必须信守”的国际法基本原则。因此，解决冲突应适用“特别法优于一般法”的原则。适用该原则既是国际通行做法，同时也符合我国的实际情况。我国引渡法是对我国开展引渡事宜的基本规则和程序等的一般规定，属于一般法。而我国缔结的双边引渡条约，从规范约束的主体上看，只涉及缔约双方，不涉及其他国家；从内容上看，只是就缔约双方的引渡事宜作出的规定；从程序上看，引渡条约须经全国人大常委会批准后才能生效，引渡条约与引渡法有不同规定的，应当看做全国人大常委会通过特别立法程序对一般法进行的修改、补充和完善。引渡条约与引渡法之间的冲突虽然大量存在，但引渡条约的合法性却从未受到质疑，

---

① 参见黄风：《〈中华人民共和国引渡法〉评注》，中国法制出版社 2001 年版，第 26 页。

其原因也正在于此。引渡条约对引渡法的变通和补充，是经过最高立法机关许可的合法修改。因此，引渡条约相对于引渡法而言应当被视为特别法，应当适用“特别法优于一般法”的原则，优先适用引渡条约。

3. 从引渡条约的缔约价值分析

引渡法作为我国的国内法，只对我国有法律效力，不可能对各个国家的具体情况考虑周全，而且随着国际形势的发展，许多合作规则不可能一成不变。通过与其他国家缔结引渡条约，可以达到一举三得的效果：一可以借此引进国际先进的合作规则，二可以根据实际需要对我国引渡立法进行补充和完善，三可以实现与各国法律制度在国际合作领域内的适当衔接。[①] 引渡条约的灵活务实，与时俱进，恰恰表现了引渡条约的缔约价值。当引渡条约与引渡法的规定不同时，这样的引渡条约不用，缔约价值作何体现?

4. 从我国的履约义务分析

当引渡条约与引渡法对同一事项的规定不同时，必须优先适用引渡条约，也是“条约必须遵守”原则的要求。国家在国际法上除了具备特定情形，例如，条约与新的一般国际法强制规则抵触成为无效条约、发生意外不能履行条约、情势发生基本改变可以终止或退出条约等情形以外，不得援引国内法规定来为不履行条约辩护，包括因国内法与国际法有抵触而不能履行国际义务的情形。常设国际仲裁法院、国际常设法院和国际法院在其裁判中都肯定了这一原则。1969 年《维也纳条约法公约》第 27 条也明确规定：“一当事国不得援引其国内法规定为理由而不履行条约。”

5. 从我国与外国开展国际引渡合作的要求分析

优先适用条约规定，也是开展国际引渡合作的必然要求。缔结条约的目的就是为了更好地开展合作，就是为了把国际礼让转变为

---

① 参见黄风：《〈中华人民共和国引渡法〉评注》，中国法制出版社 2001 年版，第 24～25 页。

强制性的国际义务。国际社会一直把双边条约的缔结看作两国深度合作的表现。如果两国之间签订了引渡条约，那么在开展引渡合作，进行谈判、协调和决断各种引渡事宜时，首先且必须要运用的就是引渡条约，只有在引渡条约没有规定的情况下，才可能参照本国的引渡法商谈及处理有关事宜。如果有条约而不用，不仅不符合国际惯例，也不符合缔约初衷。

（四）即使引渡条约与引渡法的规定相同，也应当且只能优先适用引渡条约

实际上，在处理引渡事项时，即使引渡条约与引渡法的规定相同、不发生冲突，也应当且只能优先适用引渡条约。试想，当签订有引渡条约的两个国家开展引渡合作时，是适用作为国内法的引渡法呢，还是只能适用双边引渡条约？答案只有一个，那就是只能适用双边引渡条约。

在引渡合作中优先适用条约，有法可依。我国刑事诉讼法第17条规定："根据中华人民共和国缔结或者参加的国际条约，或者按照互惠原则，我国司法机关和外国司法机关可以相互请求刑事司法协助。"该条规定实际上是指：我国在开展刑事司法协助这种特定事项时，应该适用国际条约而不是我国的国内法。这里的司法协助应作广义理解，适用于引渡事项。

我国最高人民法院《关于执行〈中华人民共和国刑事诉讼法〉若干问题的解释》第317条规定："中华人民共和国缔结或参加的国际条约中有关于刑事诉讼程序具体规定的，适用该国际条约的规定，但是，我国声明保留的条款除外。"引渡条约就是对两国之间引渡程序的具体规定，依照该司法解释，也应当适用国际条约。

我国引渡法的个别条款也明确规定了条约应当优先适用。引渡法第49条规定："引渡、引渡过境或者采取强制措施的请求所需的文书、文件和材料，应当依照引渡条约的规定提出；没有引渡条约或者引渡条约没有规定的，可以参照本法……的规定提出……"第54条规定："办理引渡案件产生的费用，依照请求国和被请求

国共同参加、签订的引渡条约或者协议办理。”这两条规定，都不是规定在引渡条约与引渡法有不同规定时才优先适用引渡条约的，而是体现了条约优先适用和直接适用原则。这两个条文向我们透露的信息是：引渡条约与引渡法的关系，并非像人们通常所理解的，引渡条约是引渡法的补充，只有引渡法没有规定的，才能适用引渡条约。实际上正好相反：办理引渡事项，应优先适用引渡条约，只有当没有引渡条约或条约没有规定的，才可以参照引渡法办理。

（五）优先适用引渡条约，并不会否定引渡法的立法价值和存在必要

第一，我国引渡法调整的主要事项，如被动引渡的程序和规则，有相当一部分是国际条约规范所不可能过问的或者不能取代的。[①] 第二，我国并没有也不可能与世界上所有的国家签订引渡条约，事实上，目前我国只与少数国家签订了双边引渡条约，在没有引渡条约时，我国可以按照国际礼让、互惠原则或通过个案磋商开展引渡合作，这时，引渡法就是开展引渡合作的主要法律依据。第三，几乎各个国家都在国内法上对引渡作出立法规定，是因为引渡法相对于国际条约来说，是国内有关引渡事项的基础法，是国内法律体系中不可或缺的部分，它对开展具体引渡工作、对外缔结引渡条约和根据国际礼让、互惠原则开展引渡合作，既发挥着根本性的指导作用，也提供了具体的规则和程序。第四，即使两国之间签订有双边引渡条约，该条约也不可能面面俱到，当引渡条约没有规定，而引渡法有规定时，引渡法可以起一个参照作用，正如引渡法第 49 条规定的，“没有引渡条约或者引渡条约没有规定的，可以参照本法第二章第二节、第四节和第七节的规定提出。”

① 参见黄风：《引渡问题研究》，中国政法大学出版社 2006 年版，第 126 页。

第四节　国际条约在我国涉外刑事案件中的优先适用

一、我国处理涉外刑事案件时的条约优先适用规则

从我国颁发的关于处理涉外刑事案件的各种文件和处理涉外刑事案件的一贯精神，可以看出，我国刑事司法界已经确立了处理涉外刑事案件的两大规则，即平等互惠和优先适用条约。

1987 年《关于处理涉外案件若干问题的规定》第 1 条就明确规定："当国内法以及某些内部规定同我国所承担的条约义务发生冲突时，应适用国际条约的有关规定。我国不能以国内法规定为由，拒绝履行所承担的国际条约规定的义务。这既有利于维护我国的信誉，也有利于保护我国国民在国外的合法权益。"1995 的同名文件第 1 条第 3 款作了几乎同样的规定。1998 年公安部《公安机关办理刑事案件程序规定》第 320 条也有类似表述。1998 年最高人民法院《关于执行〈中华人民共和国刑事诉讼法〉若干问题的解释》第 317 条采用了第二类条约优先适用条款的表述方法。

1995 年《关于处理涉外案件若干问题的规定》第 3 条第 1 款在关于通知外国驻华使、领馆问题上规定："凡与我国订有双边领事条约的，按条约的规定办理；未与我签订双边领事条约，但参加《维也纳领事关系公约》的，按照《维也纳领事关系公约》的规定办理；未与我国签订领事条约，也未参加《维也纳领事关系公约》，但与我国有外交关系，可按互惠和对等原则，根据有关规定和国际惯例办理。"这种表述，非常有层次地清晰地表明了我国在处理涉外案件上对条约优先适用的态度。如果既有双边条约又有多边条约，则双边条约优先。

二、我国在涉外刑事案件中优先适用条约的具体情形

根据上述三个文件，我国在涉外刑事案件中优先适用条约的具体情形，与直接适用条约的情形基本相同，在此不再重复。

结 语

以上分析研究表明，国际刑事条约在中国的适用，并未因我国宪法性规定的缺位而不可捉摸。我国有大量有关条约在刑事司法领域直接适用或优先适用的规定。我国缔结或者参加的50多项多边刑事条约和近百项双边刑事条约，在我国刑事司法领域发挥着国内法不可替代的重要作用。我国已初步形成在犯罪与处罚方面间接适用条约，在国际刑事司法合作领域和处理涉外刑事案件方面直接并优先适用条约的格局。

但也不容忽视，我国立法机关、司法机关和行政机关都存在着一个普遍现象，就是适用条约的主动性不够。在大量条约条款具有直接适用力的情况下，司法机关和行政机关却没有主动意识或不敢以条约为依据处理案件。这与我国有关条约的立法不完善有直接关系。

条约与国内法的关系，应由国家的宪法性法律加以规定，而在我国，尽管条约适用的规定很多，但绝大多数并不具有法律的效力，而属于司法解释、行政性文件或司法性文件，甚至内部文件。

如果说以前我国在闭关锁国的情况下，因为条约实践十分贫乏而导致宪法性规定付之阙如十分正常的话，那么，在条约实践已十分丰富的今天，完善条约适用的宪法性规定已具备了比较成熟的条件。为提高我国履行条约义务的能力，避免理论界不必要的论争，增强司法界直接援引国际条约处理案件的主动性和明确性，笔者建议：

第一，修改我国宪法和立法法，在宪法中明确规定条约为我国的法律渊源，赋予条约与我国法律相同的法律地位，明确条约在我国接受的方式为“纳入”式，并赋予我国最高司法机关解释条约的权力，以使其对我国缔结或者加入的国际刑事条约进行分类，明确哪些条约或哪些条款能够直接适用，哪些条款应该间接适用。最高司法机关在行使解释条约的权力时，应确立“解释一致”的原则，以减少国内法与条约的冲突，确保我国对国际义务的履行。

第二，为了避免对刑法第 9 条的误解和履行国际刑事条约中的管辖权共同条款，我国应增设有限的普遍管辖原则，并修改刑法第 9 条，使其在直接适用条约方面表述得更为明确具体，具体表述可为：“对于我国缔结或者参加的国际公约中规定的罪行，在不能依据我国刑法行使刑事管辖权的情形下，可以直接依据公约规定确立我国的刑事管辖权。”

第三，尽快制定我国的《国际刑事司法协助法》，在该法中明确规定：“我国开展国际刑事司法协助，有国际条约规定的，应直接依据国际条约。对于同一事项，国内法规定与国际条约都有规定或规定不同的，国际条约应当优先适用。”

第四，在我国刑事诉讼法中增设涉外刑事案件中直接并优先适用国际条约的规定。

第五，为更好履行条约义务，与其他国家更好地开展国际刑事司法合作，我国应完善履约所需的国内配套立法，使本来具有直接适用力的条约条款不至于因国内法缺乏相关规定而导致实际上的不能适用。

参考文献

一、中文著作及资料

（一）中文著作

1. 周鲠生：《国际法》（上、下），商务印书馆1976年版。

2. 王铁崖、周忠海主编：《周鲠生论文选》，海天出版社1999年版。

3. 李浩培：《条约法概论》，法律出版社2003年版。

4. 王铁崖：《国际法引论》，北京大学出版社1998年版。

5. 邓正来主编：《王铁崖文选》，中国政法大学出版社1993年版。

6. 朱奇武：《中国国际法的理论与实践》，法律出版社1998年版。

7. 慕亚平：《国际法原理》，人民法院出版社2005年版。

8. 朱文奇、李强：《国际条约法》，中国人民大学出版社2008年版。

9. 万鄂湘：《国际条约法》，武汉大学出版社1998年版。

10. 高铭暄、赵秉志主编：《当代国际刑法的理论与实践》，吉林人民出版社2001年版。

11. 储槐植：《刑事一体化论要》，北京大学出版社2007年版。

12. 黄风、凌岩，王秀梅：《国际刑法学》，中国人民大学出版社，2007年版。

13. 赵秉志主编：《新编国际刑法学》，中国人民大学出版社

2007 年版。

14. 赵秉志主编：《比较刑法暨国际刑法专论》，法律出版社 2004 年版。

15. 甘雨沛、高格：《国际刑法学新体系》，北京大学出版社 2000 年版。

16. 黄肇炯：《国际刑法概论》，四川大学出版社 1992 年版。

17. 刘亚平：《国际刑法与国际犯罪》，群众出版社 1986 年版。

18. 赵永琛：《国际刑法和司法协助》，法律出版社 1994 年版。

19. 马进保：《国际犯罪与国际刑事司法协助》，法律出版社 1999 年版。

20. 张智辉：《国际刑法通论》（增补本），中国政法大学出版社 1999 年版。

21. 马呈元：《国际刑法论》，中国政法大学出版社 2007 年版。

22. 林欣：《国际刑法问题研究》，中国人民大学出版社 1999 年版。

23. 林欣、李琼英：《国际刑法新论》，中国人民公安大学出版社 2005 年版。

24. 贾宇：《国际刑法学》，中国政法大学出版 2004 年版。

25. 邵沙平：《国际刑法学》（修订），武汉大学出版社 1993 年版。

26. 朱文奇：《国际刑法》，中国人民大学出版社 2007 年版。

27. 王世洲主编：《现代国际刑法学原理》，中国人民公安大学出版社 2009 年版。

28. 李世光、刘大群、凌岩主编：《国际刑事法院罗马规约评释》，北京大学出版社 2006 年版。

29. 黄风：《引渡制度》，法律出版社 1990 年版。

30. 黄风：《引渡制度》（增补本），法律出版社 1997 年版。

31. 黄风：《中国引渡制度研究》，中国政法大学出版社 1997

年版。

32. 黄风：《〈中华人民共和国引渡法〉评注》，中国法制出版社 2001 年版。

33. 黄风：《引渡问题研究》，中国政法大学出版社 2006 年版。

34. 黄风：《国际刑事司法合作的规则与实践》，北京大学出版社 2008 年版。

35. 黄风、赵林娜主编：《境外追赃追逃与国际司法合作》，中国政法大学出版社 2008 年版。

36. 黄风、赵林娜主编：《国际刑事司法合作：研究与文献》，中国政法大学出版社 2009 年版。

37. 胡康生主编：《中华人民共和国引渡法释义》，法律出版社 2001 年版。

38. 薛淑兰：《引渡司法审查研究》，中国人民公安大学出版社 2008 年版。

39. 陈荣杰：《引渡之理论与实践》，台湾三民书局 1985 年版。

40. 成良文：《刑事司法协助》，法律出版社 2003 年版。

41. 陈灿平编著：《国际刑事司法协助总整理》，中国人民公安大学出版社 2007 年版。

42. 刘亚军：《引渡新论——以国际法为视角》，吉林人民出版社 2004 年版。

43. 秦一禾：《犯罪人引渡诸原则研究》，中国人民公安大学出版社 2007 年版。

44. 司法部司法协助局：《司法协助研究》，法律出版社 1996 年版。

45. 吴嘉生：《国际法与国内法关系之研析》，台湾五南图书出版公司 1998 年版。

46. 朱晓青、黄列：《国际条约与国内法的关系》，世界知识出版社 2000 年版。

47. 王勇：《条约在中国适用之基本理论问题研究》，北京大学出版社 2007 年版。

48. 王勇：《1972—2007 年中美之间的条约法问题研究——以构建和谐中美关系为视角》，法律出版社 2009 年版。

49. 王西安：《国际条约在中国特别行政区的适用》，广东人民出版社 2006 年版。

50. 赵秉志主编：《联合国公约在刑事法治领域的贯彻实施》，中国人民公安大学出版 2009 年版。

51. 赵秉志、杨诚：《〈联合国打击跨国有组织犯罪公约〉与中国的贯彻研究》，北京师范大学出版社 2009 年版。

52. 马长生主编：《国际公约与刑法若干问题研究》，北京大学出版社 2004 年版。

53. 黄芳：《国际犯罪国内立法研究》，北京大学出版社 2001 年版。

54. 苏彩霞：《中国刑法国际化研究》，北京大学出版社 2006 年版。

55. 胡陆生：《刑法国际化——全球背景下中国刑法的完善》，中国人民公安大学出版社 2009 年版。

56. 卢勤忠：《中国金融刑法国际化研究》，中国人民公安大学出版社 2004 年版。

57. 杨宇冠、吴高庆：《〈联合国反腐败公约〉解读》，中国人民公安大学出版社 2004 年版。

58. 陈雷：《反腐败国际公约视野下我国反腐败刑事立法及其完善》，中国人民公安大学出版社 2008 年版。

59. 王秀梅：《国际刑事法院研究》，中国人民大学出版社 2002 年版。

60. 张磊：《中国与国际刑事法院：现状与展望》，中国人民公安大学出版社 2009 年版。

61. 莫洪宪：《加入〈联合国打击跨国有组织犯罪公约〉对我国的影响》，中国人民公安大学出版社 2005 年版。

62. 陈光中：《联合国打击跨国有组织犯罪公约和反腐败公约程序问题研究》，中国政法大学出版社 2007 年版。

（二）译著

1. ［英］詹宁斯、瓦茨修订：《奥本海国际法》（第 1 卷第 1 分册），王铁崖等译，中国大百科出版社 1995 年版。

2. ［美］汉斯·凯尔森：《国际法原理》，王铁崖译，华夏出版社 1988 年版。

3. ［美］托马斯·伯根索尔，肖恩·D. 墨菲：《国际公法》（第 3 版），黎作恒译，法律出版社 2005 年版。

4. ［英］伊恩·布朗利：《国际公法原理》，曾令良、余敏友等译，法律出版社 2001 年版。

5. ［英］安托尼·奥斯特：《现代条约法与实践》，江国青译，中国人民大学出版社 2005 年版。

6. ［德］沃尔夫刚·格拉夫·魏智通：《国际法》，吴越、毛晓飞译，法律出版社 2002 年版。

7. ［韩］柳炳华：《国际法》（上、下卷），朴国哲、朴永姬译，中国政法大学出版社 1997 年版。

8. ［美］汉斯·凯尔森：《法与国家的一般理论》，沈宗灵译，中国大百科全书出版社 1996 年版。

9. ［美］路易斯·亨金：《国际法：政治与价值》，张乃根等译，中国政法大学出版社 2005 年版。

10. ［苏联］H. 科热夫尼科夫：《国际法》，商务印书馆 1985 年版。

11. ［英］蒂莫西·希利尔：《国际公法原理》（第二版），曲波译，中国人民大学出版社 2006 年版。

12. ［日］松井芳郎等：《国际法》（第四版），辛崇阳译，中国政法大学出版社 2004 年版。

13. ［美］谢里夫·巴西奥尼：《国际刑法导论》，赵秉志、王文华等译，法律出版社 2006 年版。

14. ［日］森下忠：《国际刑法入门》，阮齐林译，中国人民公安大学出版社 2004 年版。

15. ［德］格哈德·韦勒：《国际刑法学原理》，王世洲译，商务印书馆 2009 年版。

16. ［韩］李万熙：《引渡与国际法》，马相哲译，法律出版社 2002 年版。

17. ［日］栗林忠男：《航空犯罪与国际法》，袁晓利译，法律出版社 1988 年版。

（三）中文资料

1. 高铭暄、赵秉志主编：《中国刑法立法文献资料精选》，法律出版社 2007 年版。

2. 张磊、王君祥等译：《澳大利业 2002 年犯罪收益追缴法》，中国政法大学出版社 2008 年版。

3. 许文琼等译：《英国 2003 年引渡法》，中国政法大学出版社 2007 年版。

4. 黄伯青等译：《英国国际刑事合作法》，中国政法大学出版社 2008 年版。

5. 程味秋、［加］杨诚、杨宇冠主编：《联合国人权公约和刑事司法文献汇编》，中国法制出版社 2000 年版。

6. 司法部司法协助外事局和司法部司法协助交流中心编：《中华人民共和国国际司法合作条约集》，中国方正出版社 2005 年版。

7. 司法部司法协助局编译：《国际司法协助法规选》，中国政法大学出版社 1992 年版。

8. 最高人民检察院刑事检察厅编：《中外司法协助与引渡条约集》，中国人民公安大学出版社 1997 年版。

9. 外交部条约法律司编：《引渡法资料选编》，世界知识出版社 1998 年版。

10. 司法部司法协助外事司和司法部司法协助交流中心编：《双边引渡条约规则概览》，中国方正出版社 2006 年版。

二、中文论文

1. 高铭暄、王秀梅:《国际刑法的历史发展与基本问题研究》,载《中国刑事法杂志》2001 年第 1 期。

2. 黄风:《刑诉法应增加承认与执行外国判决的制度》,载《现代法学》2007 年第 2 期。

3. 黄风:《中华人民共和国国际刑事司法协助法》,载《法学评论》2008 年第 1 期。

4. 黄风:《联合国安理会金融制裁措施的国内法实施程序》,载《法学》2006 年第 4 期。

5. 赵秉志、魏昌东:《〈联合国反腐败公约〉在中国刑事立法中的转化模式评析》,载《南京大学学报》(哲学·人文科学·社会科学版)2008 年第 2 期。

6. 卢建平:《国际人权公约视角下的中国刑法改革建议》,载《华东政法大学学报》2006 年第 5 期。

7. [美] M. C. 巴西奥尼:《国际刑法公约的特征》,谢正权译,载《法学译丛》1989 年第 5 期。

8. [美] M. C. 巴西奥尼:《传统国际刑法的刑事特征》,高秀东、朱伟临译,载《国外法学》1988 年第 5 期。

9. 王铁崖:《条约在中国法律制度中的地位》,载《中国国际法年刊》(1994),中国对外翻译出版公司 1996 年版。

10. 李兆杰:《条约在我国国内法效力若干问题之探讨》,载《中国国际法年刊》(1993 年),中国对外翻译出版公司 1994 年版。

11. 李适时:《中国的立法、条约与国际法》,载《中国国际法年刊》(1993 年),中国对外翻译出版公司 1994 年版。

12. 王丽玉:《国际条约在中国国内法中的适用》,载《中国国际法年刊》(1993 年),中国对外翻译出版公司 1994 年版。

13. 万鄂湘、黄志伟:《论国际条约与国内法的关系》,载黄进、肖永平主编:《展望二十一世纪国际法的发展》,湖北人民出版社 2001 年版。

14. 陈卫东：《论 WTO 的直接效力》，载黄进、肖永平主编：《展望二十一世纪国际法的发展》，湖北人民出版社 2001 年版。

15. 李旺：《国际条约在国内的效力及实施问题》，载张乃根主编：《当代国际法研究——21 世纪的中国与国际法》，上海人民出版社 2002 年版。

16. 刘大群：《“一罪不二审”原则及其在国际刑法中的适用》，载《法律适用》2004 年第 10 期。

17. 王俊平、卢建平：《我国刑事立法实施〈公民权利和政治权利国际公约〉的路径选择》，载《理论前沿》2009 年第 19 期。

18. 朱晓青：《〈公民权利与政治权利国际公约〉的实施机制》，载《法学研究》2000 年第 2 期。

19. 李鸣：《应从立法上考虑条约在我国的效力问题》，载《中外法学》2006 年第 3 期。

20. 车丕照：《论条约在我国的适用》，载《法学杂志》2005 年第 3 期。

21. 左海聪：《直接适用条约问题研究》，载《法学研究》2008 年第 3 期。

22. 陈寒枫、周卫国、蒋豪：《国际条约与国内法的关系及中国的实践》，载《政法论坛》2002 年第 2 期。

23. 贺万忠：《民商事条约在我国国内适用问题之检讨》，载梁慧星主编：《民商法论丛》2003 年第 28 期，法律出版社。

24. 董国路：《国际法在中国的适用》，载《武汉大学学报》（社会科学版）2002 年第 3 期。

25. 陈永胜：《论条约的适用》，载《陕西省行政学院陕西省经济管理干部学院学报》2006 年第 2 期。

26. 张卫彬：《国际法与国内法的关系问题探讨—兼谈国际习惯法在我国的适用》，载《常熟理工学院学报》（哲学社会科学版）2008 年第 5 期。

27. 江国青：《国际法与国际条约的几个问题》，载《外交学院学报》2000 年第 3 期。

28. 朱志晟、张亮：《条约在国内适用的若干问题探讨》，载《现代法学》2003 年第 4 期。

29. 王新新：《论国际条约在内国的适用方式及我国对策，载《福建行政学院福建经济管理干部学院学报》2005 年第 1 期。

30. 王中一：《论国际条约在国内法上的适用》，载《律师世界》2003 年第 11 期。

31. 刘永伟：《国际条约在中国适用新论》，载《法学家》2007 年第 2 期。

32. 肖冰：《论我国条约适用法律制度的构建》，载《国际经济法论丛》第 5 期。

33. 汪志军：《国际条约在中国的适用》，载《台声新视角》2005 年第 10 期。

34. 洪丹：《国际条约在我国的适用》，载《河南公安高等专科学校学报》2006 年第 1 期。

35. 段涛：《国际条约在国内的效力及其适用考察》，载《理论探索》2006 年第 4 期。

36. 屈广清：《论冲突条约在内国的适用》，载《当代法学》2003 年第 3 期。

37. 李玫：《论国际条约的域内效力》，载《西北政法学院学报》1988 年第 1 期。

38. 黄瑶：《世纪之交反思凯尔森的国际法优先学说》，载《法学评论》2000 年第 4 期。

39. 何金波：《论国际法中的“条约优先”》，载《决策探索》2007 年第 9 期（上）。

40. 于秀玲、赵婧：《试论国际条约在国内适用的混合式》，载《漯河职业技术学院学报》（综合版）2005 年第 4 期（1）。

41. 白扬：《国际条约的适用与我国宪法规范》，载《人大研究》2003年第12期。

42. 姚小林：《论条约适用的宪法规制》，载《晋阳学刊》2006年第5期。

43. 侯连琦：《论我国宪法中有关国际条约适用的缺失》，载《江南大学学报》（人文社会科学版）2008年第7期（1）。

44. 严音莉：《论条约入宪》，载《法商研究》2008年第4期。

45. 袁古洁：《条约在中国内地与港澳台适用之比较》，载《法学评论》2002年第5期。

46. 戴德生、王勇：《论条约在法国执行的特点》，载《求索》2007年第12期。

47. 王勇：《条约在美国执行的理论基础和实践检视》，载《求索》2008年第7期。

48. 王勇：《论条约在日本国内的执行》，载《青海社会科学》2008年第3期。

49. 陈卫东：《论条约在美国国内适用中的“后法优先规则”》，载《甘肃政法学院学报》2009年第1期。

50. 于宁：《分权的视角：美国法上自动执行条约与非自动执行条约区分标准初探》，载《研究生法学》2008年第1期。

51. 李晓兵：《法国宪法实践中对国际条约的合宪性审查》，载《政法学刊》2008年第2期。

52. 石慧：《对国际条约在我国适用问题的新思考》，载《法律适用》2004年第1期。

53. 徐亚文、黎文娟：《从国际条约的执行看加拿大联邦宪法问题》，载《政法论丛》2006年第1期。

54. 邢路阳：《从法哲学的角度看“条约必须信守原则”》，载《武汉船舶职业技术学院学报》2005年第3期。

55. 刘远山：《略论多边刑事条约的概念、特征和种类》，载《河北法学》2004年第7期。

56. 刘远山：《略论反恐多边条约的国内实施》，载《河北法学》2004 年第 8 期。

57. 梁晓春：《论〈联合国反腐败公约〉与我国刑事法之协调》，载《政法学刊》2004 年第 2 期。

58. 李伟芳：《〈联合国反腐败公约〉在中国国内法的适用》，载《法学》2006 年第 1 期。

59. 刘焱：《国际经济条约在我国的适用》，载《商业文化》2008 年第 12 期。

60. 刘萍：《版权条约在我国的理解和适用——评圆谷制作株式会社诉著作权侵权两案》，载《知识产权》2006 年第 16 期。

61. 曾令良：《WTO 协议在我国的适用及我国法制建设的革命》，载《中国法学》2000 年第 6 期。

62. 曾令良：《论欧共体法与成员国法的关系》，载《法学论坛》2003 年第 1 期。

63. 余敏友、陈卫东：《欧共体围绕 WTO 协定直接效力问题的争论及其对我国的启示（一）》，载《法学评论》2001 年第 3 期。

64. 余敏友、陈卫东：《欧共体围绕 WTO 协定直接效力问题的争论及其对我国的启示（二）》，载《法学评论》2001 年第 4 期。

65. 高江南：《论 WTO 协议在我国法院的适用——以该协议在美国的适用为借鉴》，载《法商研究》2002 年第 1 期。

66. 杜国胜：《论 WTO 规则与国内法关系及其在国内的间接适用》，载《池州师专学报》2003 年第 2 期。

67. 曾泽东：《从国内外条约适用的理论和实践看我国法院 WTO 法适用模式选择》，载《广西政法管理干部学院学报》2002 年第 4 期。

68. 王玉玮：《论欧盟法的直接效力原则和优先效力原则》，载《安徽大学法律评论》2007 年第 2 期。

69. 曾皓：《国际条约在涉外民事审判中的适用》，载《湖南公安高等专科学校学报》2003 年第 1 期。

70. 万鄂湘、孙焕为：《论多边商贸条约在中国的适用（1）》，载《中国对外贸易》2001年第6期。

71. 胡道华、胡正良、王国华：《海事条约在中国的适用原则》，载《大连海事大学学报》2007年第1期。

72. 韩丹：《国际海事条约在我国的适用方式和范围》，载《水运管理》2007年第10期。

73. 汤宗舜：《中国知识产权法律与国际条约的关系》，载《知识产权》2007年第2期。

74. 杨鸿：《以知识产权条约为视角看条约对国内私法主体的效力问题—兼评我国关系国际条约适用及效力的相关立法、学说与实践》，载《江淮论坛》2005年第1期。

75. 屈学武：《〈联合国反腐败公约〉实施机制及其施行方略研究》，载《国际检察官学院学报》2007年第6期。

76. 陈学斌：《国际条约在不服渔业行政处罚所提起的行政诉讼程序上的优先适用》，载《中国海商法年刊》2009年第1期。

77. 陈卫东：《论美国对自动执行条约与非自动执行条约的区别》，载《法学评论》2009年第2期。

78. 钱小平、王东岳：《〈联合国反腐败公约〉在中国的刑事立法转化》，载《法学杂志》2009年第10期。

三、博士和硕士论文

1. 肖冰：《SPS协定研究》，厦门大学2003年。

2. 王勇：《条约在中国适用之基本理论问题研究》，华东政法学院2006年。

3. 贾少学：《全球时代的国际法与国内法关系研究》，吉林大学2008年。

4. 王勇：《论条约在我国国内的适用》，华东政法学院2003年。

5. 李展作：《论条约中国国内的司法适用》，华东政法学院2007年。

6. 范萍：《试论国际私法条约在中国的适用》，中国政法大学2005年。

7. 任昉浩：《国际条约在中国法院的适用》，郑州大学2007年。

8. 丁亮：《国际条约在我国的适用效力和实施问题》，郑州大学2005年。

9. 张薇：《联合国国际货物销售合同公约适用问题研究》，中国政法大学2006年。

10. 蔡高强：《论全球化进程中国际法与国内法的关系》，湘潭大学2003年。

11. 何金波：《探析条约与国内法关系》，贵州大学2008年。

12. 林旋：《论WTO规则的国内适用》，华东政法学院2003年。

13. 陆静：《论条约在我国的执行》，华东政法学院2005年。

14. 李敏：《论国际条约在我国国内的实施》，郑州大学2006年。

15. 李群：《WTO协议国内适用法律问题研究》，西南政法大学2002年。

16. 王丹阳：《国际条约在国内的适用问题研究》，大连海事大学2004年。

17. 王新新：《论国际条约的国内适用及我国对策》，华东政法学院2006年。

18. 黄洪江：《国际条约在香港特别行政区适用的几个问题初探》，外交学院2007年。

四、国际文件与资料

1. 联合国人权事务高级专员办事处：《关于促进对残疾人权利公约的认识和了解的专题研究》，A/HRC/10/48，26/01/2009。

2. 禁止酷刑委员会第41届会议审议中国根据公约第19条提

交的报告：《禁止酷刑委员会的结论性意见》。CAT/C/CHN/CO/4，12/11/2008。

3. Committee Against Torture：General Comment No. 2 – Implementation of article 2 by States parties，CAT/C/GC/2，24/01/ 2008.

4. 国际人权文书第二卷：《各人权条约机构通过的一般性意见和一般性建议汇编》HRI/GEN/1/Rev. 9（Vol. II）27/05/2008。

5. 禁止酷刑委员会审议中国提交的第四次定报告后作出的结论性意见，CAT/C/CHN/CO/4，12/11/2008.

6. Report of the OPCW on the Implementation of the Comvention on the Prohibition of the Development, Production, Stockpiling, and Use of Chemical Weapons and on their Destruction ,1998 – 2009，C – VI.

7. 联合国毒品和犯罪问题办事处条约事务司：《联合国反腐败公约实施立法指南》(2006)。

8. Office of the High Commissioner for Human Rights, Concluding Observations of the Committee on the Elimination of Discrimination Against Women：China. 05/02/99. A/54/38.

9. United Nations Office on Drugs and Crime, Guide for the Legislative Incorporation and Implementation of the Universal anti – Terrorism Instruments(2006)

10. Conference of the Parties to the United Nations Convention against Transnational Organized Crime, Information submitted by States in their responses to the questionnaires for the first reporting cycle，CTOC/COP/2006/CRP. 2(28/08/ 2006)

11. 截至2006年11月10日对联合国反腐败公约的批准情况以及对其作出的通知、声明和保留，CAC/COSP/2006/4（30/10/2006）。

12. 联合国毒品和犯罪问题办公室为促进执行《联合国打击跨国有组织犯罪公约》中关于国际合作的条款而开展的工作：区域讲习班——秘书处的报告，CTOC/COP/2008/5。

13. Status of ratification of the United Nations Convention against Corruption as at 20 January 2008 and notifications, declarations and reservations thereto, CAC/COSP/2008/CRP. 1(21/01/2008).

14.《联合国反腐败公约》实施情况自我评估——秘书处的报告,CAC/COSP/2008/2(07/12/2007).

15. 联合国人权事务高级专员、人权事务中心:《国际人权文书——各人权条约机构通过的一般性意见和一般性建议汇编》, HRI/GEN/1/Rev. 7,12 May 2004 Chinese.

五、英文著作

1. Duncan B. Hollis, Merritt R. Blakeslee & L. Benjamin Ederington (eds.), *National Treaty Law and Practice*, (Martinus Nijhoff Publishers 2005).

2. Francis G. Jacobs & Shelley Roberts (ed.), *The Effect of Treaties in Domestic Law*, (Sweet & Maxwell 1987).

3. Ward N. Ferdinandusse, *Direct Application of International Criminal Law in National Courts*, (T · M · C · Asser Press 2006).

4. Rodrigo Yepes – Enriquez and Lisa Tabassi (eds.), Treaty *Enforcement and International Cooperation in Criminal Matters*, (T · M · C · Asser Press 2002).

5. John Norton Moore, *The National Law of Treaty Implementation*, (Carolina Academic Press 2001).

6. Scott Davidson (ed.), *The Law of Treaties*, (Ashgate Dartmouth 2004).

7. Jutta Joachim, Bob Reinalda and Bertjam Verbeek (eds.), *International Organizations and Implementation: Enforcers, Mamagers, Authorities?*, (Routledge 2008).

8. Vera Gowlland – Debbas (ed.), *Multilateral Treaty – making*, (Martinus Nijhoff Publishers 2000).

9. Adam Górski & Piotr Hofmański (ed), *The European Arrest Warrant and its Implementation in the Member States of the European Union*, (Wydawnictwo C. H. Beck Warszawa 2008).

10. Rob Blekxtoon & Wouter van Ballegooij, *Handbook on the European Arrest Warrant*, (T · M · C · ASSER Press 2005).

11. Elspeth Guild & Florian Geyer (ed.), *Security versus Justice?: Police and Judicial in the European Union*, (Ashgate Publishing Limited 2008).

12. Clive Nicholls, Clare Montgomery and Julian B. Knowles, *The Law of Extradition and Mutual Assistance*, (2nd ed, Oxford University Press 2007).

13. Antonio Cassese, *International Law*, (Oxford University Press 2001).

14. Antonio Cassese, *International Criminal Law*, (Oxford University Press 2003).

15. M. Cherif Bassiouni, *International Extradition: United States Law & Practice*, (Oxford University Press 2007).

16. M. Cherif Bassiouni, *Introduction to International Criminal Law*, (Transnational Publishers 2003).

17. M. Cherif Bassiouni (ed.), *International Criminal Law Conventions and Their Penal Provisions*, (Transnational Publishers 1997).

18. Asian Development Bank and Organisation for Economic Co-operation and Development, *Mutual Legal Assistance, Extradition and Recovery of the Proceeds of Corruption in Asia and the Pacific* (2007), http://www.adb.org/Documents/Books/MLA-Extradition-Thematic-Report/default.asp.

六、英文论文

1. John H. Jackson, "Status of Treaties in Domestic Legal System:

A Policy Analysis", American Journal of International Law, Vol, 95 (2001).

2. Yuji Iwasawa, "The Doctrine of Self - executing Treaties in the United States: A Critical Analysis", Vol. 26, Virginis Journal of International Law 654 (1986).

3. Andrzej Wasilkowski, "Monism and Dualism at present", in: Jerzy Makarczyk(ed.), *Theory of International law at the Threshold of the 21ST Century*, (Kluwer Law International 1996).

4. Walter Kälin, "Implementing Treaties in Domestic Law: from 'Pacta Sunt Servanda' to 'Anything Goes'?", in: Vera Gowlland - Debbas(ed.), Multilateral Treaty - Making, (Martinus Nijhoff Publishers 2000), 111 - 128.

5. XUE Hanqin and JIN Qian, "International Treaties in the Chinese Domestic Legal System", Chinese Journal of International Law Vol. 8 No. 2 (2009).

6. Preeta Balakrishnan, "Extradition and International Law", http://india. smetoolkit. org/india/en/content/en/39328/Extradition - and - International - Law - By - Preeta - Balakrishnan.

7. Abdul Jalal Bin Mohd Yunus, "International Cooperation in Criminal Matters on Extradition and Mutral Legal Assistance in Malaysia", http://www. unafei. or. jp/english/pdf/PDF _ rms/no57/57 - 12. pdf.

附　　录

附录1　中国参加的多边国际刑事条约①

序号	条约名称	条约通过/生效时间（年/月/日）	中国参加情况（年/月/日）
1	防止及惩治灭绝种族罪公约	1948.12.09/1951.01.12	1983.04.18 交存批准书，1983.07.17 日生效，对第9条持有保留
2	禁止并惩治种族隔离罪行国际公约	1973.11.30/1976.07.18	1983.04.18 交存加入书，1983.05.18 对中国生效
3	禁止酷刑和其他残忍、不人道或有辱人格的待遇或处罚公约	1984.12.10/1987.06.26	1986.12.12 签署，1988.11.03 对中国生效，对公约第20条和第30条第1款持有保留
4	关于在航空器内的犯罪和犯有某些其他行为公约	1963.09.14/1969.12.04	1978.11.14 交存加入书，1979.02.12 对中国生效，对第24条第1款提出保留
5	关于制止非法劫持航空器的公约	1970.12.16/1971.10.14	1980.09.10 交存加入书，1980.10.10 对我生效，对第12条第1款提出保留

① 对中国生效的有21项。

（续表）

序号	条约名称	条约通过／生效时间（年／月／日）	中国参加情况（年／月／日）
6	关于制止危害民用航空安全的非法行为的公约	1971.09.23/1973.01.26	1980.09.10 交存加入书，1980.10.10 对我生效，对第 14 条第 1 款提出保留
7	制止在为国际民用航空服务的机场上的非法暴力行为的议定书	1988.02.24/1989.08.06	1988.02.24 签署，1988.08.06 对我生效
8	关于防止和惩处侵害应受国际保护人员包括外交代表的罪行的公约	1973.12.14/1977.02.20	1987.08.05 交存加入书，1987.09.04 对我生效，不受第 13 条第 1 款约束
9	反对劫持人质国际公约	1979.12.17/1983.06.03	1992.12.28 决定加入，1993.01.26 起对中国生效
10	制止危及大陆架固定平台安全非法行为议定书	1988.03.10/1992.03.01	1988.10.25 签署，1991.08.20 提交批准书，1992.03.01 对我生效
11	制止危及海上航行安全非法行为公约	1988.03.10/1992.03.01	1988.10.25 签署，1991.08.20 提交批准通知书，1992.03.01 始对中国生效，不受公约第 16 条第 1 款规定的约束
12	联合国禁止非法贩运麻醉品和精神药物公约	1988.12.19/1990.11.11	1988.12.20 签署，1989.09.04 批准，1989.10.25 交存加入书

（续表）

序号	条约名称	条约通过/生效时间（年/月/日）	中国参加情况（年/月/日）
13	制止恐怖主义爆炸事件的国际公约	1997. 12. 15/2001. 05. 23	2001. 11. 13 交存批准书，2001. 12. 13 对我生效
14	制止向恐怖主义提供资助的国际公约	1999. 12. 09/2002. 04. 10	2001. 11. 13 签署，2006. 02. 28 批准，2006. 04. 19 交存批准书
15	核材料实物保护公约①	1979. 10. 26/1987. 02. 08	1988. 12. 02 交存加入书，1989. 01. 02 对我生效，不受公约第 17 条第 2 款的约束
16	《核材料实物保护公约》修订案	2005. 07. 08/未生效	2008. 10. 28 批准
17	联合国人员和有关人员安全公约	1994. 12. 09/1999. 01. 15	2004. 09. 22 交存加入书，对第 22 条第 1 款持有保留
18	联合国打击跨国有组织犯罪公约	2000. 11. 15/2003. 09. 29	2000. 12. 12 签署，2003. 8. 27 批准
19	《联合国打击跨国有组织犯罪公约》关于打击非法制造和贩运枪支及其零部件和弹药的补充议定书	2001. 05. 31/2005. 07. 03	2002. 12. 09 签署，尚未批准

① 该公约没有在全国人大常委会公报上公布。

（续表）

序号	条约名称	条约通过/生效时间（年/月/日）	中国参加情况（年/月/日）
20	《联合国打击跨国有组织犯罪公约》关于预防、禁止和惩治贩运人口特别是妇女和儿童行为的补充议定书	2000. 11. 15/2003. 12. 25	2009. 12. 26 决定加入，2010. 02. 08 对我生效，声明不受第 15 条第 2 款的约束
21	打击恐怖主义、分裂主义和极端主义上海公约	2001. 06. 15/2003. 03. 29	2001. 06. 15 签署，2001. 10. 27 批准
22	《儿童权利公约》关于买卖儿童、儿童卖淫和儿童色情制品问题的任择议定书	2000. 05. 25/2002. 01. 18	2000. 09. 06 签署，2002. 12. 03 交存批准书，2003. 01. 03 生效
23	联合国反腐败公约	2003. 10. 31/2005. 12. 14	2005. 10. 27 批准，2006. 02. 12 生效，不受第 66 条第 2 款的约束
24	制止核恐怖主义行为国际公约	2005. 04. 13/2007. 07. 07	2005. 09. 14 签署，尚未批准

附录2　中国参加的规定有附属国际刑事条款的多边非国际刑事条约①

序号	条约名称	条约性质	条约通过/生效时间（年/月/日）	中国参加情况
1	公民权利和政治权利国际公约	国际人权法	1966.12.16/1976.03.23	1998.10.05签署，尚未批准
2	消除一切形式种族歧视国际公约	国际人权法	1966.03.07/1969.01.04	1981.12.29交存加入书，1982.02.28对中国生效，对公约第22条持有保留
3	消除对妇女一切形式歧视公约	国际人权法	1979.12.17/1981.09.03	1980.07.17签署，1980.11.04交存批准书，对公约第29条第1款持有保留
4	儿童权利公约	国际人权法	1989.11.20/1990.09.02	1990.08.29签署，1992.01.31批准加入，1992.04.02对我生效
5	残疾人权利公约	国际人权法	2006.12.13/2008.05.03	2007.03.30签署，2008.06.26批准
6	改善战地武装部队伤者病者境遇之日内瓦公约	国际人道法	1949.08.12/1950.10.21	1952.07.13声明承认，1956.12.28交存批准书，对公约第10条持有保留

① 对中国生效的有27项。

（续表）

序号	条约名称	条约性质	条约通过/生效时间（年/月/日）	中国参加情况
7	改善海上武装部队伤者病者及遇船难者境遇之日内瓦公约	国际人道法	1949.08.12/1950.10.21	1952.07.13 声明承认，1957.06.28 对中国生效，对公约第 10 条持有保留
8	关于战俘待遇之日内瓦公约	国际人道法	1949.08.12/1950.10.21	1952.07.13 声明承认，1956.12.28 交存批准书，对公约第 10 条、第 12 条和第 85 条持有保留
9	关于战时保护平民之日内瓦公约	国际人道法	1949.08.12/1950.10.21	1952.07.13 声明承认，1956.12.28 交存批准书，对公约第 11 和第 45 条持有保留
10	1949 年 8 月 12 日日内瓦四公约关于保护国际性武装冲突受难者的附加议定书（第一议定书）	国际人道法	1977.06.08/1978.12.07	1983.09.14 交存加入书，1984.03.14 对我生效，对议定书第 88 条第 2 款持有保留
11	1949 年 8 月 12 日日内瓦四公约关于保护非国际性武装冲突受难者的附加议定书（第二议定书）	国际人道法	1977.06.08/1978.12.07	1983.09.14 交存加入书，1984.03.14 对我生效

（续表）

序号	条约名称	条约性质	条约通过/生效时间（年/月/日）	中国参加情况
12	《关于发生武装冲突时保护文化财产的公约》及其议定书	国际人道法	1954.05.14/1956.08.07	1999.10.30 批准，2000.01.05 交存加入书
13	关于禁用毒气或类似毒品及细菌方法作战议定书	国际人道法	1925.06.17/1928.02.08	1952.07.13 对中国生效
14	禁止或限制使用地雷（水雷）、诱杀装置和其他装置的议定书	国际人道法	1983.12.02/	1981.09.14 签署，1982.03.08 批准
15	禁止细菌及毒素武器的发展、生产及储存以及销毁这类武器的公约	国际人道法	1972.04.19/1975.03.26	1984.11.15 分别向英美苏交存加入书
16	禁止或限制使用某些可被认为具有过分伤害或滥伤作用常规武器公约	国际人道法	1980.10.10/1983.12.02	1981.09.14 签署，1982.04.07 交存批准书
17	《禁止或限制使用某些可被认为具有过分伤害力或滥杀滥伤作用的常规武器公约》第一条修正案	国际人道法	2001.12.21/2004.05.18	2003.06.28 批准，2003.08.11 递交批准书
18	禁止或限制使用燃烧武器议定书	国际人道法	1980.10.10/1983.12.02	1981.09.14 签署，1982.03.08 批准

（续表）

序号	条约名称	条约性质	条约通过/生效时间（年/月/日）	中国参加情况
19	关于禁止发展、生产、储存和使用化学武器及销毁此种武器的公约	国际人道法	1993.08/1997.04.29	1996.12.30 批准，1997.04.29 对我生效
20	《禁止或限制使用某些可被认为具有过分伤害力或滥杀滥伤作用的常规武器公约》关于激光致盲武器的议定书（第四号议定书）	国际人道法	1995.10.13/1998.07.30	1998.11.04 交存批准书，1999.05.04 对我生效
21	《禁止或限制使用某些可被认为具有过分伤害力或滥杀滥伤作用的常规武器公约》禁止或限制使用地雷、诱杀装置和其他装置的修正议定书（修正的第二号议定书）	国际人道法	1996.05.03/1998.12.03	1998.11.04 交存批准书，1999.05.04 对我生效
22	《儿童权利公约》关于儿童卷入武装冲突问题的任择议定书	国际人道法	2000.05.25/2002.02.12	2001.03.15 签署，2007.12.27 批准，2008.02.20 加入

（续表）

序号	条约名称	条约性质	条约通过/生效时间（年/月/日）	中国参加情况
23	1971年精神药物公约	药物管理法	1971.02.21/1976.08.16	1985.08.22交存加入书，1985.11.20对我生效，对第31条第2款持有保留
24	经1972年《修正1961年麻醉品单一公约议定书》修正的1961年麻醉品单一公约	药物管理法	1972.03.25/1975.08.08	1985.08.22交存加入书 1985.09.21对我生效，对第48条第2款持有保留
25	联合国海洋法公约	国际海洋法	1982.12.10/1994.11.16	1982.12.10签署，1996.06.07交存批准书，1996.07.07对我生效
26	控制危险废料越境转移及其处置巴塞尔公约	国际环境法	1989.03.22/1992.05.05	1990.03.22签署，1991.09.04批准
27	《巴塞尔公约》缔约方会议第三次会议通过的第III/1号决定对《巴塞尔公约》的修正	国际环境法	1995.09.22/尚未生效	2001.05.01交存批准书

（续表）

序号	条约名称	条约性质	条约通过/生效时间（年/月/日）	中国参加情况
28	禁止和立即行动消除最恶劣形式的童工劳动公约	国际劳动法	1999. 06. 17/2000. 11. 19	2002. 08. 08 交存批准书，2003. 08. 08 对我生效
29	万国邮政公约	国际邮政法	1989. 12. 14/1991. 01. 01	1989. 12. 14 签署，1991. 09. 23 核准，1991. 12. 17 交存核准书

附录3　中国与外国缔结的双边引渡条约①

洲名	序号	对方国名	签署日期	生效日期
亚洲	1	蒙古	1997. 08. 19	1999. 01. 10
	2	哈萨克斯坦	1996. 07. 05	1998. 02. 10
	3	吉尔吉斯	1998. 04. 27	2004. 04. 27
	4	乌兹别克斯坦	1999. 11. 08	2002. 09. 29
	5	阿塞拜疆	2005. 03. 17	尚未生效
	6	韩国	2000. 10. 18	2002. 04. 12
	7	巴基斯坦	2003. 11. 03	2008. 01. 10
	8	柬埔寨	1999. 02. 09	2000. 12. 13
	9	菲律宾	2001. 10. 30	2006. 03. 12
	10	老挝	2002. 02. 04	2003. 08. 13

① 生效的22项。

（续表）

洲名	序号	对方国名	签署日期	生效日期
	11	泰国	93.08.26	1999.03.07
	12	澳大利亚	2007.09.06	2008.04.24 批准，尚未生效
	13	阿拉伯联合酋长国	2002.05.13	2005.05.25
	14	印度尼西亚	2009.07.01	2010.04.29 批准，尚未生效
非洲	15	阿尔及利亚	2006.11.06	尚未生效
	16	南非	2001.12.10	2004.11.17
	17	突尼斯	2001.11.19	2005.12.29
	18	安哥拉	2006.06.20	尚未生效
	19	纳米比亚	2005.12.19	尚未生效
	20	莱索托	2003.11.06	2005.10.30
欧洲	21	西班牙	2005.11.14	2007.04.04
	22	罗马尼亚	1996.07.01	1999.01.16
	23	保加利亚	1996.05.20	1997.07.04
	24	乌克兰	1998.12.10	2000.07.13
	25	俄罗斯	1995.06.26	1997.01.10
	26	白俄罗斯	1995.06.22	1998.05.07
	27	立陶宛	2002.06.17	2003.06.21
	28	葡萄牙	2007.01.31	2008.10.28 批准，尚未生效
	29	法国	2007.03.20	2008.04.24 批准，尚未生效
拉丁美洲	30	巴西	2004.11.12	尚未生效
	31	秘鲁	2001.11.05	2003.04.05
	32	墨西哥	2008.07.11	2009.02.28 批准，尚未生效

附录4　中国与外国签订的双边刑事司法协助条约以及含有刑事司法协助内容的双边司法协助条约①

洲名	序号	对方国名	签署日期	生效日期
亚洲	1	乌兹别克斯坦	1997. 12. 11	1998. 08. 29
	2	哈萨克斯坦	1993. 01. 14	1995. 07. 11
	3	吉尔吉斯	1996. 07. 04	1997. 09. 26
	4	塔吉克斯坦	1996. 09. 16	1998. 09. 02
	5	阿联酋	2008. 04	2008. 12. 27 批准
	6	菲律宾	2000. 10. 16	2001. 04. 28
	7	老挝	1999. 01. 25	2001. 12. 15
	8	泰国	2003. 06. 21	2005. 02. 20
	9	朝鲜	2003. 11. 19	2006. 01. 21
	10	越南	1998. 10. 19	1999. 12. 25
	11	印度尼西亚	2000. 07. 24	2006. 07. 28
	12	韩国	1998. 11. 12	2000. 03. 24
	13	蒙古	1989. 08. 31	1990. 10. 29
	14	巴基斯坦	2007. 04. 17	2008. 08. 29 批准
	15	日本	2007. 12. 01	2008. 11. 23
大洋洲	16	澳大利亚	2006. 04. 06	2007. 03. 28
	17	新西兰	2006. 04. 06	2008. 01. 01
欧洲	18	保加利亚	1995. 04. 07	1996. 05. 27
	19	白俄罗斯	1993. 01. 11	1993. 11. 29

① 生效的38项。

（续表）

洲名	序号	对方国名	签署日期	生效日期
	20	波兰	1987. 06. 05	1988. 02. 13
	21	俄罗斯	1992. 06. 19	1993. 11. 14
	22	罗马尼亚	1991. 01. 16	1993. 01. 22
	23	乌克兰	1992. 10. 31	1994. 01. 19
	24	立陶宛	2000. 03. 20	2002. 01. 19
	25	西班牙	2005. 07. 21	2007. 04. 15
	26	法国	2005. 04. 18	2007. 09. 20
	27	希腊	1994. 10. 17	1996. 06. 29
	28	葡萄牙	2005. 12. 09	2009. 05. 15
	29	拉脱维亚	2004. 04. 15	2005. 09. 18
	30	塞浦路斯	1995. 04. 25	1996. 01. 11
	31	爱沙尼亚	2002. 06. 12	尚未生效
	32	土耳其	1992. 09. 28	1995. 10. 26
	33	马耳他	2009. 02. 22	2009. 12. 26 批准
北美洲	34	美国	2000. 06. 19	2001. 03. 08
	35	加拿大	1994. 7. 29	1995. 07. 01
拉丁美洲	36	古巴	1992. 11. 24	1994. 03. 26
	37	哥伦比亚	1999. 05. 14	2004. 05. 27
	38	秘鲁	2005. 01. 27	2009. 03. 18
	39	巴西	2004. 05. 24	2007. 10. 26
	40	墨西哥	2005. 01. 24	2006. 12. 30 批准
	41	委内瑞拉	2008. 09	2009. 04. 24 批准

（续表）

洲名	序号	对方国名	签署日期	生效日期
非洲	42	埃及	1994.04.21	1995.05.31
	43	突尼斯	1999.11.30	2000.12.30
	44	纳米比亚	2006.05.26	2008.08.29 批准
	45	南非	2003.01.20	2004.11.17
	46	阿尔及利亚	2006.11.06	2008.06.26 批准

附录5　中国与外国缔结的关于移管被判刑人的双边条约

序号	对方国名	签署日期	生效日期
1	哈萨克斯坦	2002.12.23	2003.07.03
2	吉尔吉斯斯坦	2002.12.11	2004.10.01
3	乌兹别克斯坦	2003.09.04	2004.10.21
4	塔吉克斯坦	2003.09.02	2006.02.07
5	巴基斯坦	2005.04.05	2006.12.12
6	土库曼斯坦	2006.10.31	2007.02.06

附录6　中国与外国缔结的关于打击恐怖主义、分裂主义和极端主义的合作协定

序号	对方国名	签署日期	生效日期
1	哈萨克斯坦	2002.12.23	2003.07.03
2	吉尔吉斯斯坦	2002.12.11	2004.10.01
3	乌兹别克斯坦	2003.09.04	2004.10.21
4	塔吉克斯坦	2003.09.02	2006.02.07
5	巴基斯坦	2005.04.05	2006.12.12
6	土库曼斯坦	2006.10.31	2007.02.06

附录 7　有关国际条约在中国刑事司法领域适用的规定①

序号	文件名称	制定主体及颁布日期	有关适用条约的条款及主要内容
1	中华人民共和国刑法	全国人大 1997.03.14	第 9 条规定："对于中华人民共和国缔结或者参加的国际条约所规定的罪行，中华人民共和国在所承担条约义务的范围内行使刑事管辖权的，适用本法。"
2	中华人民共和国刑事诉讼法	全国人大 1996.03.17	第 17 条规定："根据中华人民共和国缔结或者参加的国际条约，或者按照互惠原则，我国司法机关和外国司法机关可以相互请求刑事司法协助。"
3	中华人民共和国引渡法	全国人大常委会 2000.12.28	第 4 条第 2 款："引渡条约对联系机关有特别规定的，依照条约规定。"第 49 条："引渡、引渡过境或者采取强制措施的请求所需的文书、文件和材料，依照引渡条约的规定提出；没有引渡条约或者引渡条约没有规定的，可以参照本法第二章第二节、第四节和第七节的规定提出。"第 54 条："办理引渡案件产生的费用，依照请求国和被请求国共同参加、签订的引渡条约或者协议办理。"

① 前 17 项都规定了条约的直接适用，其中，除 4 款规定外，其余全部兼为条约优先适用的规定。

（续表）

序号	文件名称	制定主体及颁布日期	有关适用条约的条款及主要内容
4	中华人民共和国反洗钱法	全国人大常委会 2006. 10. 31	第 27 条：“中华人民共和国根据缔结或者参加的国际条约，或者按照平等互惠原则，开展反洗钱国际合作。” 第 29 条：“涉及追究洗钱犯罪的司法协助，由司法机关依照有关法律的规定办理。”
5	中华人民共和国禁毒法	全国人大常委会 2007. 12. 29	第 53 条：“中华人民共和国根据缔结或者参加的国际条约或者按照对等原则，开展禁毒国际合作。” 第 55 条：“涉及追究毒品犯罪的司法协助，由司法机关依照有关法律的规定办理。”
6	关于执行《中华人民共和国刑事诉讼法》若干问题的解释	最高人民法院 1998. 06. 29	第 317 条：“中华人民共和国缔结或参加的国际条约中有关于刑事诉讼程序具体规定的，适用该国际条约的规定，但是，我国声明保留的条款除外。”此外，第 325、326、327（4）、328、329、335 条都规定了进行具体刑事司法协助事项时直接适用条约。
7	人民检察院刑事诉讼规则	最高人民检察院 1999. 01. 18	第 437、442、444、445、446、448、450、452、453、454、456、459、460、462、463 条都规定了在办理具体刑事司法协助事项时直接适用条约。

（续表）

序号	文件名称	制定主体及颁布日期	有关适用条约的条款及主要内容
8	公安机关办理刑事案件程序规定	公安部 1998. 04. 20	第320、339、345、346、349、351条都规定了在办理涉外案件和刑事司法协助时直接适用条约。
9	关于处理涉外案件若干问题的规定	最高人民法院、最高人民检察院、外交部、公安部、安全部、司法部 1987. 08. 27（已失效）	第1条：“涉外案件应依照我国法律规定办理，以维护我国主权？同时亦应倍守我国参加和签订的多边或双边条约的有关规定？国内法以及某些内部规定同我国所承担的条约义务发生冲突时，应适用国际条约的有关规定？根据国际法的一般原则，我国不应以国内法规定为由拒绝履行所承担的国际条约规定的义务?”其他条款规定了适用条约的具体事项。
10	关于处理涉外案件若干问题的规定	外交部、最高人民法院、最高人民检察院、公安部、安全部、司法部 1995. 06. 20	第1条第3款：“处理涉外案件，在对等互惠原则的基础上，严格履行我国所承担的国际条约义务。当国内法或者我内部规定同我国所承担的国际条约义务发生冲突时，应当适用国际条约的有关规定（我国声明保留的条款除外）。各主管部门不应当以国内法或者内部规定为由拒绝履行我国所承担的国际条约规定的义务。” 其他条款和附件规定了适用条约的具体事项。

（续表）

序号	文件名称	制定主体及颁布日期	有关适用条约的条款及主要内容
11	关于办理引渡案件若干问题的规定	外交部、最高人民法院、最高人民检察院、公安部、司法部 1992.04.23 （已失效）	第2条第2款："我国缔结或者参加的国际引渡条约或者载有引渡条款的其他国际条约同本规定有不同规定的，适用国际条约的规定，但是我国声明保留的条款除外。" 第4条："根据我国缔结或者参加的国际引渡条约或者载有引渡条款的其他国际条约，或者按照对等原则，我国可以与外国在引渡方面开展下列合作：……" 第10条第1款："我国缔结或者参加的国际条约就特定犯罪规定缔约国有'或者引渡，或者起诉'义务的，如果我国对于被指控或者被判定有该项犯罪的人决定不予引渡，应当依照有关国际条约的规定，将该人移送有关司法机关追究其刑事责任。"

（续表）

序号	文件名称	制定主体及颁布日期	有关适用条约的条款及主要内容
12	关于执行中外司法协助协定的通知	最高人民法院 1988. 02. 01	为了正确地执行我国同外国缔结的司法协助协定，现作如下通知： 1. 凡缔约的外国一方通过我国司法部申请我国法院提供司法协助的请求文书和所附文件，承办法院必须严格按照与该国缔结的司法协助协定的内容认真负责办理。 2. 我国法院需要缔约的外国一方的法院提供司法协助时，也必须按照与该国的司法协助协定的规定提出请求。 3. 我国同尚未与我签订司法协助协定的国家如果相互需要司法协助，仍按我国规定执行。
13	转发外交部条约法律司《关于我与有关国家司法协助条约生效情况的通知》的通知	最高人民法院办公厅 1994. 05. 10	到目前为止，我国与下列 9 个国家缔结的司法协助条约或协定已经生效：……请在上述条约或协定的基础上，开展我国与这些国家在司法领域的合作，并根据条约或协定的有关规定相互提供司法协助以及处理有关案件。

（续表）

序号	文件名称	制定主体及颁布日期	有关适用条约的条款及主要内容
14	关于我国法院接受外国法院通过外交途径委托送达法律文书和调查取证收费的通知	最高人民法院、外交部、司法部 1992.06.11	三、请求国与我国签订有双边条约或均是有关国际公约当事国的，根据条约或公约的规定办理。
15	关于对中华人民共和国缔结或者参加的国际条约所规定的罪行行使刑事管辖权的决定	全国人大常委会 1987.06.23（已失效）	全文："对于中华人民共和国缔结或者参加的国际条约所规定的罪行，中华人民共和国在所承担条约义务的范围内，行使刑事管辖权。"
16	关于我国加入海牙公约和蒙特利尔公约的通知	国务院办公厅 1980.11.03	我国已加入国际上签订的《关于制止非法劫持航空器的公约》和《关于制止危害民用航空安全的非法行为的公约》，为了有效地防止劫持飞机等犯罪行为发生，希望各地区、各有关部门认真执行上述国际公约的有关条款，如发生外国飞机被劫持在我国降落等有关涉外事件，应按我国法律，并结合上述三个公约的有关规定妥善处理。

（续表）

序号	文件名称	制定主体及颁布日期	有关适用条约的条款及主要内容
17	关于依法惩治拐卖妇女儿童犯罪的意见	最高人民法院、最高人民检察院、公安部、司法部 2010. 03. 15	在第九项“涉外犯罪”中用第 34 条规定：“要进一步加大对跨国、跨境拐卖妇女、儿童犯罪的打击力度。加强双边或者多边‘反拐’国际交流与合作，加强对被跨国、跨境拐卖的妇女、儿童的救助工作。依照我国缔结或者参加的国际条约的规定，积极行使所享有的权利，履行所承担的义务，及时请求或者提供各项司法协助，有效遏制跨国、跨境拐卖妇女、儿童犯罪。”
18	关于处理会见在押外国籍案犯以及外国籍案犯与外界通信问题的通知	公安部、外交部、最高人民法院、最高人民检察院 1981. 06. 19 （已失效）	鉴于不久前我国政府签署加入的《维也纳外交关系公约》、《维也纳领事关系公约》以及同美国、加拿大、澳大利亚等国签订的互设领事馆的“协议”或“换文”中，都有关于派遣国公民被拘捕后，接受国应允许探视等问题的条文，而这些文件对双方都是有约束力的，应当共同遵守，不能违反。…… 附件 1 第 1 条：“……对因有碍侦查或审判而暂不准会见的，可根据刑事诉讼法规定，不将外国人被拘捕的情况通知被拘捕人的家属及其所在单位。如对方根据《维也纳领事关系公约》和双边条约、协议中的有关条款，向我外事部门等单位提出交涉时，可托词解释或拖延。”

后　　记

如果用一句话来形容我 1990 年取得法学硕士学位之后中国 20 年间法学教育的情景，那就是“沉舟侧畔千帆过，病树前头万木春”——这期间国家培养出的法学硕士、博士呈几何倍数增长，而我却一直在原地踏步，直到近 20 年之后，才以不惑之年，又回到学校攻读博士学位，其中的心情和感悟自然与 20 年前攻读硕士学位时大不相同。

回想三年的读博经历，有发愤忘食、乐而忘忧、不知老之将至的投入；有“黑发不知勤学早，白首方悔读书迟”的懊恼；有“登高方感天地宽、坐井哪知天外天”的感叹；也有“众里寻它千百度，蓦然回首，那人却在灯火阑珊处”的领悟和欣然……

但我最想说的，就是两个字——感激！

首先，我要特别感谢我的导师黄风教授对我的关心、鼓励和帮助。黄老师为人坦诚磊落，学术领域宽广，治学态度严谨，对学生真心关爱而要求严格，为人、为师、为学者，他都是我学习的榜样。他总是不断给我们制定目标、布置任务，但同时又特别善于鼓励我们。作为黄老师的学生，我们总能感受到他对我们寄予的无限厚望。他曾说过，他不怕学生基础差成果少，就怕学生虚度时光。我们同门在私下里聊天时，大家都有一个共同的感受，就是生怕因为自己的不努力而让老师失望。

博一第一学期，我和黄老师商量毕业论文题目，黄老师当时就建议我写条约在我国刑事司法领域适用的问题，说这个题目意义重大，并具体指导我找哪几本书看，提议我先尝试写有关引渡条约与我国引渡法冲突的论文。在黄老师的指导下，我一边恶补国际法相关知识，一边写出了引渡条约与我国引渡法相冲突时谁优先适用的论文，等于提前完成了毕业论文的最后一章。在毕业论文开题时，黄老师一再强调，论文的体系一定要有新意。当我对如何“出新”一筹莫展时，他又就论文的第一章应该怎么写谈了非常具体的建议。正是基于这一建议，才有了我如今论文的结构和体系。当我写作陷入僵局、迷途时，通过向他请教，或是阅读他的书籍文章，总能得到有益启发。在论文一稿、二稿、三稿的修改过程中，黄老师从具体观点到表达方式，都提出过非常富有见解的建议。可以说，我的毕业论文能够完成，每一步都凝结着黄老师的心血。

大象无形，大道无垠。能师从黄老师读博，是我的幸运。

还要特别感谢我的硕士生导师储槐植教授对我的理解和支持。因为我所在的高校只有国际法硕士点，我在报考黄风教授的博士生之前专门征求了他的意见，他以他一贯的宽容和和善支持了我的选择，并且说，黄风教授是目前国内研究国际刑事司法合作第一人，嘱咐我要跟着他好好学习。几年来，我一如既往地得到储老师的指导和关心，老师“老而弥新”的学术精神也激励我不断前行。

感谢北师大刑科院院长赵秉志教授和副院长卢建平教授给予我的支持和帮助。感谢学界泰斗高铭暄教授、刑科院李希慧教授、吴宗宪教授、王秀梅教授、刘志伟教授、阴建峰教授、黄晓亮教授和张磊教授以及其他老师和朋友对我的关心和帮助。无论是在读博期间还是毕业以后，来自刑科院这个大家庭的温暖都让我的背后有了一个学术团体的依撑。

感谢我们2007博士班24位同学和同门师兄弟姐妹，虽然他们大多数年龄都比我小，但他们对我总是热情帮助，使我受益良多。

能在三年繁重的学习和工作中坚持下来，还要感谢外交学院的领导、同事和朋友对我的支持、关心和帮助。外交学院深厚的国际法积淀，使我有了写作这个交叉学科题目的勇气。在题目的选定和论证中，与江国青教授、许军珂教授、万霞教授、贺万忠教授等许多同事都有过讨教和交流，受益良多。苏明忠博士以他深厚的国际法和外文功底对我论文摘要的英文翻译部分给予修改和把关。好朋友军珂、文琳和张华，以她们的善良和热心，不仅在工作中帮助我，而且在生活中如同姐妹般关心我，在我最苦恼的时候给我送来慰藉和温暖。

前南国际刑庭刘大群法官和夫人杨力军研究员，中国政法大学凌岩教授、杨宇冠教授，北京大学王世洲教授，西北政法大学喻贵英教授，北京外国语大学王文华教授，都以他们卓越的学术建树使我在学习和毕业论文写作中受益良多。

特别感谢外交学院刘惠珊教授对我的推荐。人到中年，我早已打消了读博的念头，是刘老师在关键时候往前推了我一把，使我鼓起了考博的勇气，终于圆了读博梦。

最后，深深感谢我的家人对我无私的支持和鼓励。我的父亲从小酷爱读书，再清贫的日子，他也会把买菜钱省下来买书。他一辈子从事中学教育，可谓桃李满天下。直到现在，我在北京还会经常遇到他的学生，还享受着父亲一辈子教书育人带来的恩泽。我的母亲虽然文化不高，但她一直为我能不断学习上进而骄傲。她把我写的学术专著珍藏起来，家里一来人就拿出来向人家炫耀。年逾古稀的父母为了不让我分心，几次生病都瞒着我。在父母年迈后，我姐姐承担起“家长”的角色，以博大的爱心和无私的奉献赢得了全家的尊重和信任。人到中年以后，我整日满足于柴米油盐、相夫教子，早已打消了考博的念头，但她认为我是块读书的料，一直鼓励我继续深造。能够坚定信心去读博，与姐姐的鼓励分不开。自从我17岁离家来京，照顾父母的任务基本就落在姐姐和两个弟弟身上。这几年我一忙，他们更是义无反顾地承担起全部责任。我丈夫不仅对我读博给予了积极支持，而且在三年期间由一个“油瓶倒了都不扶”的甩手掌柜，变成了洗衣、买菜、做饭、收拾家、接送孩子的全能型家庭主夫。无数次，当我埋头书堆忘了时间时，他默默做好饭菜端了上来。这几年，我可以恣意熬夜写作而不必惦记早起给上学的儿子做早餐和送他上学，晚上下课回来，我不用着急给放学回家的儿子做饭，可以先倒头休息养足精神好晚上熬夜。我能全身心投入学习中，与他为家庭的付出和对我的照顾有直接关系。我读博时，儿子刚上高中。我为学位征战，他为高考奋斗，我俩就好比战友。我特别享受我们一人守着一个书桌，静静看书学习的夜晚。现在他已成为一名大学生，在我工作紧张的时候，他既能给我当司机，又能给我做蛋炒饭、洗锅涮碗。给坐在电脑前的妈妈揉肩捶背，更是他的习惯动作。看着他高大帅气的样子，感受着他的关心和体贴，比取得博士学位更让我有成就感。我深知，我对学习和工作投入的增加就是对家人关注和付出的减少，感谢他们对我的宽容和理解，以后也要更加无私地为家人奉献。

“田园将芜兮，胡不归!”我本京城重地一介散淡之人，而今听从命运的召唤和安排，以中年之身，带着前所未有的学习热情，重新回归学术家园，全身心投入学习和科研中，其中冷暖自知，甘苦自得。看到像高老师和储老师这些年逾古稀甚至年届耄耋的前辈仍在孜孜不倦、勤勤恳恳地治学育人，我不言辛苦，只想说乐在其中。

本书是在我博士论文的基础上修改完成的，经过一年多的沉淀，我对当时一些不太成熟的观点进行了修正，对个别地方进行了充实，结构和主要内容基本没变。需要特别说明的是，本书的完成凝聚着导师的大量心血和众多良师益友的智慧，但本书所有的失误和疏漏都由本人负责。

本书能够出版，首先要感谢外交学院的资助，其次，感谢北师大刑科院博士文库欣然将本书纳入其中，最后感谢中国人民公安大学出版社编辑对本书进行的精心编排和修改。

高秀东

写于2010年5月5日

修改于2012年3月5日

在刑科院听课

已过不惑之年，又回到校园当了学生。第一学期每周上四节专业课，由博士生导师轮流讲授。

头两次排的是刑法学界泰斗高铭暄老师的课。高老师原本就是北师大家属，住在校内。他今年新收的弟子在上课前到家里接上他，课前10分钟准时到教室。教室里有多媒体，他从来不用。他只端坐在那张油漆斑驳的木椅上，在那张简陋的讲台后，开始讲课。上课前，我私自猜想，博士上课可能采用讨论的形式，老师只是起个引导、点评作用。可万万没想到的是，高老师端坐在那儿一讲就是两个小时，自始至终腰杆笔直、声音宏亮、情绪饱满，中间从没站起活动活动，也很少喝水。休息20分钟后，又接着上，直到准时上满4个小时下课，一点倦态也没有。一次课下来，我们这些在下面听讲的人都腰酸背痛。第一次课后，正赶上刑科院举行研究生入学典礼。有博士同学发言，笑说高老师上课把我们这些年轻人都累得屁股疼得坐不住板凳，其意在委婉地夸他老人家以80高龄尚且如此龙马精神。想不到高老师思维敏捷，当即也以笑作答："看来有人给我提意见了。"引来一阵大笑。随后高老师又认真地说："做学问，坐板凳是基本功。"

高老师上课必带宝典是一本很旧的刑法法条的小书，上面还粘贴有多个大小不一的、一看就知是年代不同的纸条，讲到某个法条时就拿起来翻翻。他严谨的治学态度让我这个教书多年的人汗颜。比如，在讲到单位犯罪时，他历数刑法法条规定的代罚制和转嫁制各有多少条。我坐在下面凝视着他满头的银丝、漆黑的眉毛和红润的面颊，心想，高老师真是书中所说的鹤发童颜、返老还童啊！

赵秉志老师对学生的严格是出了名的。关于他的严，坊间有四种版本：严而不厉、厉而不严、又严又厉、宽严相济。真伪姑妄存之。我亲身感受到的是，赵老师亲自抓我们考勤，请假要先向导师申请再由他批准才算数。他在百忙中抽出晚上的时间给我们上了两次课。赵老师讲刑法哲学。可能是我们功力不够，所以我们最爱听的是他不时穿插在讲课中间的治学经历、学人轶事和针贬时弊的段子。我印象比较深的，一是他为写硕士论文曾经趴在人大资料室的地上翻遍了新中国成立前落满灰尘的资料，二是他那些现在也是学界泰斗的老师同学的奇人轶事。这让我们看到赵老师威严背后的另一面。

黄风老师上课，下身穿一条牛仔裤，上身穿一件纯棉衬衫，外套一件铁灰色休闲西装，讲到高兴时，就脱了西装，把衬衫的袖子挽起来讲。他从来不坐在讲台后，和学生保持近距离。或站，往往是一手插在裤兜里，一手比画；或坐，往往是架着二郎腿坐在讲台一侧，手上还带动作；或走动，在讲台上下左右来回走动。高老师上课，不苟言笑，表情威严。如果用严肃来形容高老师，那么可以用活力来形容黄老师。黄老师上课总是面带微笑地先问问题，等大家都答错的时候，他就很得意地带着更友善的笑容抛出自己的独特见解作为灭我们威风的撒手锏，搞得大家很没面子。有一次，在讲“一事不再理”原则时，谈到他作为代表团团长签订中国和西班牙引渡条约时，曾不着痕迹地把“一事不再理”的精神成功地加到中西引渡条约中。说完，他低头一笑，轻轻地说：“这是本人最得意的一件事。”当时，我不由得想起他在《〈中华人民共和国引渡法〉评注》后记中的一句话：“自己近十年来相当一部分的工作、思索、研究和论辩是围绕我国引渡立法事业而进行的，这是我最刻苦、最进取、最富有事业心和最雄辩的十年。”其实岂止是那十年！和黄老师交流，除了专业还是专业。从他身上，我们总能感受到他从事法律工作和法律研究的专注和激情，有时简直就是万丈豪情。一个当过兵、插过队、在司法实务部门工作多年、已到知天命之年的人，还带着这样一份激情从事法律研究，天下能有几人?

李希慧老师不愧是高老师的高足，其讲课风格和高老师如出一撤，老老实实坐在讲台后，几乎不站起来。内容翔实，一点花哨也没有。他清瘦的面容、单薄的身材、平实的风格，使他的讲课少了几分威严，平添了几分亲切。李老师在讲课时眼睛很少和下面的学生交流，可能是怕扰乱他那严谨的思维。他的眼睛不是看讲稿就是盯着斜上方的无人区。他看讲稿可能也不主要是看内容，因为他所讲的内容大都已经写成书或论文烂熟于胸了，而只是让眼睛有一个可以驻留的地方。当他用他那特有的两三个字一顿的加重语气强调某个观点时，常常会把眼睛从讲稿上抬起来，盯住斜上方的无人区，好像那里有一个空中字幕可供阅读。

卢建平老师给我们讲课的次数最多，所以印象也分外深刻。不出大家意料，他上课秉承了他一贯恢谐幽默、兼容并包的风格。天马行空，不拘一格。他可以从犯罪圈大小讲到“北师大”校名的英文翻译，从公司犯罪讲到如何把选择毕业论文题目和将来找一个好工作相联系，也可以从“敌人刑法”讲到某个学界名人的争强好辩，从安塞尔的刑事政策讲到在驻法使馆的特殊入党仪式……如同他教过十三门课的经历，跨学科、跨领域、纵横捭阖。我们的思维如同一个提线木偶，一会儿被他拉到这儿，一会儿又被他拉到那儿。好在我们也不是真正的木偶，可以随着他开放式的思维，也体验一回海阔天空、恣意纵横的思维之旅。这也许是金圣叹也不曾体验过的“不亦快哉”！不知是有意还是无意，卢老师在讲到诸如“normal”这样的词时，总是把英文、法文、拉丁文随意涂画在黑板上，让我们这些在刚刚经历过的入学考试中饱受外语折磨的人大受刺激。有的人就是天赋这样一种秉性和智慧，治大国如烹小鲜，举重若轻。我们的生活因有这样的智者而云淡风轻。

一个教学多年的人重新回到教室听课，这份感受是年轻时做学生体会不到的。虽然各位大师级老师给我们上课的时间很短，我们和他们的接触也大多仅限于课堂，但通过这个侧面，我亲身感受到他们严谨认真的治学作风和对专业领域的熟悉和自信。他们站在三尺讲台上焕发出的独特的学术魅力和人格魅力深深感染着我、鞭策着我，让我不断三省吾身。这个经历也许不能和卢老师“在法兰西听课”相媲美，但它作为我的个人体验，已成为一笔宝贵财富，留在记忆深处，回味无穷。

（写于2008年寒假）